农地生产效率研究

以黄淮海地区为例

曹志宏 著

THE ANALYSIS
OF AGRICULTURAL LAND
PRODUCTION EFFICIENCY
TAKE HUANG-HUAI-HAI REGION AS AN EXAMPLE

社会科学文献出版社
SOCIAL SCIENCES ACADEMIC PRESS (CHINA)

本书是以下基金项目

国家自然科学基金－河南人才培养联合基金项目"居民饮食
结构演替对中国食物安全的压力影响研究"
（批准号：U1504707），
教育部人文社会科学研究青年基金项目"居民饮食
结构演变对中国粮食安全的影响研究"
（批准号：14YJCZH004），
河南省高校科技创新人才支持计划（人文社科类）资助成果
（批准号：2017－cx－028）
的研究成果

摘　要

　　农业是人类社会赖以生存和发展的基础产业，也是一个国家富强稳定的基本保证，但是近年来我国耕地资源数量减少速度加快，严重威胁我国粮食安全和区域社会经济的稳定。黄淮海地区拥有我国最大的平原，农业生产条件优越，是我国重要的粮食和动物性食品生产基地，基于我国地少人多的基本国情，对黄淮海地区农业生产效率的研究有着重要的理论和应用价值。本书基于地区经济发展的水平主要从合理安排区域用地空间布局、产业结构优化和调整投入产出关系三个部分分析探索黄淮海地区农业生产效率提高的途径。

　　第一部分是基于黄淮海地区工业化和经济建设发展阶段探索区域农业和非农业集聚优化发展战略模式，并讨论区域地区间的经济利益分配问题。本书从人均地区生产总值、地区生产总值三次产业结构和城市化水平三个方面来综合判断黄淮海地区目前处于工业化进程的中期阶段，根据国外发达国家和地区工业化进程的发展经验，该地区进入生产要素集聚阶段，同时区域内部各地工业化建设所处阶段参差不齐。本书利用洛伦兹曲线和基尼系数方法研究黄淮海地区非农建设土地利用，相对资金要素投入产出来说，该地区在空间上存在着较大的分散性，同时根据不均衡发展原理和点－轴开发理论，依据 Moran 空间自相关指数分析黄淮海地区各地社会经济发展程度在数量上具差异性，在空间上具有趋同性。构建由区域社会经济增长核心地带与其主要交通干线组成以都市群和都市带形式相结合的非农经济建设空间发展聚集区，其他地区作为农业生产和生态集聚发展保护区，其实质就是加强区域内部地区间农业生产和非农经济建设的分工与协作，以促进区域土地利用优化布局和提高区域产业发展竞争力。由于农业生产经济收入的公共物品性质，区域不同地区之间的经济利益如何合理分配是当前其产业和用地空间集聚规模发展能否实现的关键。本书借鉴国外土地开发权转让制度的经验和机会成本理论构建经济模型，探索区域农地非农化指标二次配置及其利益主体内部之间的利益分配问题，并以河南省农地非农化用地指标配置为例进行可行性分析。分析结果为河南省农地非农化土地开发权转让后，其农业产值、非农产值、城镇人口和非农就业岗位都有不同程度的增加。由此可以推断土地开发权转让后的土地配置方式不仅有利于非农经济的集聚发展、增强区域经济发展竞争力和加速城市化进程，而且其利益分配方式也体现了利益主体经济收益的公平性，有利于促进区域间农业和非农建设的分工与协作，减少非农建设对农业发展的不利影响。

第二部分主要阐述我国居民对食品消费需求的变化和我国农业资源紧缺的现实，要求农业内部结构必须进行调整以提高农业生产效率。由于黄淮海地区地处平原，区域种植业和畜牧业在农业生产中占据绝对地位，因此，这里仅探索畜牧业和种植业结合对农业生产效率的正面影响。近年来全球粮食供需矛盾不断加剧，粮价持续上涨引起国外学者对中国人食物结构变化中肉类食品迅速增长是否能够造成全球粮食紧张的顾虑。本书利用能量和能值理论分析中国种植业作物的秸秆资源对畜牧业和居民食物安全的支撑能力，通过分析认为中国居民食品消费结构变化要求其农业生产也由过去的以口粮生产为主向以食物营养为基础的农业生物量综合生产模式转变。我国农业用地资源的有限性和稀缺性要求当前农业发展必须通过内涵挖潜提高其集约水平，以保障我国社会经济对农产品增长的需求。作物秸秆和籽粒一样都是重要的农产品，但目前中国多半秸秆资源未被充分利用，同时中国秸秆资源在空间分布上呈现不均衡性的特征，由于气候、土地和种植制度等原因各地作物秸秆资源在数量上呈现南北差异和东西差异，整体上看黄淮海地区的秸秆资源相对比较丰富。据计算，2006 年黄淮海地区未被充分利用的主要作物秸秆可以转化为肉类食品 2228.33 万吨，相当于当年中国肉类食品生产量的 27.68%，因此黄淮海地区主要农作物秸秆的利用潜力非常大，对于缓解当前农产品供需矛盾具有较大的现实意义。但是当前关键问题是如何集约利用农产品资源和提高农产品生物量的综合利用率。

第三部分是主要从农业生产的投入产出方面研究黄淮海地区在 1999 ~ 2006 年农业生产效率状况，并探索农业生产效率的主要影响因素，为提高区域农业生产效率的宏观政策提供理论依据。利用超效率 DEA 模型计算的 2000 年至 2005 年粮食生产的超效率值小于 1，说明该时期的农业生产效率无效。自 2000 年以来黄淮海地区农业生产效率不断降低，至 2003 年区域农业生产效率降到近年来的最低点，这与同期粮价一直低迷、农业生产资料价格一路走高及粮食生产经济效益低下严重打击农民积极性有关。2004年以来我国实施了一系列农业补贴政策刺激黄淮海地区农业生产效率不断提升，但是 2006 年黄淮海农业生产的超效率值仍未达到 1999 年的状态。本书利用通径分析模型研究黄淮海地区农业生产效率的主要影响因素，结果表明提高单位面积农业生产经济收入水平、加强农业剩余劳动力的转移、提升城乡居民消费水平、促进区域农业产业结构优化和加强工业对农业的反哺有利于黄淮海地区农业生产效率的提高，其中刺激城乡居民消费水平和加强工业对农业的反哺对于提高黄淮海地区农业生产效率提高的影响较大。

农业生产是一个系统工程，对农业生产效率的研究涉及产权制度改革、社会经济发展政策、产业结构优化升级、户籍管理和农村养老保障制度改革等方方面面的问题，因此要加强区域土地利用与其他管理制度之间的协调，共同促进农业生产效率的提高和可持续发展。

Abstract

Agriculture is the basis on which human beings live and development and is also the basic guarantee to a prosperous and stable country, but the cultivated land has been decreased greatly in recent years in China so that it poses a serious threat to our food security, social and economic stability. Huang-huai-hai region is an important grain and animal food production base as it locates the largest plain region in China and has favorable conditions for agricultural production, so it is of great theoretical and practical significance to research on the agricultural efficiency production of Huang-huai-hai region based on our fundamental national condition of densely populated conditions. This paper mainly analyzes three parts to explore the agricultural production efficiency of Huang-huai-hai region based on its regional economic development level, which separately are rationally arranging regional land spatial distribution, optimizing the industrial structure and adjusting the input-output relationships.

The first part of this paper explores the farming and non-farming land use spatial optimization agglomeration strategy model based on regional developmental stages of industrialization and economic construction and discusses regional internal regional economic profits allocation. This paper comprehensively judges that the industrialization development stage of Huang-huai-hai region is in middle stage as a whole based on per-capita GDP, industrial structure and urbanization three aspects, so it gets into the stage of production elements agglomeration according to the industrialization development experience of foreign developed countries and districts, meanwhile there are a lot of differences in regional inside industrial construction stages. This paper studies that the spatial distribution of non-farming land use is more dispersed than fund input and output in Huang-huai-hai with the method of Lorenz curve and Gini coefficient, meanwhile it analyses the

difference in number and homogenization in space of the social economic develop-
ment degree in Huang-huai-hai region and structures the non-farming economic
construction cluster zones composed of regional social-economic development in-
creasing core areas and main artery traffic with the combination style of metropoli-
tan coordinating regions and megalopolises while the others areas are agricultural
production and ecological protection cluster areas, and its essence is strengthe-
ning the regional internal division and cooperation of agricultural production and
non-agricultural construction to promote regional land-use optimized distribution
and to improve the regional socio-economic development competitiveness. As agri-
cultural production has some of the characteristics of public goods, it is the key
issue to decide whether industry and land can spatial agglomeration develop and
realize scale development how to rationally coordinate regional inside interest rela-
tionship. It structures elementary consideration on regional land use secondary al-
location in the non-agriculturalization of farmland process drawing on the foreign
experience of transferable development rights at the end of this paper and its eco-
nomic benefits distribution among different land use stakeholders based on oppor-
tunity cost theory, it reasons the feasibility by the economic model and takes the
farmland conversion in Henan province as an example, and the data analysis re-
sults show that agricultural output, non-agricultural output, urban population
and non-farm jobs of the whole province increase at different degrees after land
transferable development rights. The results show that the land allocation method
after land transferable development rights not only is favorable for the concentrat-
ed development of nonfarm economy, enhances the regional economic competi-
tiveness and accelerates the process of urbanization, but also its economic bene-
fits distribution pattern embodies the fairness of economic interests among regional
land use stakeholders, promotes regional division and cooperation of agriculture
and non-agriculture and reduces the adverse effects of non-agricultural construc-
tion upon agricultural development.

The second part mainly states that it is necessary to adjust agricultural interi-
or structure to increase agricultural production efficiency because of the facts of
food consumption changes of residents in demand and the situation of Chinese ag-
ricultural resources shortage. As Huang-huai-hai region is located in flat area and

regional crop and livestock in agricultural production occupy the absolute position, it only explores the positive effect of combination between crop and livestock to increase agricultural production efficiency here. With the contradiction of global grain supply and demand sharpening continually in recent years, many foreign scholars worry whether the meat consumption in Chinese food structure sharply rising is the main reason for global food tightness for the grain prices rising constantly. This paper analyses the supporting capacity of crop straw for animal husbandry of China and food security of residents with the method of energy and emergy theory, and draws the conclusion that China's agricultural production should transform from the past mainly producing food model into the integrated production model of maximizing agricultural biomass based on food nutrition for food consumption changes of residents. Crop straw is also the important agricultural product as crop grain, but most of it hasn't been fully utilized. China's main crop straw resource has the characteristics of spatial distribution imbalance that the crop straw resources of different regions in China appear the north-south and east-west differences as a whole, and the main crop straw resource in Huang-huai-hai region is relatively abundant. It is calculated that the wasted main crop straw resource energy in Huang-huai-hai region in 2006 can be transformed into 2228.33 million tons meat production which is 27.68% of current China's output of meat production, therefore the comprehensive agricultural production capacity in Huang-huai-hai region is very huge which has important practical significance to alleviate the contradiction between supply and demand for agricultural production at present, but the key question currently is how to intensively use of agricultural resources and improve agricultural comprehensive utilization of biomass.

The third part mainly researches the conditions of agricultural production efficiency of Huang-huai-hai region from 1999 to 2006 from the aspects of agricultural production input and output, and explores its main influencing factors to provide the theory basis for macropolicy to improve regional agricultural production efficiency. The values of super-efficiency from 2000 to 2005 are all smaller than 1 which illustrates that the agricultural production efficiency are void, and the value fells to the lowest point in 2003 in the latest years for the continuously murky grain price, high agricultural means of production price and the low gain production economic benefit which seriously attack the enthusiasm of farmers producing agricultural production. China has implemented a series of agricultural subsidy policy to enhance the grain production efficiency since 2004, the relative efficiencies of Huang-huai-hai region rise in 2004 and 2006 continually, but the super-efficiency value of grain production of Huang-huai-hai region in 2006 is still lower than in 1999 and needs the government to further use the macroeconomic control method to raise the grain production efficiency. This article analyses the main influencing factors of agricultural production efficiency in Huang-huai-hai region with method of path analysis, and the results show that it is good for heightening its relative efficiency of agricultural production efficiency in Huang-huai-hai region to improve the economic income level of agricultural production per unit area, to strengthen the transfer of agriculture surplus labor, to enhance urban and rural households consumption level to promote optimizating regional agriculture tertiary industry structure and to strong industry to feed back agricultural strategy, and to stimulate urban and rural households consumption level and to strong industry to feed back agriculture effect its agricultural production efficiency more than the other influencing factors.

As agricultural production is a systematic engineering, the research on agricultural production efficiency brings about many relevant problems which involve transformation of land property right system, policy of economic society development, optimization and promotion of industrial structure, the reform of household registration system and old-age support system in the rural areas and so on, therefore it is essential to strengthen regional coordination between land use and the other management system to promote agricultural production efficiency and sustainable development together.

目　录

图目录

表目录

第一章　导论

1.1　研究背景

我国农业资源具有绝对量大、相对量小的特点，根据国家统计局和国土资源部的统计资料，2006 年末，我国耕地面积为 18.27 亿亩，与 2001 年为 19.14 亿亩相比，下降了 4.55%，且 2001~2006 年我国的耕地面积处于不断下降的状态，同期的人口数量却在不断增加，造成我国耕地资源更为紧张，因此如何保障我国居民食品安全显得尤为重要。我国可被开发为耕地的后备资源已经十分有限，在耕地总面积基本固定以及人多地少的基本国情下，如何满足区域非农经济的发展，以及如何解决粮食安全问题对土地的需求，是当前土地管理研究的一个重要课题，同时如何对有限的农业资源进行内涵挖潜，提高资源综合利用效率，协调农业生产过程中生态效益、经济效益与社会效益三者间的关系，实现农业土地资源的高效持续利用是一个具有理论和实践意义的课题。为了保障国家粮食安全和稳定提高区域粮食生产水平，区域发展一方面要减少非农建设对农业生产的侵害，为农业生产保留足够的资源和环境；另一方面要提高区域现有农业资源的生产能力和利用效率，以最少的投入换取最大的收入，同时提高资源的循环利用。稳定区域农业生产能力和对农地生产效率的研究可以从以下三个方面考虑：一是优化区域非农建设空间发展结构，提高非农用地利用效率，减缓区域农地非农化速度；二是延长农业生产的产业链，加强农林牧渔业的协调和循环经济的发展以提高农业生产产品的利用效率；三是从农业生产投入产出的角度出发研究农业生产效率。以上三个方面既可以解释为从结构（空间结构和产业结构）和投入产出两个方面进行研究，也可以解释为从宏观农地与非农业、中观农林牧渔业和微观农业生产投入产出三个方面进行研究。农业资源综合利用效率的研究不仅可以促进资源科学综合研究，丰富资源科学理论，而且有利于提升区域土地配置效率，促进现代化农业的发展。我国目前正处于从传统农业发展方式向现代农业发展方式转型的关键时期。加速现代化农业的发展步伐是我国转变经济发展方式、全面建设小康社会的重要内容。没有现代化农业的支撑，全面建成小康社会的目标就难以实现；缺少对农业资源合理高效地利用，建设现代化农业也不可能实现。因此，我们应该依据党的十八大对农业发展提出的新要求，加快发展现代化农业、增强农业综合生产能力、确保国家粮食安全和重要农产品有效供给。产业从结构开始进行优化布局，有利于保障食物安全，因此研究区域农业资源利用效率对于节约集约利用土地和提高农地生产效率等方面都具有较强的现实意义。

1.1.1 食物安全对耕地的压力

我国粮食的刚性需求不仅仅是工业粮食需求旺盛，还表现在我国居民食物消费水平的提高和人口的增加对粮食需求的不断增加。发达国家和地区发展的历史表明，虽然各国饮食传统有所不同、工业化进程有早有晚，但随着城市化、工业化发展及人们收入增加，各国居民的食品消费结构普遍会出现以下规律：对以肉奶蛋为代表的动物性食品需求增加，对以谷物为代表的热能食品需求降低。随着生产发展和人们生活水平的提高，人们的生活方式在不断发生改变，这必然引起食品消费结构的变化。改革开放以来，我国经济高速增长，城乡居民生活水平大幅提高，对肉蛋奶等动物性食品的消费在逐年增加，对谷物、蔬菜类食品的消费在不断下降，居民的食品消费结构在不断地优化升级。食品消费结构的升级也必然对我国的粮食供应产生巨大的压力。今后二三十年，中国人口的持续增长将要达到高峰期，预计到 2030 年达到 16 亿人，人民生活水平的提高和社会经济的发展对食物的需求不断增长，进而对我国食物安全产生巨大的压力（卢良恕，2004）。人口数量的多少以及人口增长率的高低是未来我国“食物安全”的重要影响因素，因此，对实现我国“食物安全”的目标而言，采取何种措施使人口数量保持在一个合理的区间，对我国具有重要的现实意义（陆杰华、王烨，2006）。我国已经由粮食出口国转为粮食进口国，粮食缺口越来越大，综合中外机构和学者的分析，大部分认为 2030 年中国的粮食自给率可能在90% 左右，粮食缺口在 3000 万吨至 8000 万吨（马强、田凤，2006）。中国是世界上人口最多的国家，粮食安全问题始终是全国乃至全世界共同关注的重大问题。就全球而言，目前粮食总产量 19 亿 ~ 20 亿吨，仍有 8 亿人没有解决温饱问题，世界粮食贸易量年均只有 2 亿吨左右，因此中国的粮食供给必须坚持自力更生的原则（张晶等，2007）。从 1996 年到 2003 年，我国耕地面积减少了将近 1 亿亩，相当于我国耕地总面积的 5%，且减少的大多是良田（裴玥，2005）。国土资源部日前公布的 2005 年度全国土地利用变更调查结果显示，我国人均耕地面积由 2004 年的 1.41 亩进一步减少到 1.4 亩，仅为世界平均水平的 40%（张晓松，2006），而且我国可发展为耕地的后备资源十分有限，在农业生产技术一定的条件下，我国耕地资源的有限性限制了农业大幅度增产的可能性。目前我国正处于工业化和城市化的加速时期，在很长的一段时期内经济建设对土地的需求还会不断增加，伴随着城市化步伐的加快，大量的农村人口变为城市居民，食物消费结构也逐渐趋同，届时对肉蛋奶等动物性食物的消费会大量增加，间接增加对粮食的需求量。我国居民的吃饭问题必须依靠现有农地资源提高其综合生产能力和效率来解决。

1.1.2 经济建设对土地的刚性需求

建设用地为人类一切生产、生活资料和一切社会经济活动提供操作场地和空间，随着我国城市化和工业化建设的加快，耕地减少和建设用地增加是经济发展的必然过程，这是由经济增长和社会需求增加及其变化规律所决定的（边学芳等，2005）。经过研究，近 20 年来，我国的非农建设占用优良耕地的面积每年都超过 13.33 万公顷，随后补充的耕地质量低下，导致我国耕地质量逐步下降，城市化快速发展的标志之一就是建设用地的增加，就我国目前的状况而言，建设用地的主要来源就是农地非农化（徐明岗等，2016）。在过去的几十年里，尤其是 20 世纪 90 年代以来，农地非农化为我国经济的持续稳定增长提供了必要的土地要素投入支撑。土地资源的投入量与经济增长之间存在显著的空间相关性，土地要素的投入不仅对本地区的城市经济发展具有良好的促进作用，而且其溢出效应还能给周围的城市带来一些正面的影响（王建康、谷国锋，2015）。伴随着我国经济发展水平的快速增长、城市化和工业化发展速度的加快、居民收入的不断增加以及居民的消费水平的逐渐提高，在我国的经济系统达到完全稳定的状态之前，农地非农化规模的不断增加对我国经济发展的贡献是不断递增的（张基凯等，2010）。目前我国正处于倒"U"形洛伦兹曲线的左端，因此随着我国经济的快速发展，耕地数量还将进一步减少，即我国土地利用正处在加速非农化（耕地减少、建设用地增加）的时期，这种局面，将会在相当长时期内存在（张琦等，2007）。2002 年我国建设用地面积为 3072.38 万公顷，至 2006 年增长到 3236.50 万公顷，增长率为 5.34%，是同期人口增长率的 2.29 倍，建设用地的高速扩张为土地的可持续利用发出了一个危险的信号。目前我国经济发展所面临的一个突出问题就是农地资源的过度非农化，我国自从 1957 年以后，耕地面积开始以每年 53.3 万公顷的速度减少，以我国如今的经济发展速度，及至 2030 年，我国非农建设用地将达到 363.33 万公顷，同时期会有超过 7800 万名农民失去土地或者部分失去土地（袁美训等，2009）。在建立节约型社会的今天，经济的高速增长和资源的合理利用，要求我们集约利用土地资源，使土地在非农化过程中能够得到最优的配置。因此如何通过合理引导区域用地分工的布局对于缓解用地区域非农经济发展与农地保护的矛盾、降低粮食生产总的机会成本和协调主产区与主销区等各方面的经济关系就显得尤其重要。

1.1.3 土地空间配置的低效率性

通过考察我国区域发展可以看出，我国区域内地区间的联系不紧密，各地各自为政，发展的目标大体相似，产业结构雷同，因此导致整个区域内资源浪费（向杰，2004）。区域土地资源的配置应根据各地市的具体情况，具体分析，对土地进行合理的配置，以充分发挥土地资源的有效性，避免过分追求局部利益而忽略整体利益，同时还要兼顾区域整体的社会效益和生态效益。我国现在进入工业化和城市化的加速时期，各地耕地非农化速度加快，由于我国经济发展的历史原因、发展战略和现行土地配置制度的弊端等原因，我国各地普遍存在"大城市不大、中城市不活、小城市不强、小城镇不优"的问题（薛志伟，2005），核心地区对周围经济的拉动和空间集聚的带动作用不够，造成农地非农化空间布局的松散性和配置的低效性。我国部分地方的各级政府为了局部利益以及区域内集体的利益，盲目地追求地区生产总值的高速增长，为建设用地的批建大开绿灯，导致部分地区的工业用地占据城市用地总面积的大部分。经过研究发现，世界上各个国家在城市规划过程中认为工业用地的标准为小城市不应超过 10%，较大城市不应超过 15%。而有关部门的统计数据表明，我国的工业用地面积占城市总面积的比例高达 30%，有些省份超过 40%（曾妍，2017）。我国各个地区建设用地的利用效率存在显著的差异，据研究，中部地区的省份，没有一个建设用地的利用效率位于生产的前沿面，并且城市建设的用地存在大量的冗余，冗余量不仅在全国范围内占据的比例居高不下，而且自身建设用地占使用总量的比例也比较大（钟成林、胡雪萍，2015）。

在我国人多地少的国情下，虽然耕地是我国最重要的战略资源，但是全国土地粗放利用状况普遍存在，城镇人均用地达133平方米，超过国家规定的100平方米的标准，全国农村居民点人均用地182平方米，远远超过国家规定的150平方米的标准，同时农村的闲散地也大量存在（马志强，2003）。近年来由于开发区的大量发展，国土资源部专项调查表明，到2004年底，全国城镇规划范围内共有闲置土地7.2万公顷，空闲土地5.62万公顷，批而未用土地13.56万公顷，三类土地总量为26.38万公顷，相当于现有城镇建设用地总量的7.8%（祁林德，2008）。城镇在土地规划过程中，缺乏整体的布局和规划，造成大量土地闲置浪费，既不利于经济建设的发展，也对粮食安全产生一定的负面影响。在城市化的进程中，如何对土地资源进行合理的配置是摆在我们面前一个不可忽视的问题。

1.1.4 区域经济凝聚力低下

长期以来，我国各地非农经济发展自成体系，各地经济发展缺乏协调与整合，没有形成专业化产业分工，缺乏长远利益眼光，重复性建设现象更为严重。部分地区利用税收减免、降低税率，利用"零地价"甚至"负地价"等优惠措施吸引外资，只注重追求地方政府官员个人及集体利益最大化和辖区居民利益最大化，无序进行招商引资大战，进行低水平重复建设。长期盲目低水平重复建设必然会加剧一般加工工业生产能力的严重过剩，延缓结构调整和产业升级的步伐，造成资金和资源配置上的巨大浪费，损害区域整体利益的最大化。

随着全球经济一体化的不断推进，区域经济日益成为经济竞争的实体。长三角地区经济由竞争走向竞合，是因为随着全球经济一体化和区域经济一体化的加快推进，各地寻求竞争基础上的合作愿望和要求不断增强。统筹区域发展是贯彻落实科学发展观的具体举措，也是整合区域资源，实现区域功能互补，缓解深层次矛盾，谋求更快、更好、更协调发展的重大契机（谢晓波，2006）。区域经济合作与发展的趋势日益彰显，区域竞争力的整体提升已越来越成为国家战略的重要组成部分，其中长三角地区是区域经济由竞争走向协作的典范。长三角地区在不断推进的全球经济一体化和区域经济一体化进程中寻求竞争基础上的合作愿望和要求不断增强，珠三角各地政府纷纷打破条块分割的协调机构，在经济技术合作中谋取共同发展和共同进步。1994年10月，广东省制定了《珠江三角洲地区现代化建设规划纲要》，强调区内产业结构的调整优化与重大基础设施建设的统筹协调，并且以省政府正式文件形式下发，以珠三角地区要作为首先实现现代化的一个大经济区作为目标进行规划和建设。再如国务院批复同意撤销天津市塘沽区、汉沽区和大港区，将3个区合并成天津滨海开发区，改变过去"大"区套"小"区和"区"中有"区"的局面。过去的行政区职能分工交叉，缺乏统一协调，各区域相互独立，各自为政，在不同程度上存在重复建设和产业雷同的现象，而且各功能区、行政区为了自身利益在招商引资等方面存在无序竞争现象，使整体优势难以发挥。被誉为"中国经济未来第三增长极"的天津滨海新区行政体制改革的序幕正式开启后，合并后的新行政区域对区域经济统一管理、统一调配，有利于加大区域资源整合力度，优化总体布局，同时也有利于促进区域经济社会协调健康发展和提高区域经济发展的总体竞争力。

区域经济一体化是指在生产力高度发达的基础上，地区之间通过资源和生产要素的自由流动和优化配置，相互协作、优势互补、互为市场、互相服务，区域社会、经济、文化和生态持续协调发展的动态过程。除具有首位度较高的北京市和天津市具有较强的带动辐射能力外，其他城市自我集聚能力尚未完善，经济总量小，缺乏区域一体化规划，存在严重的重复性建设，对核心地区周围地域的辐射功能较弱。根据区域经济发展条件，各地经济发展要形成主导产业的专业化分工，改变各地经济规模小、重复性建设、缺乏协调、分散无序的发展状况和市场经济竞争能力差的局面。为了改变这种分散的空间格局，一方面要共同构建区域统一市场体系，消除行政界线壁垒，充分发挥集聚优势，避免彼此之间的恶性竞争，加强区域产业和用地的分工；另一方面要建立相应合理的补偿制度，创造平等有序的竞争环境，促进区域产业和用地的分工。

1.1.5 农业资源利用效率低下

农业资源是农业自然资源和农业经济资源的总称。农业自然资源含农业生产可以利用的自然环境要素，如土地资源、水资源、气候资源和生物资源等。农业经济资源是指直接或间接对农业生产发挥作用的社会经济因素和社会生产成果,如农业人口和劳动力的数量和质量,农业技术装备,包括交通运输、通信、文教和卫生等农业基础设施等。我国经济发展的历史起点很低,工业化道路选择了重工业优先发展的战略,"重工抑农"的城乡经济关系造成农业投入严重不足,农业剩余劳动力在农业中大量沉淀,直接制约农业劳动生产率的提高,这是我国农业增长方式长期处于粗放型的根本原因(白雪瑞,2007)。粗放型农业增长方式是指主要依靠生产要素总量的增加,即通过土地、劳动和资本等投入要素的增加实现农业增长,不注重品种的质量,不惜以牺牲资源和环境为代价,造成高投入、低效益,自然资源退化,生态环境恶化的局面。化肥的不合理使用和过量使用,不仅造成资源浪费,增加种植业生产成本,也会给人类带来严重的生态恶化的后果。目前,中国单位面积的施肥量已达到世界平均量的1.6倍,氮素化肥的损失率达到45%,相当于年损失200多亿元。目前我国年平均用水总量为5600亿立方米,其中农业用水接近4000亿立方米,大约占总水量的70%,在发达国家用水的比例基本位于50%以下(陈兆波,2007)。据预测到2030年,我国人口将达到16亿人,需要粮食6400亿千克,按当下我国平均作物水分利用效率$0.8kg/m^3$计算,届时我国农业的缺水量将达到900亿立方米(梅旭荣、罗远培,2000)。黄淮海地区作为我国重要的粮食生产基地之一,淡水资源也是严重缺乏的区域之一,因此提高该地区农业用水的利用效率,开发资源的循环利用,对于保障我国的粮食安全问题、缓解水资源的紧张问题以及维护区域的生态平衡等问题都具有重要的现实意义。我国的农业劳动力资源也存在分布不均的现象,造成有的地区农业劳动力剩余,有的地区却劳动力短缺。东部沿海的经济发达地区,以自身的发展优势,吸引了大量的人口,在这个过程中,该地区的农业劳动力的优势被进一步地加大。经济的发展吸引优秀的农业人力资源,而优秀的劳动力又促进农业的迅速发展,进而形成农业发展的良性循环。西部地区经济发展落后,农业技术相较于东北地区处于落后地位,人口迁徙到该地区的概率比较小,甚至农业劳动力产生外流的可能,科学技术以及优秀人才的缺失,加剧了其农业发展的滞后性。农作物吸收的养分及光合作用的产物有一半左右存于秸秆中,秸秆和籽粒一样都是重要的农产品,是具有多种用途的可利用再生资源,目前秸秆制作成家畜饲料是国内外对其资源化高效利用的重要途径之一。我国的纤维素资源非常丰富,每年有 10 亿吨含纤维素的物质产生（包括秸秆、林业采伐剩余物等），其中农作物秸秆的产量达 7.0×10^8 吨（房兴堂等，2007），但是仅 27.5% 被用作畜牧饲料，废弃或烧掉的未被充分利用的比例为 54.8%（张培栋等，2007）。农业资源的有限性以及实现我国食物安全目标的严峻形势，要求我国对农业资源进行高效利用，使资源的利用方式由粗放型向集约型转变，提高资源利用效率和农地的生产效率。

黄淮海地区是我国重要的农业产区，同时也是我国非农经济建设快速发展的地区，区域农地非农化速度加快，地域经济缺乏统筹协调、农业生产投入过高、种植业发达而畜牧业资源短缺等问题普遍存在，因此本书从产业的综合视角，基于区域非农建设与农业生产产业空间布局、农牧产业结构优化和投入产出关系三个部分综合分析黄淮海地区农业生产效率存在的问题及提高的途径。

1.2 研究区域简介

1.2.1 自然地理概况

黄淮海地区位于华北、华东和华中三地区的接合部，枕山襟海，海陆兼备，面向东北亚和太平洋，背靠"三北"（华北、东北和西北）地区，处于我国北方沿海黄金海岸环状经济产业带的南半部，大部地区属于环渤海经济区，是我国东部沿海继珠江三角洲、长江三角洲的又一个跨世纪开放和开发建设的"热点"地区。全区以北京、天津、石家庄、济南、郑州等特大和大城市为中心，以中西部内陆广大腹地和晋陕蒙能源基地为依托，以天津、烟台、青岛、连云港等沿海城市经济技术开发区，以及秦皇岛、天津新港、烟台、青岛、日照、连云港等沿海港口群为前沿，以京广、京沪、京九、京山、胶济、新石、陇海等干线铁路为纽带，联结全国和世界各地，不仅成为我国北方地区通向海外并与国际经济接轨，参与东北亚和亚太地区经济技术合作的重要基地和窗口，而且也是中西部内陆广大地区实行对外开放和外引内联的重要通道与出海口，正在发挥着越来越重要的作用。黄淮海地区是我国东部沿海土地、矿产、海洋、农副产品、旅游等多种资源十分丰富的地区。各类资源不仅储量大，而且邻近交通线和消费地，开发条件优越，是发展农业、能源和原材料工业及加工工业、海洋产业和旅游业的重要物质基础，资源综合开发潜力大，发展前景广阔。

黄淮海地区地势平坦、气候适宜，区域内部耕地资源丰富，有利于农业的种植，是我国重要的粮食生产基地，且拥有我国最大的平原——黄淮海平原，黄淮海平原是第三纪喜马拉雅运动以来形成的一个巨大的拗陷盆地。由于盆地不断下沉，逐渐为沉积物所填充，形成了一个冲积堆积平原，与周围的燕山、太行山、秦岭、大别山等山地之间均有断裂带相连。地表物质以松散的沉积物组成为主，是经过河流、湖泊和海洋等共同作用的结果。一般沉积物的厚度在 500～600 米，厚的可达几千米。黄淮海平原的海拔高度一般在 200 米以下，相对高度一般不超过 30 米，地表坡度不到10 度。黄淮海平原主要的外营力是河流，在黄淮海平原形成过程中，黄河的变迁对平原塑造的影响最大，多次干扰海河、淮河水系，但这两条水系也有其自身发展的规律和特点。黄淮海平原区的地貌格局分为三大单元：山前洪积冲积倾斜平原、冲积平原和滨海海积平原。

黄淮海地区地处东部暖温带，往南延伸至北亚热带北缘湿润与半湿润季风气候区，属温带大陆性季风气候，四季分明，年均气温为 11℃～16℃，30℃ 积温为 4500℃～5500℃，无霜期较长，为 175～220 天，可以两年三熟或一年二熟。光照充足，年日照为 2800～2100 小时，全年日照百分率为49%～63%，春季日照条件好，气温回升快，相对湿度低，麦类作物光合效率高，病害少，7～8 月光、热、水同季，有利于作物生长，特别有利于喜温作物玉米的生长，该区年降水量为 500～1050 毫米，属半湿润地区。黄淮海地区的土壤类型主要有棕壤、褐土、潮土、盐土、砂姜黑土、沙土等。

1.2.2　社会经济概况

黄淮海平原主要指位于黄河、淮河和海河三河系下游连片交互沉积形成的我国最大的平原，位于长城以南，淮河以北，太行山及豫西山地以东。黄淮海地区所包括的地区和范围，各部门、各专业的认识是不一致的，划分各异，本书所研究的黄淮海地区主要包括：山东省、北京市、天津市全部，河北省、河南省大部分及安徽省、江苏省的淮北平原地区，共涉及 53 个地级市。

黄淮海地区是中华民族的心腹之地，历代逐鹿中原，要争夺这块战略要地，历代安邦定国，又要治理这片灾害频繁的地区。该地区不但是我国政治、经济、文化的中心地带，也是我国重要的工农业生产基地和精华所在。黄淮海地区的地理位置优越，东南部紧邻我国沿海经济发达地区，境内陆、水、空交通四通八达，著名的胶东经济区、京津唐经济区和苏北经济区等城市群都位于该地区，且京、津、冀等的首府位于此，是我国重要的非农建设经济发展区。从 GDP 看，2006 年我国第一、二、三次产业占比为：11.73：48.92：39.35，结构呈"二、三、一"结构；黄淮海基本相同，第一、二、三次产业占比为：15.63：51.88：32.49，结构也为"二、三、一"结构。

同时黄淮海地区是我国最主要的粮食生产基地，该地区拥有我国最大的平原，耕地资源丰富，光热条件好，是我国重要的农业经济区和粮食主产区，粮食播种面积占全国总量的 20% 左右，粮食产量占全国总产量的 23% 左右，对我国粮食安全起着至关重要的作用。1999 年黄淮海地区的粮食产量为 12468.1 万吨，粮食产量占全国总产量的 24.5%，之后黄淮海地区粮食产量持续下降。至 2003 年粮食产量达到最低点，为 9217.6 万吨，占全国总产量的 19.9%。2004 年国家采取减免农业税、对农业进行补贴和扶植等政策，充分调动了农民种粮的积极性，粮食产量迅猛增加。到 2006 年粮食产量占全国总产量的百分比提高了 26.15%。

本书以黄淮海地区 53 个地级市作为评价单元，该区域土地利用主要分为以耕地为主的单一结构类型、以耕地利用为主与建设用地或者水域利用为辅的双重结构类型等三种类型（封志明等，2003），因此，黄淮海地区土地利用的核心问题是耕地保护和非农建设用地之间的矛盾。

1.3 研究数据来源

探讨区域经济发展水平状况，较为理想的是各县（县级市）具有较为完备的统计资料，但我国各县市统计指标不全，难以收集，而且口径不一，影响了资料的统一性和可比性。地级市作为介于省和县之间的行政区域，是区域宏观经济调控中重要的地域单元，也是区域经济发展统计的重要单元，其统计资料较为完备。鉴于此，本书以黄淮海地区 53 个地级市作为评价单元，因此本书数据来源比较复杂，主要数据来自《中国城市年鉴》《中国统计年鉴》《中国农业发展报告》《中国农村经济年鉴》和中国土地变更数据，图件数据主要来自中科院地理所共享数据，其中部分参数来自相关学者的研究。

1.4　研究方法

本书的研究重点是从区域农业与非农业分工协作、大农业内部结构优化和农业生产要素投入产出三个层次分析研究黄淮海地区农业生产效率问题，为了达到这个目的，本书从理论研究、经济分析、实证研究和策略研究四个方面展开，主要采用了以下四种研究方法。

（1）系统分析方法

系统分析方法来源于系统科学。系统科学是 20 世纪 40 年代以后迅速发展起来的一个横跨各个学科的新的科学部门，它从系统的着眼点或角度去考察和研究整个客观世界，为人类认识和改造世界提供了科学的理论和方法。它的产生和发展标志着人类的科学思维由主要以"实物为中心"逐渐过渡到以"系统为中心"，是科学思维的一个划时代突破。系统分析方法是研究系统中整体与部分、结构与系统功能之间的关系，并且运用数学确立适用于所有客观系统的一般原则和方法。这一方法可以对信息未彻底弄清的系统进行研究并预测该系统在某些参数变化时所相应发生的变化，从而为寻求控制该系统的最佳方案提供依据。系统分析方法的具体步骤包括：限定问题、确定目标、调查研究收集数据、提出备选方案和评价标准、备选方案评估和提出最可行方案。土地既是一个自然综合体，又是一个社会经济综合体，各种自然社会经济因素与土地利用相互作用必然会发生一系列复杂关系，因此区域农业发展和非农经济建设是一个复杂的系统工程，区域农业发展过程中受到区域社会和经济等方方面面的影响和制约。

区域非农经济建设和农业生产要求整个系统内各方面的协调统一，注重整体的而非单独某一个方面功能的实现，同时本书综合考虑区域自然、社会经济和制度因素来共同探讨耕地保护制度和稳定区域农业生产能力的保障措施。系统的作用是将研究系统的各个子系统有机结合起来，把系统整体看成一个由多个子系统组成的超级系统，探究其内部各个子系统的发展，分析其存在的原因及问题，从而找到合适的解决办法，基于整体的视角发挥系统整体功能大于部分功能之和的作用，农地的利用方式受到政治、经济和文化等多方面因素的影响，研究黄淮海地区农业生产效率，不仅仅局限于传统农业种植业的角度，还要将视角扩大到与之关联的其他系统，分析非农经济建设和农林牧业对其区域农业生产效率的影响。因此研究区域的农业生产效率，必须将区域的非农经济建设和农业生产、农林牧渔和农业生产投入产出作为一个整体系统，分析其相互关系和发展变化特点，探讨稳定和提高区域农业生产的方案，为决策者制定科学合理利用土地和稳定农业生产水平的措施提供可靠的科学依据。

（2）逻辑分析与历史分析相结合的方法

逻辑分析方法是以理论的形态和逻辑推理的方法概括地反映历史过程的研究方法，也就是在研究社会经济领域里的任何问题时，力图摆脱社会历史过程中的偶然现象和历史现象的细节问题的干扰，通过理论概括和逻辑推理取得对客观世界的规律性认识。本书在对黄淮海地区的农业结构效率和农业生产投入产出效率分析的过程中，运用逻辑分析方法，通过总结其最近几年各种资源的消费情况，对其内在联系和规律进行了总结；同时在黄淮海地区秸秆资源的利用潜力方面，通过对以往数据的总结，借助逻辑推理的方法，预测2015年该地区的秸秆利用潜力，为资源的合理利用提供了一定的参考依据。历史分析法是依据马克思主义关系发展的观点和动态系列的观点，通过有关研究对象对历史资料进行科学的分析，说明它在历史上是怎样发生的，又是怎样发展到现在状况的。分析的目的是弄清楚事物在发生和发展过程中的"来龙去脉"，从中发现问题，启发思考，以便认识现状和推断未来。历史分析方法是对事物发展的历史进程进行具体分析和描述的方法，它揭示的是客观事物在历史进程中的客观规律和发展的必然趋势。本书在分析区域产业和用地发展模式时，基于逻辑分析方法和历史分析方法并根据发达地区经济发展的进程，特别是地少人多的国家或地区，在总结区域城市化进程中的非农经济集聚发展必然趋势的基础上，探索区域内部产业和用地的分工与协作对提高区域经济的整体土地利用效率及其对农业生产效率的影响；同时基于逻辑分析方法和历史分析方法分析居民食物消费结构的演替规律、农业居民饮食结构演变和农牧业结合对其农业生产效率的影响。

（3）规范分析与实证研究相结合的方法

规范分析是以一定价值判断为基础的经济分析方法，揭示问题的内在因素及其规律性，回答"应该是什么"的问题，通常是制定政策的基础。本书在制定区域产业与用地集聚发展战略模式、构建区域内部土地开发权转让补偿经济模型、研究我国居民食品消费变化、分析主要农作物秸秆对畜牧业的支撑能力，以及农业生产投入产出生产效率及其影响要素分析中都采用了规范分析。实证研究则是对具体事物的客观描述，通过对研究对象大量的观察、实验和调查，获取客观材料，从个别到一般，归纳出事物的本质属性和发展规律的一种研究方法。回答研究对象本身"是什么"的问题。本书在国内外学者相关研究的基础上，基于规范分析法分析区域农业非农经济建设与农业生产统筹协调的优化模式，探索社会经济发展对农业生产结构优化的影响等，并基于实证研究对区域非农经济与农业经济发展的优化空间布局、土地开发权转让在区域农地非农化配置中进行可行性分析，以河南省为例研究地区间农地非农化用地指标配置转移前后的区域产业发展及对区域城市化的影响，以秸秆养畜为例分析大农业结构优化调整对农业生产效率的影响等。

（4）定性分析与定量分析相结合的方法

定性分析方法亦称"非数量分析法"，是主要依靠预测人员丰富的实践经验以及主观的判断和分析能力，推断出事物的性质和发展趋势的分析方法，属于预测分析的一种基本方法，是社会科学研究普遍采用的一般性方法。通常用于对事物及其发生规律进行宏观的、概括的描述，采用此方法，有助于我们从整体上把握事物的本质，为定量研究提供前提。由于区域土地利用和产业发展十分复杂，因此本书对区域非农建设竞争力评价和交通运输评价的过程中评价因素的选择和权重确定都采用定性分析。定量分析方法是在定性研究的基础上，对社会现象的数量特征、数量关系与数量变化的分析，其基本方法主要有比率分析法、趋势分析法、结构分析法、相互对比法和数学模型法。其功能在于揭示和描述社会现象的相互作用和发展趋势。定性分析能找出过程的本质及其内在规律，定量分析能对这种本质与联系进行测定与度量。研究土地利用规划体系结构必须以定性分析为指导，定性分析与定量分析相结合，以揭示研究过程中量的规律性。随着应用数学和计算机的发展，经济决策更多地依赖于定量分析的结果，使得决策更严密准确，并更具科学化。

本书主要采用的计量模型如下。

洛伦兹曲线和基尼系数是反映收入分配不平等程度的方法，也有很多学者将其引用到收入差异之外的研究中。本书利用洛伦兹曲线和基尼系数定量分析黄淮海地区社会经济和农地在各地（地级市）集聚与分散的发展状况。

地区的经济发展现状既是该地区在区域社会经济发展中的起点，同时也是该地区在区域社会经济发展中竞争能力的综合体现，因此本书利用综合评价方法从经济规模水平、社会结构效率、交通信息设施、文化保障服务体系和生态可持续性五方面综合反映黄淮海地区的社会经济发展综合水平和竞争能力。

区域社会经济发展和土地利用的特点之一是具有空间属性，空间自相关分析是认识空间分布特征的一种常用方法，它可以检测区域社会经济发展和土地利用是否存在相关性。本书分别利用全局空间自相关与局部空间自相关分析整个黄淮海地区社会经济发展的空间特征和区域内各地区与各自周围邻近位置是否具有同一属性相关性。全局空间自相关是对属性在整个区域空间特征的描述；局部空间自相关是研究范围内各空间位置与各自周围邻近位置的同一属性相关性。

随着社会经济水平的不断提高，居民的食品消费中动物性食品消费量越来越高，品种类别越来越丰富，因此本书利用能量理论和能值理论分析研究我国居民食品消费特点，并根据能量转换十分之一定律计算我国主要作物秸秆对我国居民动物性食品消费的重要支撑能力。黄淮海地区是我国重要的粮棉油生产基地，其肉类食品生产在全国生产量也占有相当比例，因此研究黄淮海地区主要作物秸秆对于提高农业生产综合生产效率的作用。

农业生产过程是各种生产资源不断投入的过程，为了取得更高的效益，必须考察投入是否合理，以确定下一步生产中投入的增减。生产函数是指在一定时期内，在技术水平不变的情况下，生产中所使用的各种生产要素的数量与所能生产的最大产量之间的关系，其中柯布－道格拉斯方程是分析资源投入与产品产出之间经济数量关系最常用的一种生产函数，因此本书利用该种方法计量黄淮海地区农业生产的绝对生产效率状况。数据包络分析是一种对若干同类型的具有多输入、多输出的决策单元进行相对效率与效益方面比较的有效方法。本书利用数据包络模型研究近年来黄淮海地区农业生产效率的相对变化分析。

农业生产是一个自然社会经济系统，因此影响农业生产效率的因素具有多样性，因此本书还采用通径分析方法研究黄淮海地区农业生产效率的影响因素，为制定促进区域农业生产效率提高的政策提供理论依据。

1.5 研究目标与主要内容

效率是指给定投入和技术等条件下，经济资源做了能带来最大可能性的满足程度的利用，也是配置效率的一个简化表达，农业生产效率是在既定的农业生产资源投入下，农业生产获得的最佳状态。当前传统意义上的农业生产效率仅从农业产业结构的优化和投入产出两个方面进行研究，但是非农业生产是我国农业用地资源减少的重要因素，非农产业用地的空间布局和利用状况直接影响农业资源的投入和数量，我们认为区域农业和非农业资源在地区间的分工协作也是影响农业生产效率的一个重要因素。本书首先分别从区域内部农业生产和非农产业用地空间分工，农牧产业结构和农业生产投入要素的空间效率、结构效率、产出效率三个层次对黄淮海地区农业综合生产效率进行探索；其次根据黄淮海地区近年区域发展分析其农业生产中的问题；最后文章提出提高区域农业生产效率的对策。主要研究内容如下。

（1）本书主要从非农产业和农业生产的空间配置机制方面研究黄淮海地区农业生产的空间效率。首先对黄淮海各地经济发展阶段进行判断，根据国外发达地区的发展经验提出黄淮海地区应进入区域经济的集聚发展，重点阐述黄淮海地区内部各地区间经济发展土地要素的分散性特点，根据点－轴开发理论构建区域农业生产和非农经济建设产业用地的集聚空间发展模式。其次利用博弈理论解释我国各地为了自身经济发展纷纷加速农地非农化的现状，由于农业生产具有经济效益的低效性和公共物品性质，因此合理配置规划期间区域农地非农化用地的经济利益，才能保障土地生产要素在区域经济发展中按照市场高效配置和有效地减少各地农地非农化无序发展的状态。最后文章将国外土地开发权转让的成功经验应用到我国区域农地非农化用地指标分配中，利用经济模型构建区域用地经济补偿机制研究，并以河南省各市农地非农化用地指标配置为例，探讨土地开发权转让在区域农地非农化用地指标配置中的效率性和公平性。

（2）本书主要从大农业内部的产业结构优化方面研究黄淮海地区农业生产结构效率。本书利用能值理论分析我国居民食品消费变化对农业生产模式转变的要求，探索我国传统的以籽粒生产为主的农业生产模式向以食物营养为基础的农业生物量综合生产模式方向转变。中国是一个秸秆资源丰富但未被充分利用的国家，本书对中国主要作物的秸秆分布进行分析研究，论证黄淮海地区秸秆利用的重要性。黄淮海地区在农林牧渔产业发展中，农业和牧业是区域农业生产的重要发展方向，因此本书主要探索黄淮海地区主要作物秸秆对牧业发展和研究农地利用效率的支撑能力。

（3）本书研究黄淮海地区近年来的农业投入产出效率状况分析其农业投产的合理性，并利用通径分析模型确定影响其效率提高的主要直接影响因素，为提高区域农业生产效率提供理论依据。

1.6　技术路线

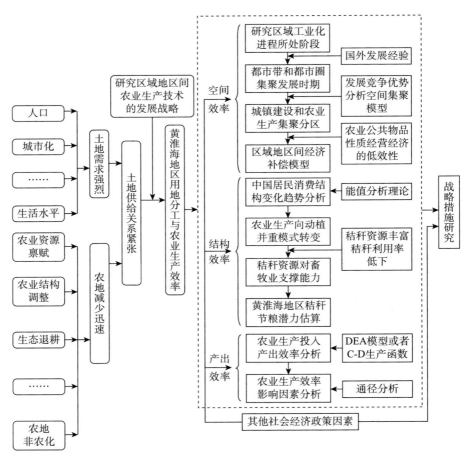

图 1-1　技术路线

本书根据我国农业资源供求紧张的现状，提出对黄淮海地区农地生产效率的研究。

本书主要从区域非农经济和农业发展用地分工、大农业内部农林牧渔业的协调发展和农业生产投入产出效率三个方面分析黄淮海地区农地的空

间效率、结构效率和产出效率。黄淮海地区农地的空间效率的研究首先定
位区域经济发展阶段，并根据发达地区的发展经验，探索黄淮海地区非农
建设与农业的空间集聚发展模式。由于农业生产的公共物品性质和经济收
入的低效性，因此本书引入国外土地开发权转让制度实现利用"地根"引
导区域产业和用地集聚发展，文章利用经济模型并以河南省为例论述区域
农地非农化开发权转让的利益分配问题和产业空间集聚后的农业效率。黄
淮海地区农地的结构效率的研究主要基于我国居民食品消费向多元化发展
的实际，研究黄淮海地区主要作物秸秆对于发展畜牧业、实现节粮和提高
农地效率的能力，这对于保障我国的食物安全问题具有重要的理论和现实
意义。黄淮海地区农地的产出效率的研究主要侧重于对黄淮海地区农业生
产投入产出的效率分析，并分析其主要直接影响因素。

在空间效率方面，基于土地利用调控理论，分析黄淮海地区土地利用
控制机制对区域非农建设与农业产业在地域空间上集聚优化发展的促进与
推动作用。基于经济学的视角和土地的特殊属性，分析土地要素地域空间
配置的分散性对产业发展其他生产要素配置效率的限制；进一步利用基尼
系数和洛伦兹曲线等方法定量分析区域非农产业发展过程中非农用地地域
空间配置的分散程度；分析非农产业发展产出与土地要素之间的互动关
系；并进一步分析区域非农产业及其用地地域空间分散经营对农地资源数
量和生态景观所产生的不利影响。从规模结构、产投效率和科技创新等
多方面利用综合评价法分别建立区域非农产业和农业产业优势发展竞争
力综合评价体系，观察非农经济建设和农业生产产业优势发展的空间分
布特征，并进一步利用 GIS 空间分析模型，判断区域同一产业自身空间
分布的地域边缘属性和两大产业之间地域空间分布的互补性与差异性。
并依据以上黄淮海地区产业发展综合竞争力的地域空间分布特征的分析
结果，结合区域产业发展的信息流、交通流、经济流和人员流等的空间
流向，基于点-轴开发不均衡理论构建黄淮海地区非农经济建设和农业生
产用地在地域空间上的集聚优化发展模式，强化地方在区域产业发展整体
中的主体功能分工，将区域产业及其用地空间划分为非农经济建设集聚区
和农业生产集聚区。借鉴"土地开发权转让制度"或"地票"等理念并运
用到土地市场调控机制中，利用土地地域空间优化配置以促进区域产业发
展的集聚程度，将农地非农化指标向非农产业发展竞争力比较高的优势地
区转移，而耕地保护指标向农业生产效率高的优势地区转移，促进区域非

农建设和农业生产产业的共同增长。分析农业生产经济收入的低效率性和公共物品性质，剖析经济利益在地方农地非农化建设的重要驱动机制，建立数学经济模型进一步对区域产业集聚优化发展过程中地方利益主体之间产业发展经济收益分配的问题进行理论分析，并对"地根"调控区域产业集聚发展后非农经济建设和农业生产经济产出的增长量进行初步核算。并以国家战略典型经济区之——中原经济区为例，从经济、社会和生态环境等方面分别探索中原经济区的非农产业和农业产业的空间布局优化模式，以验证"地根"调控区域集聚发展后非农产业和农业产业的利益分配方式的可行性。

在结构效率方面，对居民主要食物消费进行分类，分析居民食物消费结构变化趋势，研究居民食用畜产品在食物消费结构中的地位变化。设计居民食用畜产品消费的优化方案，预测居民食物消费对农业资源和标准粮的需求增量，并对比分析农地资源生产现状，定量评价居民食物消费结构变化对农业资源和粮食安全的压力，这是基于我国农业资源禀赋和畜产品消费需求增长提出秸秆养畜核算的基础部分。基于能量转换视角，构建秸秆养畜潜力核算体系；计算黄淮海地区秸秆养畜生产潜力及其节粮数量，定量评判其秸秆养畜潜力对居民畜产品消费增长的支撑力度。

在产出效率方面，利用 DEA 超效率模型分析黄淮海地区农业生产效率的演变趋势，并依据通径分析法分析其农业生产效率的影响因素，综合提出提高农业生产效率的措施。

第二章 国内外研究进展及实践应用

2.1 关于区域用地分工空间效率机制研究

"点 - 轴"开发理论对区域经济的发展带来巨大的促进作用，其科学基础渊源总体可以归结为以下三个方面。①克里斯塔勒的中心地理论。中心地理论把空间集聚和空间扩散规律的观点和点 - 轴开发理论进行有机的结合，成为点 - 轴开发理论的基石。②佩鲁的增长极理论。佩鲁提出的增长极理论最早是用来描述关键性产业对相关性产业的联系效应、乘数效应等经济关系。Perroux（1955）认为，"经济增长并不是同时在任何地方出现，它以不同强度首先出现在增长点或增长极上，然后通过不同的渠道向外扩散，并对整个经济产生不同的终极影响"。③松巴特的生长轴理论。周茂权（1992）认为沃纳·松巴特倡导的生长轴理论是点 - 轴开发理论中"轴"论的理论渊源。此外，赫格斯特兰的空间扩散理论、早期的古典区位理论同样也是点 - 轴开发理论的重要理论渊源。我国自1984年陆大道先生提出点 - 轴开发理论后，众多学者对其进行研究拓展，以此为基础形成了不同轴线区域开发的理论，如"目"字形模式论，"菱"形模式论等，这些理论都是建立在点 - 轴开发理论的基础之上，本质上属于轴线开发模式论，这些学者的研究本质上属于定性方面的研究，但是不同区域之间在经济环境和自然环境等多方面存在差异性，开发模式也不尽相同，因此，针对点 - 轴开发理论的定量研究还有待深入。

劳动地域分工与专业化是一条客观的经济规律，也是促进社会经济发展的基本原则之一。马克思在论述劳动社会分工时把分工的形式分为三类，并指出"把一定生产部门固定在国家一定地区的地域分工"，区域分工协作使得劳动空间缩小，同时节约了大量的复杂费用，提高了生产效率。亚当·斯密（1981）的绝对利益理论认为，任何区域都有一定绝对有利的生产条件，若按绝对有利的条件进行分工生产，然后进行交换，会使各区域的资源得到最有效的利用，从而提高区域生产利益。大卫·李嘉图（1984）的比较利益理论认为，在所有产品生产方面具有绝对优势的国家和地区，没必要生产所有产品，而应选择优势最大的那些产品进行生产；在所有产品生产方面都处于劣势的国家和地区，可以选择不利程度最小的那些产品进行生产。这两类国家或地区可从这种分工与贸易中获得比较利益，即解决了绝对利益理论关于无任何绝对优势的区域。赫克歇尔与俄林（1986）的生产要素禀赋理论认为，各个地区生产要素禀赋的不同是区域分工产生的基本原因，如果不考虑需求因素的影响，并假定生产要素流动存在障碍，那么每个区域利用其相对丰裕的生产要素进行生产，就处于有利的地位。

20 世纪 30 年代后，区域产业分工理论得到进一步的发展。于维洋（2007）指出在 1966 年美国的雷蒙德·弗农在《产品周期中的国际投资与国际贸易》提出产品生命周期理论，该理论认为任何产品都有一个生命周期，这一周期可分为创新、发展、成熟、衰退四个阶段，处于不同阶段的产品，生产的优势区域也不同，揭示了技术水平差异对区域分工生产效率的影响。

我国农业经济研究广泛涉及区域分工问题，相关文献集中于从区域结构调整、要素效率、生产专业化水平等研究结论中对区域分工进行定性评价。这些研究侧重于区域内部专业化方面，由于国际贸易资料的可获性较低，对区域间贸易及利益分配的研究则较少。

到改革初期，中国种植业生产结构源于计划经济体制、短缺经济以及严峻的国际形势，积聚了粮食生产畸重、资源区域分布不合理、比较优势无从发挥和农业资源环境遭受破坏等一系列问题。叶兴庆（2004）进而对改革以来的农业结构变迁进行了分析，他认为除宏观经济环境以外，不同结构调整期在诱因、回旋余地、政策工具方面存在着差异。区域结构调整是农业结构调整的重要范畴，在 1998 年以后受到政府的切实关注。钟甫宁（2003）指出在农业部《关于当前调整农业生产结构的若干意见》提出粮食区域结构调整的主要方向是适当减少沿海经济发达地区和大中城市郊区的种植面积，调减南方早籼稻和冬小麦的种植面积，适度扩大南方地区玉米的种植面积等，这种边际调整策略反映了种植业向主产区或优势产区集中的政策取向，种植业区域分工要求在发挥地区比较优势的基础上，提高区域生产专业化水平，形成区域之间优势互补的生产结构。发挥比较优势对农业资源进行边际调整是解决种植业结构问题的着眼点。众多学者采用多种测算指标度量各地区作物的优势水平，并依据各自结论提出了调整方案。郭玮（2000）认为从对改革以来种植业结构变动趋势的判断来看，比较一致的观点是农业资源配置有所改善，但区域结构问题没有得到有效解决，这已经成为制约种植业结构调整的主要矛盾，对区域结构趋同普遍表示忧虑。宋瑞敏等（2012）认为农业产业结构趋同在促进农业的发展方面具备一定的积极作用，但是其负面的影响更加明显，主要原因在于农业产业结构的趋同会使产品无差异化状况普遍存在、彼此之间的竞争过度激烈、不利于商品市场的良好发展、阻碍区域特色产业的发展以及区域间农业产业的协作与分工，产业结构的同质性所引起的过度竞争也会打乱原有的市场秩序。陆建飞等（2010）对区域农业结构非合意性趋同进行了定性分析并探究其原因，研究发现农民、地方政府行为和市场信息导向的局限性等是区域农业结构非合意性趋同的主要影响因素，同时发现区域农业结构非合意性趋同会使部分地区的农产品的生产能力过剩，对农业的区域分工与协作、特色农业的形成与发展、农业结构优化升级均产生不利影响。与种植业生产专业化相关的研究成果表明，改革以来，中国种植业生产具有一定的区域化特征。李晓西等（2006）认为我国正处在"双中期区间"阶段，即工业化中期和城市化中期阶段，根据国外发达国家和地区的工业化和城市化发展的经验来看，我国城市已进入大都市圈和都市带聚集发展模式时期。陈江龙等（2004）认为对于一个发展中国家来说，实现土地资源配置的空间效率，达到资源配置的空间均衡，是解决中国经济发展与耕地保护矛盾的关键。同时谭荣、曲福田（2006）也认为实现土地资源配置的空间效率，达到资源配置的空间均衡是现阶段提高土地资源总体利用效率切实可行的有效途径，是实现"产业集聚、布局集中、用地集约"发展模式的重要手段。在区域农业的规划问题中，如何实现土地资源以及产业的空间布局优化是一个核心问题，其实现对于农业的生产发展、生态环境的保护以及土地资源的充分利用均具有重要的意义。我国学者采用了多种方法测度如何实现土地资源的合理配置，如何岩等（2001）根据农业生态类型区的不同特点，建立了大安、德惠、柳河、海伦和昌图5个研究示范基地，构成了"十"字形农业开发试验区的布局。郑新奇等（2001）利用多目标规划方法对耕地结构进行面积控制，凭借 Arc/Info 和 Map Info 等工具，实现耕地优化配置的自动化，将土地资源面积空间分配技术方法应用于实践中，从而使土地资源优化配置方法论有了新的补充。伴随着区域经济一体化以及全球一体化进程的加快，区域经济的可持续发展已经成为区域内农业规划的目标之一。

由于农业用地和生态用地经济收入的低效性和公共物品性质，说到区域农地和非农用地分工，就必然谈到区域用地的补偿机制的研究。张效军等（2007）认为耕地补偿是从区域间耕地的保护责任和义务相对等的角度出发的，经济发达、地少人多的区域应借助一定的手段对承担了大部分耕地保护责任且经济欠发达的地区进行补偿，以此来调整不同地区耕地保护的利益关系，在满足经济发展对耕地的需求的同时，也能在最大限度上保障我国的粮食安全，减少耕地的损失。

在我国，区域补偿机制的研究主要起源于生态环境建设中区域间经济外部性的内部化问题。刘广明（2007）认为，所谓"区际生态补偿"，是指按照行政区域如省内、市内、县内、乡（镇）内的划分，遵循公平合理的一般性原则，受益地区与受损地区、开发地区与保护地区之间进行生态补偿。张效军（2006）的研究构建了耕地保护区域补偿机制：测算区域间耕地赤字/盈余、界定了耕地保护区域补偿的价值标准、探讨了耕地质量折算系数以及补偿基金的管理和监督与惩罚措施。并以福建省和黑龙江省为例做了实证研究。苑全治等（2010）在区域耕地资源外部性价值核算的基础上确定区域耕地保护补偿标准，并将行政区域划分为"保护区"和"补偿区"，探讨了构建耕地保护补偿机制研究，并以潍坊市为例做了实证研究。马文博、李世平（2008）认为农地过度非农化的根本原因在于忽视了耕地资源的总价值及其合理分配，目前我国需要创新现行耕地保护制度，即采取适当措施对耕地资源的总价值实行经济补偿，逐步建立起长效的耕地保护经济补偿机制。王昱等（2009）认为"主体功能区"是《"十一五"规划纲要》提出的全新的发展理念和区域开发模式，主体功能区不能仅仅停留在科学概念的层面，必须与具体的机制和配套政策相结合才能引领区域协调发展的实践，而生态补偿机制正是其中的重要内容。王振东（2008）认为建立合理的生态补偿机制有助于协调张承地区和京津地区的利益关系，通过对张家口和承德地区具体状况进行分析，提出了张承地区生态补偿机制的理论框架，确定了生态补偿的主客体，建立了生态补偿标准测算模型等，为中国建立区域间生态补偿提供理论借鉴和应用模型，促进张承地区生态环境的良性循环和可持续发展。朱新华、曲福田（2008）从耕地保护和粮食安全的外部性出发，通过比较分析法，将耕地保护的外部性补偿，界定在粮食主销区对粮食主产区的经济补偿，旨在建立一套切实可行的补偿途径机制，实现粮食产销区的优势互补和共同发展。崔力源、陈立本（2009）认为应针对我国的农地非农化现象进行生态补偿，结合我国农地的现状、相关管理政策，借鉴国外经验对造成农地非农化现象生态补偿的补偿原则、补偿主体、对象、方式以及相关制度和立法等一系列问题进行探讨和研究，构建农地非农化生态补偿机制。牛海鹏等（2009）认为耕地利用生态社会效益的外部性是耕地非农化的根本原因，而构建耕地保护的经济补偿机制则是抑制耕地非农化的根本途径。最后提出了耕地保护的区内经济补偿和区际经济补偿运行机制、补偿体系和实施措施。关于我国耕地资源所具有的价值，众多学者也进行了深入地研究，通过对耕地价值的研究，为补偿标准的制定提供一定的参考，如张效军等（2008）从资源经济学的角度对我国的耕地资源进行评价，认为我国的农地资源除具备一般资源所具有的价值外，还具备社会价值。通过对耕地补偿标准的研究，认为我国的耕地价值为 112.68 万元/公顷，由于其中的某些价值在平时生活的过程中已经给予补贴，因此耕地补偿的全国平均水平应为 107.03 万元/公顷。许恒周（2010）利用价值量评价法对江苏省的生态服务价值进行了评估，并估算在农地非农化的过程中损失的耕地资源的生态价值，研究结果显示江苏省的耕地生态价值为 213859.9 元/公顷。郭慧敏等（2015）以张家口为研究区域，计算退耕还林的补偿标准，其目的是解决补偿标准"一刀切"的不合理性，为制定生态补偿的标准提供科学合理的依据，并构建了退耕还林的生态补偿体系。陈会广、吕悦（2015）通过 RS 和 GIS 技术，以江苏徐州市为例，运用 Markov 链对土地使用结构的变化进行预测，计算出 2015 年和 2020 年的耕地面积分别为 516301 公顷和 493849 公顷；并依据机会成本理论测算出耕地保护的补偿标准，2015 年和 2020 年的补偿标准分别为 10399.68 元/公顷和 14181.53 元/公顷，均在财政承受力预测的合理范围内。以上学者们的研究大多是从耕地的经济价值、生态价值等方面对耕地资源进行的研究，缺乏对耕地资源社会价值方面的探讨，在未来的相关研究中应加强耕地资源社会价值的研究，为我国实施耕地资源的流转及补偿标准的确定提供重要的理论支撑。

耕地保护补偿离不开大量的资金支持，而资金获取的渠道来源近年来引起诸多学者的关注。经济基础决定上层建筑，耕地保护机制健康运行的关键是要有稳定的资金予以支持护航。针对资金的来源渠道，我国学者进行了众多的探讨，如李明秋、赵伟霞（2010）认为补偿资金的来源主要由国家财政补贴，经济发达地区（占用耕地区或粮食主销区）由于大量占用耕地所缴纳的税费，本地区耕地占用者所缴纳的耕地开垦费，当地政府缴纳的新增建设用地土地有偿使用费以及企业、非政府组织和民间个人捐助等部分组成。杜伟、黄敏（2013）主张为了保证耕地的总量整体保持动态平衡，可以建立动态的区域间的耕地保护机制，打破以往的地域限制，采用跨区域的经济补偿形式，由耕地赤字区域向耕地盈余区域支付一定的补偿资金，一方面可以鼓励耕地盈余地区继续增加耕地投入，另一方面可以约束耕地赤字区域过度地占用耕地。针对耕地保护补偿中存在的问题，奉婷等（2014）认为目前我国的耕地保护补偿机制运行所面临的主要问题就是资金的筹措压力大、补偿标准难以确定及配套辅助机制较薄弱，确保耕地补偿机制稳定运行的基础就是扩展资金的渠道来源，构建分区性的多类型补偿标准测算体系并进行试点运行。以上学者对补偿资金来源渠道的研究有助于耕地保护的合理进行，但大多关注的资金渠道集中于国家财政方面的支持，缺乏对民间金融机构力量的使用，而且对资金使用过程中的监管制度并没有进行深入的分析，在以后的研究中应加大对农村金融体系的分析以及耕地补偿金使用的合理监管。

农业用地关系到国计民生，是所有土地利用方式中最重要的一种类型，对区域内的生产、生活和环境产生重要的影响。关于土地如何进行合理的配置，避免过多的耕地向建设用地转化以保持合理的耕地规模，维持国家及世界的食物安全，是全球共同关注的一个问题，在全世界范围引起众多学者的关注，如 Clement 等（2009）认为从投入产出的视角进行分析，如果被配置的土地兼具生态保护的功能，那这种配置就没有达到土地利用的最优化，人口的增长、技术的进步、城市化进程的推进以及贸易的发展等土地利用方式迅速变化的影响因素，都会给土地资源的配置带来重要的影响。Pierce（1983）认为土地资源的配置应以城市的土地市场作为向导，这样才有利于土地的经济效益的实现，但是这种导向对生态保护等非经济性的目标不利。政府对土地的配置是一种多目标性的公共性管理活动，在土地配置的过程中，各区域政府不能只考虑经济效益、局部效益，还应该关注整体的效益，基于有利于社会的整体稳定发展、生态环境保护的视角去度量土地的配置方式，从而最终实现土地资源的最优化利用。如何对土地进行合理的配置，提高其利用效率，保证对土地的利用能够达到社会效益的最大化，这也是土地配置的目标之一。Riveira 等（2008）通过层次分析法、模拟退火算法和理想值等相互结合而构成的技术体系，对土地资源利用的可持续性、土地资源的空间配置和土地资源的优化利用等三个配置目标进行了综合考虑，在照顾各个利益主体主观意愿的前提下，对农业用地的配置方向与途径进行了评估。Chen 等（2010）认为除了区域的决策者和规划者之外，区域内的土地管理者、社会团体的领导和产业集团等对土地资源的配置决策及土地配置的后续影响，都会产生极大的兴趣。在对土地资源进行配置的过程中，把利益相关者的利益分配问题考虑进来，在对土地配置的方案进行筛选、决策的过程中，从土地利益合理分配的视角出发，这样有助于在配置土地的活动过程中实现土地分配方案的社会性和科学性的平衡，在对土地资源进行优化利用的同时，完成社会利益最大化的目标。

李世平等（2012）通过总结发现国外关于耕地保护经济补偿的相关研究主要表现为对耕地保护的外部性及其内部化、耕地保护的外部效益评估方面的研究。关于耕地保护外部性的研究，国外的研究基本包含在农地的保护以及农地的环境和生态的相关研究之中，其理论研究最早可以追溯到20 世纪 80 年代，那时的学者已经认识到耕地的外部效益包括开敞空间、水与空气净化、野生动物的栖息、景观以及保存乡村的生活方式等方面。随后众多学者对耕地的外部效益展开了研究，由于研究侧重点的差异，因此他们所强调的耕地的外部效益也并不相同，但是这些研究帮助了人们对耕地的外部效益的认识不断深入，大多数学者都赞同耕地的外部效益就是耕地重要的非市场效益，总结先前学者的研究，可以大致把耕地的外部效益归纳为发展效益、环境效益和社会效益。

关于耕地保护外部性内部化方面的研究，国外的学者进行了一系列的研究，如 Libby 和 Irwin（2011）通过建立模型对土地资源的优化配置与耕地的外部效益之间的关系进行了考察，考察结果显示，在缺乏政府政策干预的前提下，当净外部效益为正，耕地的供给将出现短缺，针对市场失灵的状况，只能借助政府的政策来纠正，而制定政策则需要以外部效益的大小与类别作为参考依据。Hediger 和 Lehmann（2003）认为，应依据社会的边际外部效益对农业用地与林地的经营者进行补偿，以使这两类用地所产生的外部效益内部化，这种状况下，即使城市用地的地租仍高于农地产出品的地租，但农地经营是有利可图的，可以达到土地资源最优配置，否则，大量农地就不可避免转为城市用地，农地外部效益的供给也将低于社会最优水平。Fleischer 和 Tsur（2005）认为在农地与城市用地的竞争配置中，农业用地的环境效益起着举足轻重的作用，如果在土地市场中忽视这种效益，那就会引起农业用地的供给不足，这或许与随着家庭收入和人口增长而增长的农地需求相矛盾。Jeffrey 和 Barry（2009）通过研究认为应依据调查分析所得的市民和农民耕地保护需求为基础，按照耕地的非市场价值，补偿耕地的利用和保护行为。基于以上观点可知，国外学者们不仅在耕地的外部效益的存在方面达成了一致认识，而且也深入研究了其外部效益的具体内容，同时还有很多学者注意到耕地的外部效益不容忽视，否则将导致土地市场失灵和耕地外部效益供给不足，这成为耕地保护和经济补偿的重要依据。

李世平等（2012）通过总结认为国外对耕地保护外部效益评估的研究多包含于农地生态和环境效益评估的相关研究中，运用较多的评估方法包括条件价值评估法（CVM）、特征价值法（HPM）等，目前，CVM 是西方国家评估环境品或公共品非市场价值的主流方法。Bowker 和 Didychuk（1994）利用 CVM 对加拿大 New Brunswick 地区的农地非市场效益进行了评估，假设市场为保护农地以避免转为城市用地，研究结果表明，分别保存 23750 英亩、47500 英亩、71250 英亩、95000 英亩农地，平均每年每户的支付意愿分别是 49.07 元、67.64 元、78.49 元、86.20 元。Mahan 等（2000）运用 HPM 对湿地的价值进行了评估，评估结果显示，湿地面积每扩大 1 公顷，周边居住的价值会相应地提高约 12.5 美元/平方米，每接近湿地 305 米，居住的价值相应地提高约 90.8 美元/平方米。Irwin（2011）利用 HPM 对马里兰州的牧草地、耕地和保留地等开敞空间对周围住房的外部影响进行了评估，研究结果显示，假如将 1 英亩的耕地或牧草地分别转化为商业或工业用地、低密度的居住区，周边的住房价格将分别平均下降 4450 美元和 1530 美元。

王宏顺（2010）认为税收政策是促进经济结构调整和经济发展方式转变的重要工具，在推动科技进步和产业集聚发展方面具有重要作用，并论述了促进区域产业集聚发展的相关税收政策，但是利用土地配置宏观调控区域产业集聚还处于学术探索阶段。朱新华、曲福田（2008）在研究粮食产销区优势互补发展中，基于耕地保护和粮食安全的外部性出发，主张在粮食主销区建立切实可行的补偿途径机制，有利于地区产业竞争优势的提高，这些理念或者定性研究对地区间耕地保护补偿具有较好的借鉴意义，但是地区间土地利用的经济利益调配是区域产业分工协作与集聚发展能否实现的核心问题。

就区域产业分工的实现手段而言，国内学者往往侧重于利用经济投资、税收和政策等宏观调控手段，而忽略了土地利用控制这一有力调控手段。刘广明（2007）和王昱等（2009）认为当前对不同行政区域之间耕地保护的补偿机制研究主要分为两个方向：一个是从耕地资源的生态价值和社会价值等方面消除其外部性价值进行补偿研究；另一个是朱新华等（2008）和胡靖（1998）认为从耕地农业生产的机会成本出发进行补偿。但是这些仍然不能改变农业经营经济收益的低效率性，各地方政府在经济利益的诱导下，仍然会加速其自身非农化的发展。地方利用压低地价和减免税收等多种优惠政策吸引资金投资进行非农经济建设，使得区域非农经济建设"遍地开花"，区域整体产业发展难以聚集形成规模经营效应而失去竞争力。能否建立公正、公平、合理的土地利用和产业发展经济收益分配制度是区域产业地域空间集聚发展能否实现的关键问题。

当前的研究从财政和货币政策方面宏观调控产业集聚地域空间布局，忽略了土地利用配置这一宏观调控手段，虽然区域产业经济集聚发展取得了一定的成果，但是当前区域集聚发展步伐缓慢，没有达到区域产业集聚发展的最佳状态。

2.2　区域产业空间集聚发展研究

产业集聚是指同一产业在某个特定地理区域内高度集中，产业要素在空间范围内不断汇聚的一个过程。作为一种区域组织形式，产业集聚发展在经济增长中具有重要作用，大量的理论和实践已经证明了产业集聚规模发展不仅可以获取外部规模经济，提升区域经济和产业发展竞争优势，降低城市化成本和加速城市化进程，而且还有利于集约节约用地缓解区域非农经济建设和农业生产对用地需求的矛盾，促进区域土地利用的可持续性和社会经济的快速稳定发展。随着全球经济一体化进程的不断推进，区域经济越来越迅速地成为经济竞争的实体，产业集聚紧密结合区域资源优势及其相对的竞争优势，既能发挥分工协作促进生产效率提高的优势，又能充分体现规模经济促进区域大都市群建设的发展，因此产业集聚发展是区域经济发展为适应全球化及竞争日益激烈所提出的有效的经济发展模式。在我国未来很长时期内社会经济空间结构演变的基本趋势中，地域空间的管制和规划将成为永恒的主题，是区域经济发展应对新的竞争压力所提出的有效首选模式。

最早产业集聚理论的研究文献可以追溯到古典经济学家马歇尔（1890）关于规模经济和分工的理论，他在著作《经济学原理》中对产业聚集进行了集中的研究，他对产业集聚的概念界定主要是从生产联系角度，认为企业集聚的根本目的是获取外部规模经济。与马歇尔同时代的经济学家 Weber（1909）认为集聚是一种"优势"，或是生产的廉价，或是生产被引诱到某一地方的市场化，其中促进产业集聚的因素可分为两类，一类是由于企业规模经济引起的工业集中；另一类是因为企业间协作、分工和基础设施的共同利用引起不同企业在既定空间集中。20 世纪 50 年代 Perroux（1955）指出，产业集聚是发展中国家工业化的必然规律，产业集聚成长是区域经济增长极产生的重要条件，并最终带动整个区域的工业化和经济发展。国外产业集聚的研究比较早，经典理论也比较多，这为以后产业集聚理论的丰富与发展奠定了良好的基础。张文尝（2002）在著作中阐述到，20 世纪 50 年代法国经济学家佩鲁提出了"增长极理论"，他认为区域经济发展一般从城市或城镇集聚点开始逐步向整个空间扩散；20 世纪 60 年代初，德国学者沃纳·松巴特提出了"生长轴"理论，他认为区域交通条件的改善促使区域产业和人口向此集聚。

朱苑秋（2007）经过研究发现第二次世界大战后，随着社会生产技术和经济水平的提高，出现了多个城市在空间上集聚的现象，目前纽约—波士顿、北美五大湖、东京、巴黎、长江三角洲大都市圈和都市带是世界上最大的城镇发展聚集区。目前公认的最早关于"大都市圈"的概念是由法国地理学家 Gottmann 于 1957 年提出的。顾朝林（2000）指出戈特曼在对美国东北部大西洋沿岸地带城市化区域进行研究时发现该地域内的城市不再仅仅是单一的大城市或都市区，而是若干不同等级都市形成的巨大的都市集聚区，其社会经济活动密切联系形成的一个巨大整体，并称之为"大都市带"。日本也是研究都市圈较早的国家，早在 20 世纪 50 年代就开始提出"都市圈"的定义，同时都市圈也是日本城市化进程和城市发展的主要模式。1967 年，日本学者木内信藏首先翻译介绍了 Gottmann 的著作，并根据城市人口增减的断面变化与地域结构的关系提出了三个地带学说，其思想进而被发展为"都市圈"的概念，并作为日本及许多西方国家城镇群体重要的空间组织特征之一。王放（2000）以"乡村—城市"来表达亚洲发展中国家城市化区域中同时发生城市性和乡村性行为的特殊地域单元，并认为沿着高质量的交通干线分布是区域经济六大主要特征之一。这种新型城市空间结构包括了城市间交通走廊及城市周围较发达的农业地区，是城市居民点与农村居民点、非农产业与农业、城市人口与农业人口的混合体。

毛敏（2005）在著作中提到英国学者威尔逊和比利时学者艾伦利用耗散结构和突变理论模拟特定约束条件下区域经济的演化过程，结果显示新的经济中心和居民中心总是在靠近交通线的地方产生，城市体系的演化也具有沿交通线两侧分布的特性。交通运输走廊与区域经济发展和区域空间扩展之间关系密切，它们相互作用、相互影响。在不同区域尺度内，交通运输走廊作为运输骨干，具有最优的通达性，使资源、物流、人流、资金、技术和信息沿交通走廊集中并扩散，从而促进运输走廊所在地域的发展。交通运输走廊对区域经济发展的影响与作用已经引起运输经济学家、经济地理学家和规划专家学者的关注，随着世界各国城市化进程的深入，交通运输走廊与大都市圈、大都市带的形成和发展成为研究热点。19 世纪 80 年代，以西班牙工程师 Soriay Mata 为代表的许多学者提出了线性城市模型，主张沿交通轴线设置开发走廊。张文尝（2002）提到，20 世纪 90 年代初，美国学者沙利文等人提出了将交通运输基础设施建设与沿线经济开发进行整体统一规划的思想。加拿大博士 Cholakis（1999）以 Pembina 高速公路及其影响区为例指出高速公路的修建有利于城市走廊的复兴，并建议提高社区的可居住性和改善环境，来促进城市走廊的形成。Cholakis（1999）认为21 世纪以来，由于欧洲各国城市之间的密切联系，区域需要交通运输的支持，因此欧盟开展了多项针对欧洲西北部都市连绵带交通运输发展的研究项目。

对产业集聚的自我强化进行理论创新并作为专门领域进行研究却始于20 世纪 90 年代初，其标志为以 Krugman 等（1991）为代表的"新经济地理学"理论的确立，这也标志着产业集群理论的发展进入了一个黄金阶段。Krugman 认为产业集聚是由规模报酬递增、运输成本和生产要素转移等通过市场的相互作用而产生的，他指出企业的偶然集中以及由集聚带来外部经济，这种优势不断自我累积和强化，促使集聚的力量不断增强，而且他将产业集聚的外部经济放在开放的经济视野上，认为产业集聚是各个国家产业选择和取得优势的决定性因素。Fujita 等（1996，1999）利用数学模型研究人口和经济行为的空间集聚，认为产业集聚的动力主要包括劳动力市场共享、中间产品的供求关系和技术外溢三个方面，其影响因素可以归纳为科技进步和非货币形态的外部效应、规模报酬递增和空间竞争等三大类。Pierre（2005）设计了一个经济地理模型分析农业部门经济活动集聚发展的驱动力因素，研究结果表明农业商品的生产运输和生产劳动力等因素是农业部门经济活动行为空间集聚布局的重要因素。Fujita（1999）认为产业集聚与区域经济发展的相互关系并不是始终不变的，而日本著名经济学家藤田昌久在其著作《空间经济学》中提出了集聚周期模型，当区域产业集聚越过支撑点时，集聚不经济，因此产业集聚开始减弱，但是就我国各地经济发展水平来看，绝大部分地区的产业集聚仍然处于增强阶段，即产业集聚发展有利于区域经济的增长。20世纪90年代以来，许多国家已设计和实施以产业集聚为基础的经济发展战略，这表明产业集聚政策已经成为区域或国家普遍接受并采用的一种经济发展战略工具。同时不少学者对产业集聚进行实证分析，如 Eiji 等（2007）以大东京组装工业为例解释产业集聚的创新力和模仿力促进了其生产能力的提高。此外 Simona（2006）和 Cooper（2002）等国外学者都对产业集聚做了相关的实证研究，总之国外的产业集聚理论整体上已经成熟，国外对产业集聚的研究已经渗透到经济发展的各个领域，不同领域的学者从不同的角度研究了产业集聚的发展。

由于研究产业集聚现象的学科众多，目前对产业集聚现象还缺乏统一的概念和研究范式，我国部分学者也称之为产业集群，一般经济学和区域经济学多用"产业集聚"概念，管理学科则多用"产业集群"的概念。与国外产业集群理论相比，我国关于产业集聚的研究起步较晚，直到20世纪90年代国内对产业集聚的研究才逐步展开和深化，但是随着我国经济社会的全面发展，政府和学术界也越来越重视产业集聚的学术探讨。我国学者对产业集聚的研究起初主要表现在学者对国外理论的引进和创新，如北京大学王辑慈教授（2001）把国外的产业集群的研究成果介绍到国内，她的《创新的空间——企业集群与区域发展》是国内研究这一理论的经典，该书评价了经济地理学研究的新产业区理论，并且对我国部分有代表性的地方产业集聚现状进行了实证分析。梁琦（2004）对"新工业区"理论做了介绍，以及对 Krugman 的集聚理论、波特的集聚理论和其他主要经济学家的集聚理论也做了介绍和研究；同时梁琦、黄利春（2009）讨论了产业集聚对城市和乡村发展的影响，认为产业集聚不仅有利于加强企业间的合作，提升城市的竞争力，而且还有利于提供大量就业岗位和吸纳大量农村剩余劳动力。

随着产业集聚理论研究的不断深入，很多学者从不同的视角出发探讨了产业集聚的发展优势和形成机制。崔海潮（2005）研究认为，产业集群是介于企业组织和市场之间的一种经济组织形式，紧密结合区域资源优势及其相对的竞争优势，既具有分工协作优势又能充分发挥规模经济的优势，应是区域经济发展的最佳模式。安虎森（2001）从信息角度研究经济活动的空间集聚机制，认为减少空间距离可以降低信息生产和流通的成本，其中降低信息的不确定性是经济活动空间集聚的本质内容。戴蕾、王非（2010）认为产业集聚的动力一方面包括企业为了缩短流通时间和减少流通费用而选择特定的区域从事生产；另一方面集聚节约了企业配套投入方面的支出，使整个集聚区域的生产力得到更大的发展。尹松平（2010）认为产业集聚的形成是竞争的结果，其优势主要是产业集聚可降低成本、提高其生产效率、增强其创新能力、形成本地化产业优势氛围，但是产业过度集聚也存在风险。李敏（2010）分析了产业集群竞争力的来源，论述产业集群竞争力形成的机制和经济学原理，并将其归纳为人才流、技术流、市场流、资金流和信息流五个方面促进区域产业经济的集聚发展。

产业集聚的另一研究重点表现在借鉴和运用国外的产业集聚理论来分析发生的典型的产业集聚现象。吉昱华等（2004）根据产业集聚与经济发展的关系，并以中国各个地级市为研究对象，证实了我国城市建设第二、第三产业整体发展上普遍存在显著的集聚效益，产业集聚有利于城市建设的发展。李扬（2009）利用区位熵、空间基尼系数和行业集中度指数三种方法来测度西部地区产业集聚程度，发现西部绝大多数产业集聚程度正在增强，产业集聚在促进区域经济发展方面具有很大的发展空间。唐根年等（2010）借助一系列投入产出指标计算分析了中国东部沿海制造业的集聚态势，研究结果表明中国东部沿海地区制造业总体集聚程度正在加强，东部沿海集聚程度较高的 15 个典型的制造行业的集聚依然继续，但是部分产业已经出现集聚过度，部分产业经济发展的投入并没有带来相应的经济增长量，应当调整其生产要素配置策略并适度进行产业转移，为产业升级及新型产业发展腾出空间。苏航（2010）从产业集聚的视角对重庆农业竞争力的内涵进行理论探讨，并提出通过提高市场竞争力、可扩张能力、可持续能力和抗风险能力等各项竞争能力以最终实现区域农业综合竞争能力的提升。

产业集聚的相关研究多集中在非农产业或非农建设的研究，形成了"都市区"、"都市带"、"城市圈"和"都市连绵区"等概念并进行了实证分析。周一星（1995，2004）首先界定了中国的"都市区"和"都市连绵区"概念，分别与国外的都市区和大都市带相对应，为后续研究打下了基础，1988年，他在夏威夷国际会议上首次提出珠江三角洲（含港澳）和长江三角洲已经形成了都市连绵区。胡序威等（2000）认为都市区的形成缘于地域空间组织形式追求规模经济的内在冲动，其推动力源自相邻的城市与乡村两种异质空间之间的相互作用，而城乡间基础设施的改善则成为城市空间组织向都市区转化的重要媒介。张建华等（2007，2008）认为在都市圈内实现城乡一体化能够有效地造就发达的农业，促进城市集聚和功能调整，是实现城乡集约发展的路径，并以其中原城市群为例说明都市圈建设城乡一体化中的农业发展问题。潘允康（2008）认为中国在城市化进程中的大都市圈战略顺应了中国全面建成小康社会的目标和要求，是中国未来空间结构的调整方向。它与中国的经济发展密切相关，有利于规模经济的进一步实现，有利于经济发展中的产业结构调整，有利于不同城市发展模式的整合。

由于区域经济联系的需要和区域经济发展平衡的规律，因此对交通都市带的研究也是区域经济集聚发展研究的重要方向。于洪俊、宁越敏（1983）在《城市地理概论》中以"巨大都市带"为译名首次向国内介绍了戈特曼的大都市带理论。北京交通大学系统工程研究所的张国伍教授（1991）在参考国内外有关论述的基础上，对交通运输通道进行了系统分析。这是国内较早在交通运输走廊概念、类型、研究意义等方面做出较为详细介绍的文献。武伟、朴寅星（1997）系统地论述"铁路经济带"的概念及其主要特征，分析其主要组成因素及其作用机制，讨论铁路经济带在理论研究和实践操作上应注意的若干问题，研究了铁路经济带与点—轴开发及点—轴系统的关系，并分析了我国京广经济带等几个重要的铁路经济带。杨荫凯等（1999）在回顾交通经济带研究历程的基础上，界定了交通经济带的基本概念、基本性质、基本类型以及时空演化机制，并以历史和现实的角度，客观审视了哈大交通经济带在特定演化阶段的空间模式及其基本特征。韩增林等（2000，2001）在对高速公路经济带的基本内涵、特征以及它对区域经济拉动作用阐述的基础上，对我国主要高速公路经济带发展规律做初步探讨，创建性地提出了交通经济带的生命周期理论，并以大连市旅顺北路为例，探讨新时期交通经济带产业规划方法，并重点指出此种规划方法的创新之处，即通过空间功能管制区（基本功能单元）的划分来推进规划。李友好、施其洲（2005）基于郑汴洛三个城市间经济和交通联系的天然条件，提出郑汴洛交通"走廊型"经济带实现产业分工和城市功能互补的构想。

　　整体而言，我国学者对产业集群理论的研究已逐步迈向较为系统和深入的阶段，能够紧跟国际理论研究前沿，在学科交融上有一定创新，但与国外产业集聚政策研究相比较还存在差距。就研究区域而言，我国学者对产业集群的研究大多数主要考察某单一企业、产业部门或单一城市内经济行为主体所获得的最佳经济效益和范围经济等外部性效应，而忽视了区域经济建设的整体实力和地方产业发展优势的协调；重视非农经济建设而轻视农业集聚发展，忽略了地方在区域产业发展的主体功能定位和地区之间产业分工与协作的联系。就研究实体而言，多数学者把研究对象看作只具有规模大小差别而没有产业差别的"质点"，很少考虑研究对象内部产业组织与分工的作用及其空间演替规律，而且目前的研究多重视非农建设中产业的集聚，而轻视农业生产的集聚发展，也缺乏对区域不同产业间集聚发展的相互关系研究，割舍了非农经济建设与农业生产发展之间的联系。在实践中地区产业发展主体功能分工不明确，区域产业发展地域空间集聚性差，区域产业集聚发展研究的空间还很大。

　　在世界经济全球一体化和区域经济一体化的今天，区域经济发展只有整合经济实力，优化区域产业集聚发展模式才能走出地方经济发展的陷阱，因此对区域产业集聚与土地地域空间配置的调控手段研究越来越受到产业经济学、区域规划、土地管理和地理学方向的学者和行政管理机构的重视。研究区域产业集聚发展的演替规律，分析产业集聚发展中土地利用的阻碍因素，评价地区产业优势空间集聚发展的地域边缘性，构建区域各产业空间集聚发展优化模式。基于土地权能的视角探讨土地利用配置宏观调控区域产业地域空间集聚发展模式，研究区域利益主体之间的产业发展和土地利用的经济收益分配问题，并探讨产业和土地利用集聚对社会、生态和经济等方面的影响，这对提升区域整体竞争力、优化产业布局和提高土地利用效率具有一定的理论研究意义和实际应用价值，同时丰富了产业集聚和土地利用控制理论的研究。

本书所选取的研究区域——黄淮海地区农地资源丰富，是我国重要的商品粮基地，也是我国非农经济建设崛起的重要力量，整个区域土地面积共 37.28 万平方千米，县级行政单位 318 个，平均每个县级行政单位的土地面积为 1172.33 平方千米，平均县域土地面积仅相当于中国平均水平的27.08%。目前区域经济发展处于城市化和非农化建设的加速阶段，但是由于地区间的经济建设缺乏合理的分工与协作，因此区域内地区产业发展优势不明显，产业结构趋同。由于土地的固定性和基础承载功能以及区域内行政地域划分的细碎性造成区域非农建设用地的分散性，这也是提高区域经济整体竞争力和土地利用效率的重要障碍因素。由于各地经济建设的逐利性，部分地区在利益的驱使下忽略区域经济发展的整体战略目标，过分强调地方非农建设的积极作用，使得地区无明显竞争优势产业，同时削弱了区域经济建设整体实力。当前产业集聚的研究主要侧重于区域某一局部地区或者某一产业的空间集聚过程，缺乏区域整体宏观调控。基于产业集聚发展的视角，研究重点也集中在非农产业的集聚或者集群发展，而轻视农业生产的集聚发展，因此其研究无法准确定位地方经济建设在区域经济发展中的产业竞争优势，割舍了不同地区产业之间的联系，其产业发展建设很难避免盲目性和重复性。就产业集聚的实现手段而言，当前的研究也主要从财政和货币政策方面宏观调控产业集聚地域的空间布局，忽略了土地利用配置这一宏观调控手段，虽然区域产业经济集聚发展取得了一定的成果，但是当前区域集聚发展步伐缓慢，并没有达到区域产业集聚发展的最佳状态。地少人多的特殊国情使得用地需求矛盾越来越成为城市化进程的重要制约因素，土地利用供应政策也日益成为整合区域社会经济发展力量与加强其内部产业分工协作的重要宏观调控手段之一，部分学者也称其为"地根"。因此，本书着眼于全球区域经济一体化的宏观背景，针对黄淮海地区产业集聚发展趋势中土地利用地域空间分散的问题，利用"地根"宏观调控，构建区域产业集聚发展与产业分工转移的综合研究框架，探索优化区域产业在地域空间的集聚优化模式，对于提高区域经济竞争力、优化区域产业空间结构、提高土地利用效率和减缓区域用地矛盾具有一定的实际研究意义。

2.3　关于大农业结构优化调整的研究

关于大农业结构优化调整的相关理论可以追溯到农业循环经济和可持

续发展理论的研究。

"循环经济"一词,是在全球人口剧增、资源短缺、环境污染和生态蜕变的严峻形势下,人类重新认识自然界、尊重客观规律、探索经济规律的产物,它是一种善待地球的可持续发展新模式。冯之浚(2005)在著作中认为循环经济是以资源的高效利用和循环利用为目的,以"减量化、再利用、资源化"为原则,以物质闭路循环和能量梯次使用为特征,按照自然生态系统物质循环和能量流动方式运行的经济模式,它要求人类在社会经济中自觉遵守和应用生态规律,通过资源高效和循环利用,实现污染的低排放甚至零排放,实现经济发展和环境保护的双赢。农业循环经济是循环经济的一个分支,是指循环经济理论在农业生产领域的应用与延伸,即在既定的农业资源存量、环境容量以及生态阈值综合约束下,从节约农业资源、保护生态环境和提高经济效益的角度出发,运用循环经济学方法组织农业生产活动以及农业生产体系,通过末端物质能量的回流形成物质能量循环利用的闭环农业生产系统。农业循环经济充分利用当今高科技成果和手段,在农业生产过程和农产品生命周期中减少资源、物质的投入量,减少废弃物的排放量,构建农业生产体系内部的物质和能量闭路循环,实现农业经济和生态环境效益的双赢,这是一种与环境和谐的经济发展模式。农业循环经济虽然是循环经济的一个分支,但是农业循环经济也有一般循环经济所不具有的由农业自身所产生的特点,主要表现在以下几个方面。①农业循环经济是遵循生态规律,涉及企业(或农户)清洁生产、农业资源循环利用、生态农业、绿色消费等一切有利于农业环境发展的循环经济系统,努力寻求农业与生态环境的和谐发展,其本质也是生态经济。注重农业生产环境的改善和农田生物多样性的保护,要求人们在农业经济发展中遵循生态规律,寻求农业与生态环境之间的和谐发展。②农业循环经济是以"减量化、再利用、资源化"为原则,以节约农业资源和"资源—产品—再生资源"的能量闭路循环利用为特征,以低消耗、低污染、高利用为目标,提倡农业清洁生产,改善农业生产技术,适度使用环境友好的"绿色"农用化学品,实现环境污染最小化。根据作物因地制宜控制不同的生产要素投入水平,如肥料、杀虫剂、除草剂等,从而实现农业经济和生态环境双赢的经济形态。③农业循环经济必须依托现代高科技成果和手段,以现代科技为支撑,利用高新技术优化农业系统结构,按照"资源—农产品—农业废弃物—再生资源"反馈式流程组织农业生产,建立在知识经济和高新科技成果和技术手段基础之上实现资源利用最大化。④农业循环经济离不开合理的农业产业化体系，其是以现代农业产业组织体系为载体，延长农业生态产业链，构建合理的农业产业化体系，实现农业循环经济的具体形式。通过废物利用、要素耦合等方式与相关产业形成协同发展的产业网络，不仅包括农业内部生产方式的循环，而且包括对农产品加工后废弃物的再利用。⑤"万物土中生"，农业生产离不开有限的农业资源，由于社会经济发展占用大量可使用耕地，因此土壤和耕地等农业资源数量和质量的保护和可持续利用历来被予以特别关注，以促进农业持续稳定发展和充分保障居民的食物消费需求。农业循环经济要求按照生态学基本原理，使农业生产系统融入自然生态系统，实现农业生产与自然生态系统的和谐共生和永续发展，因此农业循环经济符合农业可持续发展的要求。

传统经济是由"资源—产品—排污"所构成的物质单向流动的发展模式，在这种模式下，人们在农业生产过程中以掠夺的方式消耗着地球上的物质和能源，在生产加工和消费过程中把大量的污染和废物排放到环境中去，而循环经济是建立在物质和能量不断循环利用基础上，把农业生产活动组成一个"资源—农产品—再生资源"的物质反复循环流动的过程，在整个经济系统以及生产和消费的过程中尽量减少对生态环境的不良影响。传统农业经济通过把资源持续不断地变成废物来实现经济数量型增长，这种粗放型农业生产活动的结果必然导致自然资源的短缺与枯竭和灾难性的环境污染，而循环经济从根本上解决传统经济发展模式中环境与发展之间的尖锐冲突，它要求从生产到消费的各个领域，遵循"3R"原则，倡导一种新的经济规范和行为准则。农业循环经济借助循环经济的理念，摆脱了农业的粗放型经营方式，不再以牺牲资源和环境为代价去获得经济效益，而是强调人与自然的和谐相处以及绿色农业的发展。通过可持续的发展模式，促进农业单位面积产出的提高和农业用地效率的提高。黄淮海地区在区域经济的发展过程中，农业用地的结构效率水平不是很高，存在着一定的问题，农业生产存在大量浪费现象并造成了严重的后果，例如，化肥的过量使用造成土壤板结及盐碱化所带来的土壤肥力下降，单位耕地面积产量因不合理的农药喷洒造成的产量增长难以持久；大水浇灌的浇地方式带来的水资源短缺问题以及农作物秸秆的焚烧所带来的环境污染问题。农业生产过程中的各种问题，对农地效率的提高带来了巨大的阻碍。农业循环经济的发展，注重经济效益、生态效益以及资源的投入，有利于改变农地结构的资源利用效率,从而节约资源利用,保护生态环境。农业循环经济的发展以农业技术水平的提高作为支撑,利用高科技,可以对黄淮海区域丰富的秸秆资源进行化学处理,使之变成牲畜饲料,减少谷物类粮食的投入,相当于间接增加了农民的收益,提高了单位面积土地的产出水平,有利于保障我国的食物安全。利用农业技术对丰富的秸秆资源进行处理,进行秸秆还田,可以增加土壤微生物的含量,增加土地的肥力,为农作物产量的提高提供营养支持,同时也减少了农作物秸秆大面积焚烧所带来的环境污染等问题。农业循环经济的发展,提高了单位面积土地产出值和土地的利用效率,和以往相比,同样的产出值,只需要更少的土地就能实现,这样就可以为区域经济的发展提供更多的建设用地,来发展区域其他产业,增加土地结构的完善性。

农业循环经济的发展目的与可持续发展异曲同工。可持续发展由形成到成熟经历了四个发展阶段,首先是 1972 年的"人类环境会议"的召开,标志着人类环境时代的到来,会议明确提出实施可持续发展战略。其次是 1980 年《世界自然保护大纲》的发布,该书对可持续发展的思想进行了系统的总结。再次是 1987 年联合国环境与发展委员会发表的《我们共同的未来》的报告,在报告中对可持续发展的概念第一次进行了科学的阐述,标志着可持续发展思想的成熟,该报告中的定义为:"可持续发展是在满足当代人需求的同时,不损害人类后代的满足其自身需求的能力。"最后是 1992 年在巴西召开的联合国环境与发展大会,该会议通过了《21 世纪议程》,标志着世界上大多数学者接受了可持续发展的思想,进入了人类环境发展的新时代。冯年华、叶玲(2003)经过总结认为区域可持续发展的科学基础包括哲学、区域经济学、生态经济学、系统科学基础等四个方面。可持续发展作为一种崭新的发展战略和思想,同时也是一种新的生态哲学和经济哲学。这种哲学强调发展的"综合性"以及"整体性"。区域可持续发展追求的不再是传统的工业文明和农业文明,而是生态文明。要超越传统以人和人之间的社会关系为中心的界阈,以人和自然关系为中心的生态理论,是一种新的世界伦理。自"可持续发展"的概念提出以后,众多学者对可持续发展的衡量标准进行了研究。1995 年世界银行向全球公布了可持续发展的新的指标体系,该指标体系包括以下四个要素,分别是自然资本、生产资本、人力资源和社会资本。它是有史以来第一次以三维方式去展示世界各个国家和地区的财富。王海燕(1996)通过归纳,总结出来目前比较有影响力的可持续发展指标体系，分别是人类活动强度指标（AHI）、人文发展指数（HDI）、持续发展经济福利模型（WMDS）、调节国民经济模型（ANP）、环境经济持续发展模型（EESD）、可持续发展度模型（DSD）。通过对众多学者的研究总结，可以发现目前针对农业发展模式的研究大多集中在对现有模式的分类、总结和分析上，但是关于现有农业未来的发展趋势、农业发展模式的理论和方法以及农业发展模式可操作性如何提高等方面，还缺乏相应的研究。农业循环经济的发展是缓解我国农业粗放经营现状、实现农业可持续发展的一个有效途径，对于保护生态环境、促进资源的合理利用和促进农村经济的健康发展具有重要的意义。我国学者对农业循环经济的内涵、发展模式、分析方法等方面做了大量的研究。关于农业循环经济的定义，综合众多学者的研究，主要从以下几个方面探索。①农业循环经济的本质是生态经济。陈良（2007）认为生态经济是农业循环经济的理论基础，农业循环经济就是以生态技术学的规律和原理、生态经济学和生态学作为理论指导的农业经济形态，通过建立农业经济增长与生态系统环境质量改善的动态均衡机制，将生态系统的资源要素与农业的经济活动联系成一个紧密的整体，是统筹发展的新型的农业生产方式。②把农业循环经济简单看作循环经济在农业生产领域的应用。林子塔（2009）认为所谓的农业循环经济，就是在科学发展观的指导下，把循环经济的理念引入农业经济的发展系统之中，同时对农业科技成果进行充分的利用，降低农业生产中对资源的投入，减少废弃物的排放，形成一种农业一体化的自我发展、自我积累的良性循环系统。③把农业循环经济看成农业产业链条的延伸发展。尹昌斌、周颖（2008）认为循环农业是新型的农业生产模式，是一种把资源、人口和环境相互协调起来的新型农业经济发展方式，通过"农业资源—农业产品—农业废物再利用"的循环机制的建立，达到农业生产废弃物排放降低、资源消耗减少和物质能量的利用效率提升的目的，循环农业在本质上是产业链条的延伸发展。循环农业的发展是农业的发展方式从外延式增长向内涵式发展转变的必然要求。学者对农业循环经济含义的研究，都考虑了其发展的最终目的是实现生态效益和经济效益，但是纵观其含义的研究，基本都侧重于生态或者经济效应的某一方面，对其内涵的研究不够全面、具体，最主要的是没有能够充分考虑农业循环经济的发展所能够带来的社会效益。在未来的研究中应深化对农业循环经济的理解，为其制定一个统一、标准的概念。

平原地区农牧业结合是发展循环经济和可持续发展的重要途径，其实证研究主要涉及居民消费结构对农业结构调整的影响和农牧结合作物秸秆养畜对农业生产效率的影响。

（1）食物消费结构演变及其对农业结构调整的影响。经过几十年的经济建设，中国居民食物消费结构不断优化升级，对畜产品食物消费不断增长，且牛、羊肉所占比重不断增加。由于畜产品在生产过程中伴随着大量的能量损耗，食物消费结构变化必然对饲料粮和农业资源需求产生重大影响，甚至畜产品消费增长已经取代人口因素，成为影响全球粮食安全的首要因素。Uwe（2011）、许进杰（2009）预测至2030年中国粮食净进口量将达4000万～8000万吨，届时饲料粮所占粮食总量比重将突破50%。中国人口众多，其食物消费结构变化和食用畜产品供给安全备受全球学者的普遍关注。特别地，Lane（2008）提及美国《生物能源文摘》曾发表一份研究报告，声称照当前中国人均食肉量的增长速度，即使美国关闭全部乙醇工厂，中国居民的畜产品消费也会使世界粮食库存于2013年枯竭。部分学者依此判断中国居民对畜产品消费的增长是造成世界粮食紧张的主要原因，虽然其研究结论与中国实际严重相悖，但也在一定程度上反映了研究中国食物消费结构变化与食用畜产品自我供给的重要性和迫切性。封志明、史登峰（2006）认为目前我国正处于全面小康社会建成时期，面临着居民食物消费结构的重大转折，食物消费结构变化对粮食安全和农业资源利用产生巨大压力。但受粮食安全战略等因素影响，当前我国农业生产结构优化调整滞后于其需求消费结构优化。因此大农业结构优化调整，发展农业循环经济，寻找农业循环经济持续发展途径，离不开对居民对农副产品需求的分析。

一般地，居民动物性食品消费量的增长与食物消费实现饱腹感后，对植物性食物消费量的下降密切相关，因此计算居民对畜产品的消费量必然离不开对食物消费结构变化的研究。目前国内外学者主要基于经济价值、重量、能量、能值、碳消费和谷物当量等形态研究居民食物消费结构变化。潘建伟（2012）以经济价值形态研究居民食物消费结构变化，通过对北京市城镇和乡村居民食物消费状况变化的观察，分析城乡之间消费的特点，结合其消费行为的发展趋势，对居民的食物消费提出建议，促进食物消费结构的优化升级。虽然研究成果可以表现出人们对畜产品消费的购买力，但易受市场价格的波动因而其研究结果缺乏稳定性。封志明等（2006）、Tassou等（2011）

认为由于畜产品在生产的过程中会伴随大量植物的消耗，因此以能量和重量形态从农业产出的角度研究居民食物消费变化，但研究结果易弱化畜产品生产在农业生产中的重要地位。曹志宏等（2012）、Angela 等（2012）认为能值形态和碳消费形态是食物消费量在生产过程中凝聚的有效能或食物的碳含量，虽然能从农业生产投入的角度分析食物消费结构的变化，能避免畜产品生产能量损失对其生产地位的影响，也能探索居民消费模式对生态环境的影响，但无法反映食物消费对农业资源和粮食的需求。Kolleen（2011）以谷物当量形态研究居民食物消费结构变化，虽然能以标准粮的形式反映食物消费变化对粮食的耗损状况，但目前学术界对各农牧产品谷物当量系数的取值还存在较大的争议，且该方法无法反映居民食物消费后产生的饱腹感和营养状况等，也无法反映畜产品消费增长对农业资源需求的影响，因而必须综合多种方法才能全面反映食物消费结构的优化设计。

我国院士任继周（2007）曾提出以食物当量研究食物消费，虽然其研究以热量与蛋白质含量为基础可以衡量食物的营养价值，但是不能反映食物消费对农业资源的需求量。Kolleen（2011）在研究中指出 Yotopoulos 提出以谷物当量形态为标准衡量居民食物在生产过程中的直接和间接食物生产的耗粮量，认为由于世界各国畜产品生产效率差异较大，很难建立全球广泛适用的谷物当量系数体系，特别是中国农牧业生产水平与发达国家差距甚远，国外学者制定的谷物当量系数取值与中国实际不符。事实上，依据生态学能量转换的原理，畜产品与饲料粮的数量关系与其同化率、能量转换率和家畜产肉率等因子存在严密的逻辑关系，因此可依此构建函数模型，根据我国畜牧业生产的具体实际状况确定其适宜的谷物当量系数体系，并以此形态定量评价食物消费结构优化升级对农业资源和粮食的需求增量。

在食物消费结构变化对农业资源需求预测方面，部分学者如张磊等（2011）提出可利用生态足迹法研究食物消费结构变化与农地资源需求之间的关系，可根据食物消费品的数量推算农地需求面积，并以全球单位公顷统一量化核算结果，但这一相对单位较难与实际农地资源和粮食需求数量建立直接联系。为了更直观准确地测度中国食物消费对农业资源的占用情况，Gerbens-Leenes 等（2002，2010）创立了另外一种计算方法——综合调研法，该法以调研家庭日常餐饮数量和饮食中各农副产品原料含量推算各类农牧产品食物消费的需求量，而后根据其单产水平计算居民食物消费对农地资源的需求量，计算结果显示居民食物消费由素食向荤食转变会导致农地需求面积增长 3 倍以上，说明居民食物消费结构优化升级必然引起对农业资源需求量的快速增长。国内学者也运用此法进行了相关研究，研究结果表明：当前我国农村居民畜产品消费水平相对低下，但增长速度较快，对农业资源的压力不断增大。整体而言，综合调研法逻辑严密，但研究过程中收集家庭日常餐饮种类及其数量的工作较为烦琐，中国地域广阔，饮食体系复杂多变，因此利用此法研究中国食物消费结构整体变化特征，必须简化收集居民餐饮种类和数量的调研过程；同时由于不同类型农地资源的生产力水平差异较大，此法简单以农业资源面积测度生产力水平不能确切反映其实际农业生产需求量。本书拟借鉴生态足迹法统一量化的思想和综合调研法逻辑关系严密的优点，以谷物当量的形态统一标准量化各畜产品消费对饲料粮和农业资源的需求增量，就国内外研究差异而言，我国主要以经济价值、重量和营养等状态进行研究，研究方法较为单一。

（2）农牧结合作物秸秆养畜对农业生产效率的影响。秸秆综合利用方式较多，但在我国农业资源有限、饲料原料短缺和畜产品消费日益增长的大环境下，如何广辟饲料来源成为我国畜牧业持续发展和保障粮食安全亟须解决的问题。钱学森曾指出秸秆养畜可有效突破自然资源环境的限制，发展节粮型畜牧业是我国资源持续利用和农地利用效率提高的有效方式之一。但随着农业现代化的不断推进，其推广效果大不如以往，据调查，2010 年虽然我国已有 2.11 亿吨秸秆用于养畜，但仍有 2.13 亿吨未被利用。秸秆养畜一直是国家关心和重点扶植的项目，且近年来牛、羊肉价格飙升，也为秸秆养畜再度推广提供了新的发展契机。党的十八大报告提出："增强农业综合生产能力，确保国家粮食安全和重要农产品有效供给""发展循环经济，推动资源利用方式根本转变""以改善需求结构，优化产业结构"。秸秆养畜不仅有利于提高农业资源的利用效率，保障畜产品的充分供给，促进农业循环经济的发展，而且有利于以食物消费结构优化实现合理引导农业生产结构的调整。任继周等（2007）认为目前畜牧业主要存在"草地畜牧业"与郭庭双（1996）和 Weinberg 等（2003）认为的"秸秆畜牧业"，这两种发展模式可以满足畜产品消费增长，不管两种发展模式的相对地位如何，冯伟等（2012）认为秸秆养畜充分发挥物质和能量的最大潜能，可实现秸秆养殖、秸秆还田和能源生产的相互耦合与和谐共生，是提高我国畜产品供给和缓解粮食供需矛盾的重要途径，基于我国农业资源不断减少的事实，这里仅讨论秸秆养畜对中国畜产品消费需求的支撑能力。国外对秸秆的处理利用已有较长的历史，如 Jung（1993，1995）等认为秸秆利用主要体现在以下六个方面：加工粗饲料、直接作为燃料、制取可燃液化物、制取气化物、加工成颗粒燃料和秸秆还田。目前很多国家已达到技术成熟，机械设备配套齐备、完善的现代化水平。

由于资源短缺，我国学者相继开展了秸秆养畜的相关研究。胡耀高（1993）概括秸秆畜牧业的基本论据有以下四条：我国精饲料资源不足，而秸秆饲料资源丰富，开发利用秸秆资源发展畜牧业生产，就等于发展节粮型畜牧业和维护国家粮食安全；作物秸秆作为饲料虽然品质低劣，但氨化等技术较为成熟，可以提高其饲料品质；我国北方草原生产力有限，当前其饲养超载导致生态恶化问题较为严重，秸秆利用是有效缓解其饲料短缺的重要途径；印度在 20 世纪 80 年代以前具有较好的发展秸秆畜牧业的经验，我们应当学习"印度模式"。由上述原因得出结论：草食家畜正在由主要依靠牧草向主要依靠农作物秸秆及其副产品转变，草地畜牧业正变为秸秆畜牧业，我国未来的畜牧业发展只能是秸秆畜牧业。何维达（2008）经过研究发现 2004 年粮食总需求中口粮消费占 55.49%，饲料粮食消费占 31.48%，而种子和工业用粮仅占 13.03%，近年来全球粮食需求旺盛，其原因是多方面的。一些发达国家大上燃料乙醇项目，汽车与人争粮吃，使粮食库存减少，这是全球粮食紧张的一个重要因素。林艳兴、罗宇凡（2008）认为美国 2007 年和 2008 年燃料乙醇产量将上升到 2621.9 万吨，消耗玉米 8128 万吨，相当于美国当年玉米产量的 24%。虽然我国自身能源供应相当紧张，政府从我国特殊的国情、保证国人粮食安全的高度出发，果断出手粮食能源化项目，明确指出了"非粮化"的思路。目前许多学者认为饲料和工业是未来我国农产品需求增加的主要方面：一方面，由于饲料用粮在粮食需求中所占比例高；另一方面，饲料用粮对农产品的依赖比起工业用粮具有弱替代性。许多学者认为畜牧饲料是作物秸秆未来的主要利用方向，农牧业结合是平原地区农业结合的重要途径。

据何电源（1997）研究，稻草"过腹还田"对其中磷和钾的总利用率远高于"直接还田"。稻草和绿肥"过腹还田"，其含氮物质转化为经济产品（猪、羊体及稻谷）的比例，远高于"直接还田"，证明前者的经济、生态效益远高于后者，而且利用作物秸秆发展节粮型畜牧业，能够取得良好的经济、生态和社会效益相互结合的综合效益，是我国实行"两高一优"农业的重要环节。同时大量秸秆过腹还田变废为宝，不仅减少了化肥用量，而且提高了土壤肥力。据金升藻等（2000）报道氨化处理秸秆可提高秸秆有机物消化率为 15% ~ 25%，高的可达 30%。粗蛋白含量由 3% ~ 4% 提高到 8% 或更高。高明星、闫占卿（2000）经过研究认为饲喂玉米秸秆青贮料比饲喂玉米干草料，平均日增重提高 25% ~ 30%，增重效果显著，每 1 千克增重可降低饲料成本的 24.5%。我国每年生产秸秆 6 亿吨以上，按每千克秸秆 0.25 个饲料单位计算，若每年有 1/4 的秸秆用来养畜，节约饲料粮 3750 万吨以上。

不少学者也呼吁发展秸秆养畜对社会经济等的影响。陶开宇（2000）认为利用农作物秸秆发展畜牧业，实现过腹还田是秸秆转化的主渠道，能有效地减少种植业化肥使用量，提高土壤有机质含量，降低农业生产成本，促进农牧业良性循环；能减少土地占用、环境污染，缓解人畜争粮的矛盾；能直接推进草食家畜发展，进而推动第二、第三产业，有利于扩大就业，增加农民收入和政府财政收入，为农村经济发展注入活力。王传龙（2005）从保护生态环境、增加农民收入、安排农村的剩余劳动力和提高人民生活水平四个方面分析秸秆养牛的效益，分析出秸秆养牛是畜牧业结构调整的突破口。梁定有、崔月香（2008）认为将农作物秸秆加工处理后饲养草食家畜，既可以增加畜产品，又可以通过秸秆的过腹还田增加土壤的有机质含量，促进农业生产的良性循环，改变弃置或烧掉秸秆的传统做法，减轻空气污染、净化环境；草食家畜的发展，必然使牛、羊肉和奶制品增加，改善人们的膳食结构，促进和带动食品工业、皮革加工、毛纺工业等相关产业的发展，是农民脱贫致富奔小康的重要途径，是加快畜牧业结构调整，发展高产、优质、高效农业的一个突破口。高永革、郭庭双（1998）基于河南省农民利用秸秆养畜的传统做法和河南发展的实际，阐述秸秆养畜对于促进养牛业高速发展，改善人民的肉食结构，缓解粮食供求矛盾，以农养牧、以牧促农、农牧结合持续发展，带动第二、第三产业发展，增加就业和财政收入以及减轻环境污染的作用。金升藻等（2000）经过研究认为根据中国国情和湖北省省情，结合湖北农区特点，应充分利用秸秆资源代替部分饲料，大力发展节粮型畜牧业，提高对秸秆的氨化和生物技术利用，使湖北农区丰富的秸秆资源得到开发，使农区农民脱贫致富奔小康，对减少环境污染和发展生态农业都具有重大意义。陶开宇（2000）针对丰富的农作物秸秆资源，认为利用秸秆发展养畜业，实现过腹还田是秸秆开发利用的主渠道，也是最科学合理的做法；同时分析了山东省利用秸秆发展养畜业的情况，提出了今后利用农作物秸秆养畜的思路与对策。冯源、吴景刚（2006）认为块状秸秆饲料技术对减少污染、发展圈养事业、解决农民就业和促进农牧区的经济发展等具有极大的社会效益和经济效益，该项实用技术应大力推广。我国农作物秸秆资源丰富，但是大部分秸秆资源都未有效利用，块状秸秆饲料处理技术和发展前景广阔，会带来巨大的社会效益和经济效益。杨满清（2007）认为秸秆喂畜可解决人畜争粮矛盾，降低饲养成本，但在秸秆开发利用过程中存在着诸如尚没有形成规模化饲养、加工机械匮乏、农民的粗放型饲养等制约因素，因此本书最后在对秸秆加工处理的推广应用中针对以上制约因素提出了一些建议。

秸秆养畜的生产能力与秸秆资源数量密切相关，国内外不乏有关秸秆资源数量估算及其综合利用等方面的研究。国外学者一般根据作物产量、草谷比系数及其含水率的关系推算秸秆重量，如 Nhu Quynh Diep（2012）和 M. K. Delivand（2011）等依据此法分别估算了越南和泰国的秸秆数量以研究其生物能源的开发潜力。国内学者根据我国秸秆利用的实际情况对核算公式进行修正和发展，目前普遍采用作物产量及其草谷比之积间接核算秸秆资源数量，也被称为"草谷比法"，其核算方法涉及秸秆资源的理论数量，如王亚静等（2010）；可收集量，如刘刚、沈镭（2007）；利用潜力，如蔡亚庆等（2011）。相对而言，秸秆利用潜力与秸秆资源实际利用价值更加接近。近年来，国内外学者根据草谷比法主要为秸秆焚烧污染，如乐群等（2012）、Anna Ekman 等（2013）；秸秆还田，如贺京等（2011）；生物质能源，如 Martin Gauder（2011）等核算我国秸秆资源数量。但由于各领域研究目的不同，估算秸秆种类、估算时间和草谷比的取值等诸多方面也不尽相同，因此其核算结果相差较大，处于 4 亿~9 亿吨不等，而且很多研究计量了麻棉类等不适宜饲料加工的秸秆部分，因此其研究结果不能直接应用到秸秆养畜潜力测算中。我国仅少量学者为畜牧业发展或饲料加工而核算秸秆数量，如王亚静等（2010）和郭庭双（1996）分别估算了我国1995年和 2005 年适宜加工饲喂的秸秆资源量分别为 5.75×10^8 吨和 5.88×10^8 吨，这些数据基本反映了我国可用于养畜的秸秆资源丰富，具有重要利用价值，然而秸秆类型不同，其组成成分和利用价值也不同，仅利用秸秆重量简单代表秸秆利用潜力具有一定的局限性，秸秆资源核算应兼顾秸秆的"质"和"量"，秸秆资源数量核算体系需要进一步改善。在研究秸秆养畜生产潜力及其利用价值方面，当前学者多根据实践经验，定性判断秸秆与畜产品之间的数量关系，如汪海波、章瑞春（2007）认为 4 吨秸秆的营养价值与 1 吨粮食相当，按此概算我国每年秸秆养畜潜力充分利用可节省粮食约 1.6 亿吨；Stefan 等（2010）定性粗略估算全球秸秆量可使畜产品增产 20%，所节约的粮食相当于增加农地面积约 4.80×10^8 公顷，因此，当前秸秆养畜生产潜力仅仅处于定性研究阶段。虽然申请者曾基于能量转换视角定量分析中国秸秆养畜潜力，但是生态食物链相邻低一营养级向高一营养级的能量转化率差异较大，曹志宏等（2009）认为其研究依据能量"百分之十定律"衡量饲料粮向肉类畜产品的能量转化率，取均值 10% 势必影响其核算结果的精确性，同时其畜产品核算结果还包括食用和毛皮等不可食用部分，因此其核算模型设计存在重大缺陷，谷物当量则可将饲料粮与食用畜产品之间建立直接数量关系，因此本书拟在以前研究的基础上，引入谷物当量进一步完善其秸秆养畜潜力的核算体系。

本书所选取的研究区域为黄淮海地区，其耕地资源丰富，草地资源稀缺，发展农牧循环经济有利于提高农地资源的利用效率，但当前的秸秆养畜研究缺乏定量分析与核算。因此，本书在分析居民食物消费结构演变对畜产品消费和农地资源压力的基础上，再进一步优化秸秆养畜潜力的核算体系，计算黄淮海地区秸秆养殖畜产品生产及其节粮潜力，定量研究黄淮海地区农牧业结合对农业生产效率的影响，其研究有望为提高农牧业综合生产能力、提升畜产品有效供给、推进发展节粮畜牧业和缓解粮食供需矛盾等方面提供科学依据。

2.4 关于农业生产产投效率的研究

投入产出法，作为一种科学的方法来说，是研究经济体系（国民经济、地区经济、部门经济、企业单位）中各个部分间投入与产出的相互依存关系的数量分析方法。投入产出法在国际上有各种名称，诸如"投入产出技术""投入产出分析""部门联系平衡法""产业连关"等，其中"投入产出分析"与"投入产出法"这两种名称在我国最为常用。人们通常从两个不同的角度来给投入产出法命名，投入是指产品生产所消耗的原材料、燃料、动力、固定资产折旧和劳动力等生产性消耗；产出是指产品生产出来后的分配去向、流向。投入产出法的基本作用是通过编制投入产出表和模型，能够清晰地揭示国民经济各部门、产业结构之间的内在联系。

投入产出法最早由美国经济学家瓦西里·里昂惕夫创立，1936 年他就投入产出法分析了美国经济制度中投入产出的数量关系，并相继发表在《美国经济结构 1919~1929》一书中，其理论于 1973 年获得第五届诺贝尔经济学奖。该方法以平衡表的形式反映系统各个部分投入与产出的相互关系，实现利用简洁数学表达式反映社会经济运行规律，成为社会经济系统分析不可替代的工具。后来该研究方法得到不断的发展，法国重农学派经济学家魁奈利用经济表，研究产业间关系理论的开端最早可以追溯到魁奈以简明图式用来表明产业间贸易关系，清晰地反映了国民经济各部门间相互依赖的结构关系。马克思把国民生产分为生产资料和生活资料两大部类的再生产理论，对里昂惕夫创立投入产出分析有重要影响，以马克思再生产理论为依据编制了各种主要产品的生产和消耗的平衡表，这是投入产出思想的雏形。里昂惕夫创立的投入产出理论最初主要用于分析一国的国民经济。里昂惕夫在理论上接受了"全部均衡论"和马克思的再生产理论，在投入产出表的结构上吸取了苏联国民经济平衡表中棋盘式表格的经验，将现代数学、统计学与经济平衡表结合起来，创立了投入产出分析方法。投入产出分析理论经过 70 多年的发展，其不仅在应用范围方面扩展很快，而且在理论和应用的深度方面也有所发展，投入产出分析与其他经济分析方法和数量经济方法的融合，日益深入地研究知识创新、生产率增长、可持续发展、环境保护和资源利用等方面。投入产出模型作为经济学计量分析的基本工具，通过编制投入产出表和模型，能够清晰地揭示国民经济各部门、产业结构之间的内在联系；特别是能够反映国民经济中各部门、各产业之间在生产过程中的直接与间接联系。该方法后来被推广应用于各地区、国民经济各部门和各企业等类似问题的分析中。

Hazell 等（2001）指出农业生产率些许的增长也会对国家经济有明显的刺激，经计算农业经济增长 1% 会带来 0.5% 的工业增长和 0.7% 的 GDP 增长。汪旭晖、刘勇（2008）认为当前我国农业发展面临着国际化进程中激烈竞争的严峻挑战，农业竞争归根结底表现为效率的竞争，与发达国家农业生产相比我国农业生产效率仍处于相对较低的水平，较低的农业生产效率最终导致了我国农民收入水平偏低。Gopinath 等（2000）的研究曾明确指出农业生产效率的提高是提高农业竞争力的重要方面，如何提高我国农业生产效率已成为促进现代农业发展的首要任务，也是建设社会主义新农村的基本保障。国内学者对农业产投效率的研究主要集中在实证研究方面，国内学者主要基于综合评价法、生产函数法和 Malmquist 等方法研究其农业生产效率。

农业资源产投利用效率综合评价是指根据农业生产的过程、特点及发展目标，选取一定评价指标，通过适宜的指标量化和集成，定量分析农业生产状况和可持续程度，目前主要的研究方法有能值分析法、生产函数法和 DEA 效率分析法。崔读昌（2001）和谢高地等（1998）认为比值分析法是一种简便而又实用的方法，农业资源利用效率的计算可以表达为有效价值净产出与资源消耗量或占有量的比值，其具有形式简单、含义明确的特点，可以根据农业生产中所消耗的资源数量量化结果分析农业资源利用效率。Liu（2000）和赵芝俊等（2006）认为可以通过生产函数的建立与参数的求解，将实际观察值与生产函数所要求达到的水平相比，来反映农业资源利用效率评价，并且分析各投入要素对产出的影响大小，同时生产函数法是目前分析农业生产科技进步效果较为普遍的一种方法。包络分析法（DEA）是美国著名运筹学家 Chares 和 Cooper 等人在 1978 年提出的，主要采用数学规划方法，利用观察到的有效样本数据对决策单元（DMU）进行生产有效性评价。刘玉勋等（1994）认为 DEA 法用一组输入—输出数据来估计相对有效生产前沿面，可以进行农业资源相对生产效率评价。但是 DEA 方法评价的结果只是说明农业资源利用效率相对高低，并不能说明相对效率高低的原因，还需要结合其他方法来找出提高效率的对策；同时，有关 DEA 的模型大多没有考虑实际生产过程中的随机性，因此评价结果与实际情况之间会产生一定的偏移。在这一方面，许多学者正在进行研究与改进，如肖渡等（1996）把统计方法引入 DEA，提出了用最大似然估计法处理 DEA 中的随机性。严茂超（2002）认为因子—能量评价模型是基于能量分析，以能量作为评价"媒介"，采用能量的形式，将诸多功能、性质、量纲等都不一致的因子置于统一的衡量指标下；不同于能量效率分析的是，它以能量运动转化的衰减过程为评价主线，不仅是对辅助能的评价而且更多的是对农业资源利用效率的评价，评价过程也具有更好的层次性。能值分析已被大量用在生态系统可持续性评价研究当中。蓝盛芳等（2002）、隋春花等（1999）认为利用能值分析可以得出一系列反映农业生态与经济效率的能值指标，与传统的能量分析相比，能值分析一方面沿用了能量分析的一些基本思路与方法，反映系统投入—产出的情况，而且能够更深刻地反映系统的能量等级、环境容纳能力、生态经济效率等，从而更好地说明系统的结构功能特征。指标体系评价方法是为评价目标建立评价指标体系，是较基础而常用的方法，其基本思路为：由本底指标推算潜力指标，通过对现实生产力与潜力的对比计算出效率指标。其中，效率指标是评价值指标体系的核心和关键。在基本原则和思路的指导下，国内外学者从多方面进行了深入探讨，建立了类别多样的农业资源利用效率评价指标体系。

我国学者也尝试利用新的方法对农业效率进行研究，吴方卫（2000）假定生产函数的规模收益不变和技术进步服从希克斯中性的条件下，通过设定一个拓展的柯布 - 道格拉斯生产函数，来描述中国的农业产出与投入之间的技术关系。认为我国农业增长由于经历不同的农业经济、政治环境、政策走向和制度安排而产生农业生产波动的时段特征，利用拓展的柯布 - 道格拉斯生产函数，对各个时期农业增长原因进行了分析，并对未来中国农业增长提出了政策建议。蒋和平、苏基才（2001）认为农业科技进步与创新是农业经济增长的原动力，是农业经济保持动态发展的必要条件，利用柯布 - 道格拉斯生产函数的计量模型测定农业科技进步贡献率，计算 1995～1999 年 5 年间全国农业总产值的年均增长率（按 1990 年不变价格计算），并预测"十五"期间农业科技进步贡献率。江激宇等（2005）采用基于线性规划的 Malmquist 指数方法测算了中国农村改革以来农业全要素生产率（TFP）的变动趋势，分析结果显示：改革开放以来中国农业 TFP 的增长主要是由技术进步推动的，生产效率的下降对 TFP 的增长造成了不利影响。李静、孟令杰（2006）利用非参数的 HMB 生产率指数方法，考察了中国农村改革以来农业全要素生产率（TFP）的变动趋势，并把 TFP 的增长构成分解为技术进步、技术效率变化、规模效应和投入产出混合效应四个部分。结果表明，改革开放以来我国农业 TFP 的增长主要是由技术进步推动的，技术效率的下降对 TFP 的增长造成了不利影响，而规模效应和混合效应影响较弱。李录堂、薛继亮（2008）从 Malmquist 指数及结构分解的农业全要素生产率（TFP）的变化分析认为，我国农业 TFP 的增长主要源于技术进步，生产效率的下降对 TFP 的增长造成了逆向作用。从地区间农业 TFP 的波动来看，东部地区明显高于中、西部地区的增长速度，这种差距还有进一步扩大的可能。全炯振（2009）利用 1978～2007 年的省级面板数据结合 SFA—Malmquist 生产率指数模型，对中国东、中、西部三个区域以及各个省份的农业全要素生产率（TFP）进行了测算，分析其空间分布及时序增长特征，其认为 1978～2007 年，中国 TFP 的年均增长率为 0.7%，其增长动力主要来源于农业技术方面的进步，TFP 的增长特征表现为显著的波动性、各地区之间的增长不平衡以及技术诱导型的增长，认为在未来提高我国农业 TFP 的重点应放在提高农业的技术效率水平。李谷成（2009）等利用 DEA—Malmquist 生产率指数分析方法，对我国转型时期农业全要素生产率（TFP）增长的时间演变和省份空间分布进行实证分析，研究证明，TFP 在转型期增长比较明显，在各个省份之间的差异比较大，并且在一定程度上表现出显著的阶段性演化特征，其增长主要的贡献来自农业技术的进步，而技术效率的改善带来的贡献十分有限，同时，农村地区经济制度的变化和区域的经济发展水平对农业 TFP 的增长也是很重要的影响因素。周端明（2009）运用非参数的 Malmquist 生产率指数方法，对我国 1978～2005 年农业全要素生产率（TFP）的空间分布和时间演变的基本特征进行了测算。结果表明，TFP 在 1978～2005 年保持了健康和快速的增长，年均增长率达到 3.3%，其中贡献最大的是农业技术的进步，其年均增长率为 1.7%；其次为农业技术效率的增长，其年均增长率为 1.6%。但是区域增长不均衡现象在中国 TFP 的发展过程中依然存在。通过对 TFP 测算表明，我国的农业增长与发展的驱动力已经由过去的投入为主转变成 TFP 的增长为主。王珏等（2010）利用 Malmquist 指数方法测算了 1992～2007 年我国各地区的农业全要素生产率（TFP），而且构建了相应的空间计量模型对我国各个地区 TFP 的影响因素展开了实证分析，研究表明，土地利用的能力、对外开放的程度、工业化的进程、地理因素和科技发展水平对我国农业 TFP 的增长具有明显的影响；而区域的自然环境、电力的利用水平、需求因素对 TFP 增长的影响效果并不显著。方福前、张艳丽（2010）通过对我国 29 个省、自治区、直辖市农业全要素生产率（TFP）变化的研究，对其 TFP 的增长差异的原因进行了分析，经过研究，表明农业 TFP 的变化受到财政惠农政策的力度和农业在整个国民经济中地位的显著影响；技术的进步是 TFP 增长的主要因素；农村的从业人员对农业生产效率值存在显著的影响；各个区域之间的 TFP 差异较大。车维汉、杨荣（2010）利用 DEA 方法计算了 1961～2005 年世界上 20 个人均土地资源比较少的国家以及澳大利亚、美国、新西兰等 3 个新大陆国家的 Malmquist 生产率指数、农业技术效率以及技术进步，通过研究发现，即使在相同的条件下，农业全要素生产率（TFP）在发达国家的增长速度仍然高于在发展中国家的速度；我国 TFP 在过去的 40 多年里的提高与劳动以及土地等资源的分配有密切关系，尤其值得我们关注的是，我国的农业土地要素已经存在过度投入的情况，这种现象或许是因为我国的土地制度还没有完全地市场化。

同时，不少学者也利用相关方法分析农业生产效率提高的途径。朱喜等（2011）认为要素市场的扭曲会导致农户对资本、劳动等生产要素的配置发生扭曲，并降低农业总量的全要素生产率（TFP），通过研究其认为，在排除技术因素的影响下，假如能把劳动和资本配置的扭曲现象进行有效的消除，农户个体的农业 TFP 有可能再次增长 20% 以上，西部和东部地区的增长空间甚至超过 30%，影响要素配置扭曲程度的因素主要有土地的规模、乡村非农就业的机会以及金融市场。因此提高农业生产效率的主要方法就是促进社会的转型。王兵等（2011）利用 SBM 方向性距离函数和 Luenberger 生产率指标对我国 1995～2008 年 31 个省份的农业全要素生产率（TFP）和农业效率进行了测度，并分析了其中的影响因素，最终结果发现，东部地区在农业生产效率方面明显高于中西部地区，投入的无效率、产出的无效率和播种面积的无效率是造成我国农业生产效率水平较低的主要原因，我国农业 TFP 增长的主要动力来源于技术规模的变化和技术的进步，东部地区的农业 TFP 最高，农业人员的知识水平以及农业机械化的大规模普及利用都有利于我国 TFP 的增长。苏柱华、陈胜学（2012）利用内生经济增长理论，通过人力资本与广东省的农业全要素生产率（TFP）从 1995 年到 2010 年之间的相关效应影响展开研究。在广东省受到环境和资源的双重约束条件下，为其找到提高农业 TFP 的途径，实现农业的健康、高效以及可持续发展，经过研究证明，农业的研究和人力资本的开发对农业 TFP、技术进步以及技术效率的变化都起到了显著的正面推进作用，但是农村的人力资本存量对以上三个方面产生了一定的阻碍作用。潘丹、应瑞瑶（2012）为了准确地揭示中国农业全要素生产率（TFP）的增长趋势，在分析 1982～2011 年国内外 46 项相关的文献基础上，概括出我国 TFP 的时空演变特征，研究结果显示，在时间演变方面，在 1978～2008 年我国的 TFP 年均增长率为 3.17%，并且农业技术效率和农业技术进步这两个方面存在损失并存的现象；在空间格局方面，我国 TFP 呈现由东向西，按东、中、西依次相减的趋势，东、中、西三个区域的农业 TFP 的增长动力都来自农业技术的进步。李杨等（2012）基于我国自然灾害比较严重的具体事实，从自然灾害方面研究其对我国农业全要素生产率（TFP）的影响。利用

Malmquist 指数计算出我国 1994~2010 年的农业 TFP，然后凭借 Granger 和协整分析检验自然灾害对农业 TFP 的影响程度。研究结果显示：在 1994~2010年，我国农业 TFP 存在周期性波动；自然灾害在短期内的增加，阻碍了我国农业 TFP 的提高；从长期来看，自然灾害与农业 TFP 之间存在负相关关系，农业成灾率每增加 1%，农业 TFP 将下降 0.0141%。韩海彬、赵丽芬（2013）将环境污染当作农业在生产过程中产出的"坏"指标并将其纳入农业全要素生产率（TFP）的分析模型，利用 Malmquist-Luenberger 生产率指数方法，分析在环境制约条件下，1993~2010 年中国 29 个省份的农业 TFP 的增长，而且对其收敛性进行了验证，结果表明，我国各个地区的农业 TFP 在考察期限内都取得了一定的增长，增长的动力主要来自农业技术进步所带来的推动力，但是同时期的农业技术效率都出现了一定程度的恶化；在不考虑环境因素的制约时，全国及中、西部等地区的农业 TFP 分别增长了 0.88%、1.71% 和 2.35%，只有东部地区降低了 1.01%。彭代彦、吴翔（2013）利用 SFA 方法对我国 2003~2010 年农村劳动力结构的变化对农业技术效率的影响进行了考察，结合 Malmquist 指数，分析了农业 TFP 的构成及其变化，研究结果显示，我国各个地区间技术效率差异明显，而且全国普遍存在着技术的非效率性。农业劳动力的老龄化和教育对农业生产的技术效率具有一定的提高作用，同时女性化会降低农业技术效率。刘战伟（2014）基于碳排放约束的角度，对 2000~2012 年河南18 个地市的农业 TFP 及其分解成分进行了分析，结果显示，在碳排放约束下，河南省的农业 TFP 增长动力主要来自农业技术的进步且其增长趋势表现出很大的波动性。舒银燕（2014）以我国西部地区为例进行实证分析，研究结果表明，人力资本存量的提高、财政科教文卫支出和支农支出的增加对西部的农业 TFP 的增长均具有一定的促进作用，劳动力的非农化对改善农业规模的效率具有很大的促进作用，但是对农业纯技术效率的改善存在阻碍作用。

整体而言，农业产投效率研究方法较多，发展较为成熟，但对其影响因素的研究不明确，某一影响因素对农业生产效率的影响是由多种因素相互作用的综合反映，当前的研究缺乏对各因素作用力分解的研究，因此本书利用 DEA 超效率和 Malmquist 指数综合分析黄淮海地区农业生产效率的演变趋势，并基于通径分析法分析影响农业生产效率提高的因素所分的作用力，剔除其他因素的间接作用，依据其直接作用判断影响其农业生产效率的主要因子。

综上所述，国内外学者利用定性和定量分析方法尝试分析其农业生产效率，但大多局限于种植业的视角探讨农业生产效率，事实上种植业效率的运行状态和其他生态经济系统密切相关，当前研究缺乏大农业和城乡统筹的视角进行研究，因此本书从空间效率、结构效率和产投效率三个方面，基于大产业和大农业的视角综合分析黄淮海地区农业生产效率存在的问题和提高途径。

第三章 黄淮海地区农地生产空间效率机制研究

目前我国处于城市化的加速阶段，全国各地都在加速其非农化建设步伐，但是各地经济建设缺乏分工协作和层次性，甚至地区间存在恶性竞争，导致区域产业结构雷同，土地利用效率低下。非农产业用地的空间布局和利用效率直接影响农业资源被侵占的数量和利用状况，特别是在黄淮海地区，农地非农化是农地减少的一个十分重要的影响因素，因此加强区域土地利用的分工协作和合理布局非农建设的空间布局是提高农地空间效率的重要手段。一方面，提高非农建设用地的土地利用效率和集约节约程度本身而言就是减少非农经济建设对农地的侵占；另一方面，使得农地流向农业资源利用效率比较高的地区，有利于农业生产效率的提高，同时农地资源集中连片形成规模可以有效地降低农业生产成本，提高农业生产的积极性。本章就黄淮海地区非农建设和农业用地区间分工协作提高农地空间效率机制进行初步探讨，首先明确黄淮海地区所处发展阶段对社会经济发展趋势的要求。

3.1 黄淮海地区经济发展阶段判断

不同的工业化发展阶段，有明显不同的产业结构调整政策取向和任务。根据对工业化国家发展进程的分析研究，理论界一般把工业化发展分为三个阶段：初期的农业哺育工业、中期的工农自养、后期的工业反哺农业。不同的发展阶段，其工业化的特征和任务也不同，因此科学地把握黄淮海地区当前所处的工业化发展阶段，是正确选择今后一定时期产业结构调整的方向和着力点，也是顺利实现产业升级的前提。根据国内外有关经济理论和历史经验，一般运用人均地区生产总值、地区生产总值的三次产业结构、就业结构、城市化水平、霍夫曼比例和工业化率六个方面来综合判断区域经济发展所处的工业化阶段。我国曾长期大力推进"重工业优先发展"的战略，这一战略的实施使全国重工业实现了超常发展，导致了结构关系与标准模式相比偏高，呈现霍夫曼系数的"虚高度"现象，因此其霍夫曼系数不适合评判我国各地区的工业化发展阶段。经过各方面的综合分析，笔者采用人均地区生产总值、地区生产总值的三次产业结构和城市化水平三个方面来综合判断黄淮海地区工业化发展阶段，从黄淮海地区工业化发展阶段的实际出发，根据国外发达国家和地区的工业化发展经验，提出切实可行的农业发展对策。

3.1.1　判断黄淮海地区所处工业化发展阶段的方案

黄淮海地区53市涉及北京市、天津市、河北省、河南省、山东省、安徽省和江苏省的整体发展状况，本节分别从人均地区生产总值、地区生产总值的三次产业结构和城市化水平三个方面判断黄淮海地区经济发展所处的工业化发展的阶段。

3.1.1.1　人均地区生产总值

经济学家钱纳里根据人均GDP的增长情况，以1970年美元衡量，将经济发展划分为"三个阶段、六个时期"。第一阶段为农业阶段，人均GDP低于280美元，产业结构以农业为主，没有或极少有现代工业，生产力水平很低。第二阶段为工业化阶段，这个阶段又划分为三个时期。当人均GDP为280~560美元时，为工业化初期，产业结构由以农业为主的传统结构逐步向以现代化工业为主的工业化结构转变，工业中则以食品、烟草、采掘、建材等初级产品的生产为主，这一时期的产业以劳动密集型产业为主。当人均GDP为560~1120美元时，为工业化中期，制造业内部由轻型工业的迅速增长转向重型工业的迅速增长，非农业劳动力开始占主体，第三产业开始迅速发展，也就是所谓的重化工业阶段。重化工业的大规模发展是支持区域经济高速增长的关键因素，这一阶段产业大部分属于资本密集型产业。当人均GDP为1120~2100美元时，为工业化后期，在第一产业、第二产业协调发展的同时，第三产业开始由平稳增长转入持续高速增长，并成为区域经济增长的主要力量。这一时期发展最快的领域是第三产业，特别是新兴服务业，如金融、信息、广告、公用事业、咨询服务等。第三阶段为发达经济阶段。2006年，黄淮海地区53市人均地区生产总值达到19224.29元，利用1970~

2006 年的 GDP 缩减指数和汇率法折算到 1970 年为 961.80 美元，参照工业化发展阶段划分标准，黄淮海地区处于钱纳里模型中工业化中期阶段。2006 年全国人均 GDP 为 16084.00 元，折算到 1970 年为 845.29 美元，也处于钱纳里模型中工业化中期阶段，但黄淮海地区的工业化建设和城市化进程略高于全国整体水平。黄淮海地区内部各地人均地区生产总值发展水平相差很大，2006 年黄淮海地区各地人均地区生产总值最大值和最小值分别为 79766.25 元和 3963.50 元，差距约为最小值的 19 倍。

3.1.1.2　地区生产总值三次产业结构

按照美国经济学家西蒙 – 库兹涅茨的发展经济学理论，当第二产业的比重上升到超过第一产业时，工业化进入初级阶段；当第一产业的比重下降到 20%，第二产业的比重上升到高于第三产业且在 GDP 中占最大比重时，工业化进入中级阶段；当第一产业的比重进一步下降到 10%，第二产业的比重上升到最高水平时，工业化达到后期阶段或基本实现的阶段。2006 年 GDP 构成中，第一、第二、第三产业的比重分别为 11.73%、48.92% 和 39.36%，同年黄淮海地区 53 市的三次产业比重分别为 15.63%、51.89% 和 32.49%。根据以上划分标准，黄淮海地区和我国工业化水平整体上都处于中期阶段，但是黄淮海地区工业化发展程度略高于全国平均水平。黄淮海地区内部各地城市化发展水平相差很大，其第一产业产值比重低于 10% 步入工业化后期或者基本实现的地区为 12 个，同时第一产业的比重高于 20% 的地区为 13 个，而且第一产业的比重最大的为 31.85%，高于地区第一产业的比重为 26.72%，则仍处于工业化初级阶段。

3.1.1.3　城市化水平

在现代经济史上，工业化和城市化是紧密联系在一起的。城市化水平通常指非农业人口占总人口的比重。由于城市化水平可以反映工业化在发展过程中资本、人口等资源的集中程度，因此城市化水平是衡量工业化进程的重要指标。一般认为，在工业化的初级阶段，城市化率为 10% ～30%；在工业化的中级阶段，城市化率为 30% ～70%；在工业化的高级阶段，城市化率为 70% ～80%；在后工业化时期，城市化率在 80% 以上。据《中国城市年鉴 2007》，可知全国各地总人口和非农业人口数量分别为 119875.79 万人和 39138.22 万人，城市化率为 32.65%。依据上述标准，我国工业化进程处于工业化初级阶段。同年黄淮海地区 53 市的非农业人口和总人口数量分别为 10082.58 万人和 31882.50 万人，城市化率为 31.62%。根据以上工业化阶段划分标准，黄淮海地区 53 市整体上刚刚步入工业化中级阶段，与全国平均城市化发展水平相比，黄淮海地区的城市化水平略低于全国平均水平。同时黄淮海地区内部各地城市化发展水平相差也很大，2006 年各地城市化率的最大值和最小值分别为 75.69% 和 19.87%，而且有 18 个地级市城市化率低于全国平均发展水平。

3.1.2 黄淮海地区所处工业化发展阶段的综合判断

由于我国工业化建设和城市化进程的时间比较短，早期工业化阶段原始积累有限，因此本章第一节对工业化发展阶段的划分标准在确定黄淮海地区 53 市工业化发展进程所处阶段的过程中应进行部分调整。综合以上各种方法多角度判断黄淮海地区及全国工业化发展阶段，本书判断黄淮海地区工业化发展阶段刚刚步入中期阶段或者是由工业化进程中的初级阶段向中级阶段演变的阶段，黄淮海地区社会经济发展水平整体略高于全国平均发展水平，同时黄淮海地区内部各地工业化发展水平相差很大。

3.2 黄淮海地区产业要素集聚特点分析

根据经济发展现状进行综合判断，我国正处在"双中期区间"阶段，即工业化中期和城市化中期阶段（李晓西等，2006）。根据国外发达国家和地区工业化、城市化发展的经验，我国城市进入大都市圈和都市带集聚发展模式时期。如何合理引导区域用地分工的布局，对于缓解用地区域土地供需矛盾和调控区域产业布局有重要意义。对于一个发展中国家来说，实现土地资源配置的空间效率，达到资源配置的空间均衡，是解决中国经济发展与耕地保护矛盾的关键（陈江龙等，2004），是现阶段提高土地资源总体利用效率切实可行的有效途径（谭荣等，2006），是实现"产业集聚、布局集中、用地集约"发展模式的重要手段（薛志伟，2005）。

3.2.1 研究方法简介

3.2.1.1 研究方法的选择

现有的相关研究文献中，对集聚程度的测度，最常用的方法有集中率指标（*CRn*）、赫芬达尔—赫希曼指数（*HHI*）、哈莱—克依指数（*HK*）、罗森布拉斯指数（*R*）、熵指数（*E*）、洛伦兹曲线（*L*）、基尼系数（*G*）等，其中洛伦兹曲线和基尼系数是最常用的方法（盛毅等，2007）。基尼系数被西方经济学家普遍认为是一种反映收入分配不平等程度的方法，也被现代国际组织（如联合国）作为衡量各国收入分配的一个尺度。基尼系数由意大利经济学家基尼于 1922 年提出，其经济含义是：在全部居民收入中，用于进行不平均分配的那部分收入占总收入的百分比。因为基尼系数利用了洛伦兹曲线，所以有人又称之为洛伦兹系数。洛伦兹曲线是指收入的百分比与人口的百分比所形成的曲线，洛伦兹曲线把正方形对角线的下半部分分为 *A* 和 *B* 两块，如图 3–1 所示，基尼系数 *G* = *A*/(*A* + *B*)。

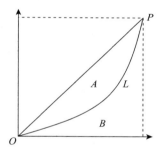

图 3–1　洛伦兹曲线示意

在图 3–1 中，基尼系数定义为公式（3–1）。

$$G = \frac{S_A}{S_A + S_B} \qquad (3-1)$$

当 *A* 为 0 时，基尼系数为 0，表示收入分配绝对平等；当 *B* 为 0 时，基尼系数为 1，表示收入分配绝对不平等。基尼系数为 0~1，系数越大，表示越不平等，系数越小，表示越平等。基尼系数具体的评判标准一般以下面的划分为准：基尼系数在 0.2 之下说明收入过于公平，0.4 则是社会收入分配不平等的警戒线，所以基尼系数值应在 0.2 至 0.4 浮动，低于 0.2 则说明社会生产效率低下，社会向前发展的动力不足；高于 0.4 则表明社会存在不安定因素，会对社会的平稳发展产生一定的破坏作用。国家统计局数据显示，我国 2015 年基尼系数为 0.462，超出了基尼系数的警戒线，应该采取一定的措施降低基尼系数。

近年来越来越多的学者将基尼系数引用到收入差异之外的研究当中，

欧美国家的学者利用洛伦兹曲线和基尼系数的原理和方法对产业的集聚程度进行了较多的实证研究。克伯将洛伦兹曲线和基尼系数用于测量行业在地区间的分布均衡程度。艾米提用产值计算了欧盟 10 国的 3 位数水平的 27 个行业的基尼系数及 5 国 65 个行业的基尼系数（梁东、汪朝阳，2006）。Krugman（1991）利用基尼系数计算了美国 3 位数行业的区位，分析了美国行业的地方化程度。梁琦（2004）采用公平工业区位基尼系数法研究了中国工业的空间集中分布现状。吴克宁等（2007）利用基尼系数研究分析了区域耕地质量差异程度。本书利用基尼系数方法定量分析黄淮海地区产业要素的集聚状况。

3.2.1.2 基尼系数及其计算公式简介

基尼系数是意大利经济学家基尼在 20 世纪初提出的，因为利用了洛伦兹曲线，所以有人又称之为洛伦兹系数，其主体思想是把居民家庭户数累计百分比与居民收入累计百分比联系起来，以揭示收入分配的平均程度。一般来说，一个国家的收入分配，既不是完全不平等，也不是完全平等，而是介于两者之间；相应的洛伦兹曲线，既不是折线 OHL，也不是 45°线 OL，而是像 ODL 那样向横轴凸出，尽管凸出的程度有所不同。收入分配越不平等，洛伦兹曲线就越是向横轴凸出，从而它与完全平等线 OL 之间的面积越大。因此，可以将洛伦兹曲线与 45°线之间的部分叫作"不平等面积"；当收入分配达到完全不平等时，洛伦兹曲线成为折线 OHL，OHL 与 45°线之间的面积 $A+B$ 就是"完全不平等面积"，如图 3-2 所示。不平等面积与完全不平等面积之比，称为基尼系数，这是衡量一个国家贫富差距的标准。若设 G 为基尼系数，则 $G = S_A/(S_A + S_B)(0 \leqslant G \leqslant 1)$。

耕地基尼系数的计算大致存在两种形式，即连续型和非连续型。在实践中为了简化工作，洛伦兹曲线通常是非连续的而表现出折线形式，这里叫作洛伦兹折线。如图 3-2 某区域按照因变量与自变量的比值自低向高进行排序，设以数值不大于 W 的一个变量占区域总量比重的累计值为自变量 X，以数值不大于 W 的另一个变量占区域总量比重的累计值作为因变量 Y，在 $X-Y$ 坐标体系中绘制的曲线即耕地洛伦兹曲线。但是在实践中为了简化工作，通常对数据进行分组，洛伦兹曲线不是连续的，而是分段函数，如图 3-2 中的折线所示。直线 OL 代表绝对均等线（Line of equality），直线 OL 与折线 D 围成的区域面积为 A，折线 D 与 X 轴围成的面积为 B。基

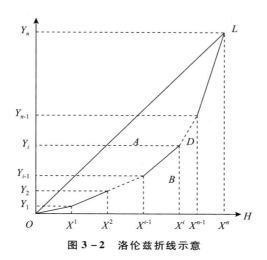

图 3-2　洛伦兹折线示意

尼系数 $G = A/(A + B)$，基尼系数 G 反映了区域两因素的集中程度，G 越大表示集聚程度就越大；反之，G 越小，则表示集聚程度就越小。研究区域两相关因素的基尼系数为 0 到 1 之间的一个数值，当 A 等于 0 时，两相关因素的基尼系数等于 0，表示区域完全无差异分散分布；当等于 1/2 时，两相关因素的基尼系数等于 1，表示区域内绝对集中分布，如公式（3-2）所示。

$$G = \frac{S_A}{S_A + S_B} = 2S_A = 1 - \sum_{i=0}^{n} (Y_i + Y_{i-1}) \times (X_i - X_{i-1}) \qquad (3-2)$$

G 表示两个相关因素差异的基尼系数；

X_i 和 Y_i 分别代表数值不大于 W 的两个相关变量；

S_A 和 S_B 分别表示洛伦兹曲线与绝对均等线和 X 轴围成的面积；

n 为区域研究单元的个数。

3.2.2　黄淮海地区产业和用地空间集聚分析

土地、资金和劳动力是生产必备的三要素，其中土地是三要素中最基础的要素和特殊资源，因此本研究以用地为基础，研究黄淮海各地级市人口、投资、经济产出等社会经济指标的空间集聚状况。根据定义将黄淮海地区各地市建设用地及人口、投资、经济产出等社会经济指标按照自低向高进行排序，设以产量水平不大于 W 的各地级市用地数累计量占该地区用地总数的比重为横坐标变量，以产量水平不大于 W 的各地级市社会经济指标数累计量占区域该指标总量的比重为纵坐标变量，在纵横坐标体系中绘制的曲线为其洛伦兹曲线。2005年黄淮海地区人口、建设用地面积、固定资产投资和生产总值与土地面积的洛伦兹曲线如图3-3所示。

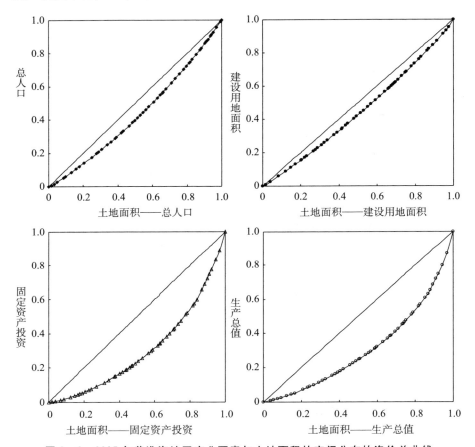

图3-3 2005年黄淮海地区产业要素与土地面积的空间分布的洛伦兹曲线

基尼系数是洛伦兹曲线与完全平等曲线所围成的面积同完全平等线与完全不平等线所围成的面积的比值，经计算，黄淮海地区产业要素与土地面积的基尼系数值如表3-1所示。

表3-1 2002年和2005年黄淮海地区产业要素与用地基尼系数核算

指标	2002年	2005年
土地面积——总人口	0.133	0.14
土地面积——固定资产投资	0.484	0.391
土地面积——生产总值	0.349	0.386

续表

指标	2002 年	2005 年
土地面积——建设用地面积	0.11	0.11
建设用地——第二、第三产业从业人员	0.377	0.404
建设用地——第二、第三产业产值	0.375	0.388
城镇用地——非农业人口	0.188	0.186
农村居民点用地——农业人口	0.098	0.109

　　黄淮海地区各地级市土地投资强度和土地经济产出比较集中，而且两者在空间上高低分布比较一致，土地利用资本投入与经济产出比较高的地区主要集中在省会、直辖市、沿江沿海等经济区位比较优越的地区。黄淮海地区单位面积土地经济产出比较高的地区有北京市、天津市、青岛市、淄博市、济南市、郑州市等19市，19市的土地面积占区域土地总面积的32.77%，而其生产总值却占区域总值的61.27%。建设用地与第二、第三产业从业人员及第二、第三产业产值之间的基尼系数相对较高，说明三者之间在空间上比较集聚。建设用地在区域内的集聚，必然带动除农业外的第二、第三产业的发展，如北京市，2006年至2015年，其建设用地增加了201平方千米，同时期第二、第三产业产值分别增加了2351.21亿元和12494.19亿元，分别增加了2.07倍和3.14倍。结合图3-3和表3-1分析可知：土地面积和总人口之间所形成的洛伦兹曲线比较接近绝对平均线，2002年和2005年其基尼系数值分别为0.133和0.14，增长了0.007，与2002年相比，增加了5.26%，平均年增长率为1.72%。虽然其基尼系数值在不断增加，但其值仍然较低，这说明黄淮海地区人口空间分布的分散性。土地面积与人口在空间上的分散，主要在于以下原因：黄淮海地区内部各省份经济发展不平衡，居民可支配收入差异较大。区域内人均可支配收入最高的地区为北京市，其2000年人均可支配收入为10349.69万元，是同期全国平均水平的1.65倍，是河南省的2.17倍。经过不断地发展，至2006年，全国居民生活水平都有了较大的提高，居民可支配收入都表现出一定的增加趋势，但是，北京市的居民可支配收入仍然处于最高水平，是2006年国家平均水平的1.70倍，是河南省的2.04倍。就三次产业增加值在地区国民经济收入中所占据的比重而言，河南省2000年三次产业增加值在国民经济中所占的比重分别为22.99%、45.40%和31.61%，同时期北京所占的

比重为 2.51%、32.68% 和 64.81%，通过数据可以看出双方之间存在巨大的差异。随着国家中部崛起战略的实施，河南地区的经济发展有巨大的提高，但是与北京相比，仍然存在一定的差距。2006 年河南三次产业增加值在地区国民经济收入中所占的比重分别为 15.50%、54.39% 和 30.10%，与 2000 年相比，结构的合理性有了巨大的提高，但是同时期北京市的数据为 1.09%、27.00% 和 71.91%。差距仍然存在，但是可以看出在不断缩小。差距较大的原因为北京是我国的政治、经济和文化中心，属于城市化和工业化的发达地区，产业结构比较合理，而河南省是农业大省，担负着保护我国食物安全的重要责任，土地大多被用来进行农业种植而不是工业建设，而农业的经济效益又比较低。根据 "理性经济人假设"，经济利益的巨大差别，促使大量的人口向经济利益较高的地区流动，北京地区 2000~2006 年可支配收入不断增加的同时，其年末常住人口数量也增加了 237 万人，而同一时间段，河南的年末常住人口数量却减少了 96 万人。人口的流失导致区域内土地的闲置荒废，不利于区域经济的可持续发展及资源的合理配置。建设用地面积和土地面积的基尼系数值在 2002~2005 年一直维持在 0.11 的水平，没有变化，较小的基尼系数值说明其建设用地的分散性，而且近年来其建设用地面积的利用水平没有表现出集聚发展增强的趋势。2006~2015 年，黄淮海地区各省份的城市建设用地面积除北京市与天津市分别增加了 16.03% 和 61.10%，其余的省份建设用地面积均在下降，其下降率分别为江苏省 40.97%、山东省 35.39%、安徽省 40.21%、河北省 27.59% 和河南省 35.76%。建设用地是一切非农社会经济活动或居民生产生活的重要载体，北京市、天津市等地城市化发展过程需要较多的土地予以支持，却受制于总土地面积的有限性而不能得到充分发展，对比之下，河南省、山东省等地区虽然拥有较大面积的土地，但其城市建设面积在不断下降，造成大量土地资源的浪费。我国目前的土地管理制度和工作的不完善性等原因，使得生产要素不能按照区域生产效率进行最优配置，进而导致土地利用和产业发展空间配置的分散性和低效性。我国普遍存在的地区产业重复性建设的问题在黄淮海地区工业化和城市化的进程中同样存在，地区之间缺乏分工与协作，主要表现在建设用地的空间分布上。黄淮海地区各地级市按照土地经济产值由小到大排列，阜阳市、亳州市、宿州市、信阳市、驻马店市等 19 市的生产总值占区域总量的 20.15%，而其建设用地却占到区域该类用地的 40.77%。

3.2.3　黄淮海地区产业与用地分散性主要因素分析

区域经济空间结构及其空间形态之间是相互影响、相互依赖的关系，空间结构影响了空间形态，而空间形态又往往限定了空间结构。区域经济空间结构的形成与发展受诸多因素影响，就黄淮海地区而言，导致其区域产业和用地空间分散性的主要因素有以下几个方面。

3.2.3.1　自然环境

自然资源包括矿产、能源、水等，自然条件包括地形、地貌、气候、地质状况、地理位置等方面。严格来说，自然资源与自然条件不是区域经济集聚形成的直接原因，只是集聚经济形成的自然基础，集聚效应的产生和发展，既受惠于周围的自然环境，也受制于周围的自然环境，也往往形成许多城市的地域形状，完全就是适应地形而发展起来的。非农建设是人类在自然环境的基础上改造形成的，属于自然的一部分，区域的地形、地貌、水文、气候等自然地理特征是区域社会经济发展的基础条件。非农建设的选址和发展受各种自然条件的限制，其形态结构和扩展方向在一定程度上受制于地形地貌条件。就黄淮海地区而言，其地理位置主要位于我国宽广的黄淮海平原，地势平坦，气候等自然条件相对一致，自然资源对区域社会经济发展的影响差别比较小，因此自然资源条件的相似性促使区域经济发展和用地模式趋向分散性。

3.2.3.2　经济发展水平

经济发展水平对城市空间结构具有较大的影响。从某个层面上讲，一个城市的经济发展水平决定了该城市空间结构的形成与发展。根据经济空间结构演化动态规律，当区域的社会经济发展水平处于较低发展阶段时，一般这一阶段往往出现在工业化的前期，其生产力发展水平低下，其主要的特征之一就是区域社会经济发展没有形成集聚发展状态。区域基础设施，如道路、水电等水平低下，分布上没有形成网络，地区之间在人口、物质、资金、信息等方面缺乏联系与交流，其组织的构架呈原始分散状态。自市场经济建设以来，黄淮海地区的社会经济发展突飞猛进，但是就黄淮海地区社会经济发展阶段而言，其工业化和城市化水平仍然比较低，且地区间的联系还比较薄弱，很大程度上处于自我供给状态。

3.2.3.3 土地供给

根据经济学理论，影响经济增长的直接因素主要是资源投入数量、资源使用效率，而资源即生产要素，通常包括资本、劳动力和自然资源（胡文国、吴栋，2004）。而非农用地作为社会、经济、政治、文化等各项活动的载体，其投入的数量与使用效率更是成为影响经济增长的重要因素，目前我国政府主要通过土地利用规划、土地用途管制和年度土地利用计划等手段来实现土地的配置，政府的管制直接抑制了土地的供给。任何建筑都是建立在土地之上的，土地供给直接影响着区域社会经济空间结构形态。我国的土地配置主要是通过土地规划实现的，目前在土地规划中建设用地指标分配主要是通过一些指令性的指标对建设用地进行分解，但是存在很多不成熟和不完善的地方。上轮规划在非农建设用地指标分解过程中，考虑因素不充分，一般是采取平均分配的办法，然后结合各县（市）当时的经济状况和人口总量等因素稍做调整。由于建设用地指标分解缺乏市场机制对配置土地资源的作用和区域发展的统筹战略定位，造成建设用地配置的低效率性和分散性。土地是具有空间固定的特殊属性，因此土地利用的空间集聚情况直接影响着其产业的空间集聚程度。非农用地空间分布的分散性是造成我国非农经济建设的分散性和重复性建设的重要原因，严重影响市场的决定性配置作用，致使区域经济生产要素难以按照最佳投入模型进行发展，进而导致区域经济缺乏市场竞争力。

3.2.3.4 发展政策

1980 年全国城市规划工作会议更加明确地提出"控制大城市规模，合理发展中等城市，积极发展小城市"的方针，1989 年我国制定的《规划法》明确规定"严格控制大城市规模，合理发展中等城市和小城市"，党的十五届三中全会又提出"发展小城镇是带动农村经济和社会发展的一个大战略"（徐斌，2006），这样我国重视小城镇和限制大城市扩张的发展方针就被确定下来了。为了避免发展大城市存在城市病的弊端、减缓区域经济发展差距和增加农村人口就业，发展小城镇是必然趋势，但是在这种"恐大成市"思想的指导下，全国许多地方出现了过分片面追求小城镇发展的倾向（徐斌，2006）。在小城镇密集的苏南地区，人们曾形象地描述：

走了一城又一城，城城都像村；走了一村又一村，村村都像城；大城市不大、中城市不活、小城市不强、小城镇不优，这是中国城市化面临的严峻现实。小城镇发展生产规模小，基础设施落后，难以产生城市的集聚效应和规模经济效益，因此其土地利用和经济运行效率低下，不仅浪费了大量的土地资源，而且导致了许多公共设施处于低层次重复建设状态，如城市供电系统、供水系统、排污系统、通信系统等，建设成本居高不下，使我国市场经济建设初期有限的资金大量处于低效利用状态。同时我国城市化发展战略之一为积极发展小城镇，这是为了大规模转移农业富余劳动力和扩大内需，各地城市化主要来自本地区农业人口向非农的转化，但是小城市对人口的容纳能力是有限的，因此也阻碍了人口和经济建设在空间上的集聚。

3.2.3.5　经济利益

由于地方政府是地方经济社会发展的代言人，为了追求本地经济发展，地方政府必然会不惜一切代价乃至动用超经济手段来发展本地经济（陈瑞莲、张紧跟，2002）。各地区片面追求高速度和经济高产出，盲目上项目、铺摊子，甚至利用减免税收和负地价等手段吸引外资，导致区域经济性投资和建设极力追求"自成体系、门类齐全"的封闭式经济体系，形成"小而全、大而全"的经济发展格局，其后果不仅造成地区经济损失、扰乱经济社会秩序、导致企业效率低下，还会造成宏观经济波动和地区产业结构趋同。我国现有 24 个省份将电子工业列为支柱产业，23 个省份将汽车工业列为支柱产业且重点又多在整车上，16 个省份将机械、化工列为支柱产业，14 个省份将冶金列为支柱产业，而最终又导致地区分工效益的丧失、资源和生产能力的浪费和地区结构冲突激化（王冰、马勇，2002）。地区经济无视区域整体的发展战略而强化自身利益的发展模式不仅造成区域割据和市场封锁，给区域整体经济发展带来巨大的利益损失，阻碍了宏观经济协调发展，促成了经济周期效应，导致国民经济出现了增长过热和通货膨胀的特征，而且也阻碍了区域经济结构调整和优化升级。目前我国各地区经济发展自成体系，相互封锁，追求短期效益，形成地方主义，这样不仅造成区域内部恶性竞争、区域经济割据和结构趋同的局面，而且造成我国农地非农的分散性和粗放经营。由于农业生产具有经济的低效率性和公共物品性质，各地都不愿意多承担本地区以外的粮食保障责任，在经济的利益驱动下各地都希望争取更大的建设空间进行非农化建设，造成农地非农化空间布局的松散性和配置的低效性。

3.2.3.6 历史文化

黄河是人类的发源地，黄淮海地区开发历史悠久、人口稠密，在交通不发达的农业社会，人口和产业很难大规模集聚，在我国进行工业化建设初期曾较长时间实行计划经济体制，大搞平均主义。同时又由于历史等原因，黄淮海地区各地的行政面积相对比较狭小，这也是导致我国各地经济发展和土地利用分散的重要原因之一。据《中国县（市）社会经济统计年鉴2008》统计，黄淮海地区行政区域土地面积为372849万平方千米，县级行政单位318个，平均每个县行政单位的土地面积为1172.48万平方千米，是我国九大农区中行政划分面积最狭小的地区，仅相当于中国平均县域面积的27.08%，因此黄淮海地区县级行政单位划分的细碎性对该区域建设用地空间分布的分散性影响更大（见图3-4）。

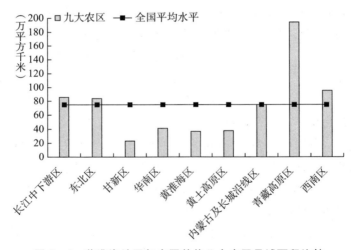

图3-4 黄淮海地区与中国其他八大农区县域面积比较

3.2.3.7 市场经济环境

市场经济体制就是要使市场在社会主义宏观调控下对资源配置起决定性作用，使经济活动遵循价值规律的要求，适应供求关系的变化，通过价格杠杆和竞争机制完成市场对资源的基础配置作用，运用市场对各种经济信号反应比较灵敏的优点，促进生产和需求的及时协调。由于市场经济具有平等性、竞争性、法制性及开放性的一般特征，能够引导企业组织生产经营活动并促使企业在竞争中优胜劣汰，它不仅要求实现资源的优化配置、最大限度地发挥资源的使用或利用效率，而且成为促进经济社会不断向前发展的一个原生动力。因此，市场经济是实现资源优化配置的一种有效形式。市场经济是按等价原则进行交换的经济，它遵循的是价值规律，在交换中竭力维护和追求利益最大化，这是一切规律的根本出发点。市场作为资源配置方式的基础，是一个动态变化的过程，从不健全、不完善和不成熟，再到健全、完善和成熟。中国自 1979 年"政治革命"成功以来，市场经济制度开始建立和发展，步入了初期市场经济的新时代，在我国实行市场经济 30 年的实践中，市场对资源的配置起决定性作用，在经济领域的分布面是从无到有、从窄到广、从小到大的。我们必须认识到我国尚处于初期市场经济阶段，市场经济不完善、不成熟，市场对资源配置的决定性作用不能很好地发挥出来，导致区域生产要素不能在市场的作用下向生产竞争优势的地区集聚。

黄淮海地区人口和建设用地具有分散性的原因很多，自然、历史、经济利益、发展战略和发展阶段等因素对其发展都有影响，以上因素造成黄淮海地区的人口和建设用地空间分布的分散性，使得生产要素不能按照区域生产效率最优进行配置，进而导致土地空间配置的分散性和低效性。从空间分布上，单位面积建设用地人口密度低的地区建设用地规模也比较大，其经济发展水平也比较高，而人口密度大的地区建设用地规模也比较小，其经济发展水平也比较低，而且主要集中在中部地区。

3.2.4　黄淮海地区集聚发展模式探讨

3.2.4.1　集聚发展的优势

（1）促进区域产业结构优化升级

产业发展空间上的集聚可以通过专业化分工产生直接经济利益和溢出效应，有利于培育竞争市场，机制灵活地调动企业群在市场经济环境下的活力和发展潜力。不同企业在地理上汇聚而产生的规模经济产业群，其物流供应链距离缩短，运输、协调和控制成本降低，利润率的提高会吸引更多的企业在此汇聚从而形成更大的产业发展规模。在利润最大化的驱使下，产业集聚效应会吸引更多的同类企业或上下游企业进入，推动产业的进一步集聚，并借此发展了上下游产业，并能够在一定时期诞生新的母体，从而改变产业格局，影响经济结构并孕育出新的产业发展方向。区域内的企业与一个孤立地区的企业相比，更容易生长，因为生长在群落内的企业更容易认识到自己在提供的产品、服务等方面存在的差距。产业集聚是企业之间相互竞争和合作的必然结果，新企业不断进入和缺乏竞争力的企业不断退出的优胜劣汰的机制也进一步促进区域产业结构不断优化升级。

（2）提高区域经济生产效率

集聚对产业内企业的发展和规模扩张也都有着重要的影响，良好的创新氛围、激烈的竞争环境以及完善的地方配套体系，使集聚区域在吸引新企业进入方面具有竞争优势，同时地理集中性和良好的外部环境，会吸引很多新企业在本地繁殖和成长，也有利于现有企业的增长和规模扩张。由于区域产业的集聚，区域内的企业由关联性很强的供销、生产和中介机构通过附加值生产链形成相互联系的网络，推动上下游产业在空间上进一步集聚，形成了地域产业综合组织。同一产业的企业在地理上的集中，不仅促进了行业在区域内的分工，使得厂商能够更稳定、更有效率地得到供应商的服务，物色招聘到优秀的员工，及时得到本行业市场、技术和竞争的信息，比较容易地获得配套的产品和服务，而且以较低的代价甚至免费享受到政府出资提供的基础设施和公共物品或服务，这些都使区域内的企业降低了交易成本，能以更高的生产率来生产或服务。因此，集聚区企业之间保持一种充满活力和灵活性的关系，构成了一种柔性生产综合体，这比刚性化与缺乏弹性的垂直一体化安排更有效率。

（3）提高区域产业的整体竞争能力

一般说来，当产业集聚形成后，将可以通过降低成本、刺激创新和提高效率等多种途径提升整个区域的竞争能力，并形成一种集聚竞争力。在产业集聚内，大量企业相互集中在一起，既展开激烈的市场竞争，又进行多种形式的合作，这种合作机制的根本特征是互动互助的集体行动。产业集聚具有地理集聚的特征，因此，产业关联企业及其支撑企业，相应辅助机构，如地方政府、行业协会、金融部门与教育培训机构都会在空间上相应集聚，不同企业可以在培训、技术开发、产品设计和分配等方面开展互动和合作，以区域整体的力量克服自身在市场竞争中的劣势。区域集聚区被同一产业内的不同企业联合起来，取代公司之间一对一的竞争状态，供应商、客户，甚至竞争者将走到一起，共同分享技能、资源，共担成本，集聚使得许多本来不具有市场生存能力的企业在激烈的市场竞争中不但生存了下来，而且还有利于形成区域集聚发展的品牌效应。区域品牌效应具有外部经济属性，不仅有利于企业对外交往，开拓国内外市场，也有利于提升整个区域的形象，为招商引资和未来发展创造有利条件，从而使区域产业经济的整体竞争力大大提升。

（4）避免非农建设对农地的破坏与分割

土地是经济发展必要的生产要素和载体，因此非农产业的发展占用耕地的趋势是势不可挡的。1999 年至 2006 年全国建设占用耕地面积 163.00 万公顷，灾毁耕地 48.65 万公顷，生态退耕 687.36 万公顷，农业结构调整 176.40 万公顷，在造成耕地面积减少的影响因素中，虽然建设占用耕地面积所占比例并不高，但确实是造成我国优质耕地减少的首要因素，特别是对于农业生产条件相当优越的黄淮海地区，而且非农建设的分散性是其耕地生态环境破坏和细碎化分割的重要影响因素。我国耕地的细碎化不仅仅只是表现在家庭承包责任制的实行上，一家一户的农业生产不具规模优势和地块分散；从区域整体上看，耕地的细碎化还表现在经济建设对耕地的分割，各地经济建设用地规模相似，特别是在平原地区，各地的非农建设用地呈"蜂窝状"分散分布，而且由于各地非农建设的分散性，非农经济发展造成的污染对农地的影响更广泛。产业集聚可以促使非农生产和农业生产在空间上进行分工，不仅有利于非农建设在空间集聚、非农经济发展造成的污染比较集中和污染治理分担成本降低，更有利于污染的治理，而且减少了区域非农经济对农业生产集聚区腹地的影响。

（5）增加企业的创新能力

产业集聚有利于促进产业创新的提高，具体体现在观念、管理、技术、制度和环境等许多方面，一般地讲，产业集聚对提高其创新能力主要集中在同一产业内部不同企业的学习与交流和产业内企业的自我创新能力两个方面。

产业集聚能够为同一产业内企业提供一种良好的学习和交流氛围。由于企业在地理上彼此接近，实地参观交流和密切合作机会比较多，一个企业生产管理的成功经验和技术创新很容易被其他企业学习和应用，这样非常有利于各种新思想、新观念、新技术和新知识的传播，由此形成知识的溢出效应，也大大降低了学习和应用新产品开发和技术创新的成本。

产业集聚内部的竞争自强化机制将在集聚内形成"优胜劣汰"的自然选择机制，刺激企业创新和企业衍生。由于同一产业内企业存在着竞争压力和挑战，集聚区域内企业需要在产品设计、开发、包装、技术和管理等方面不断进行创新和改进以适应迅速变化的市场需要。为了企业的生存和发展，各个企业都希望自己的企业不断进行技术创新和组织管理创新，领先于其他企业，这样就刺激了企业对技术和管理创新的需求，在知识经济时代，知识转化为现实生产力的周期将会大大缩短，促使新产品和新技术产生。同时由于地理位置接近，相互之间进行频繁的交流为企业进行创新提供了较多的学习机会，这更能激发新思维、新方法的产生。

（6）改变城市空间结构及城市化水平

产业集聚促使同一行业内的众多企业在地理位置上彼此接近，在集聚区域存在许多的工作机会，而且由于区域内企业性质相近，员工转化工作的成本也较低，从而吸引大量的劳动力向集聚区域汇聚和流通。基于优胜劣汰的市场竞争法则，集聚区域内的企业既有合作，又有竞争，在这个过程中，企业与员工都在流通，竞争能力强的企业继续生存，高素质的员工也得到更好的发展空间。伴随着竞争较强企业的发展壮大，集聚区不断地扩大，更多高素质、专业化的人才也不断在集聚区域范围进行汇聚，从而既满足了集聚区内企业对人力资源的要求，也促进了城市化水平以及城市整体素质的提升。同时，集聚区域内企业的服务性质及工作特点基本相似，不同的集聚区域对土地的利用方式也不相同，由于集聚区的建立需要大量的土地资源予以支撑，这就导致在集聚区域建设的过程中，其所使用的土地就已经被打上该集聚区所特有的特点，造成城市中不同的产业集聚区具备不同的特点，土地的利用功能也各不相同。土地的多种利用功能，促使城市的不同区域具备不同的功能，从而促进城市空间结构的转变。城市化水平的提高以及城市空间结构的转变，同样对产业集聚产生一定的影响，带有产业集聚特征的城市区域部分，会吸引城市内外部的类似企业在此汇聚，促进产业集聚的扩大，降低集聚区内企业的生产成本和运输成本。

3.2.4.2 黄淮海地区集聚发展模式可行性分析

我国各地当前产业结构雷同，核心地区对周围地区的经济拉动作用不够，区域内地区间的联系不紧，各地各自为政，发展的目标大体相似（向杰，2004），土地利用供需矛盾突出和建设用地粗放浪费共存。我国农业生产保障和非农经济建设对土地需求的矛盾会随着工业化和城市化进程的加快而更加尖锐，在地少人多和农地后备资源有限的国情下，加强区域用地分工，利用"地根"促进非农建设空间的集聚水平和优化区域土地利用空间布局是有效地缓解土地供求紧张局面和调整区域产业结构布局的手段。整体上看，黄淮海地区经济发展过程中经济投入和产出的集聚程度比较高，但是建设用地和人口的空间集聚程度比较低下，其中建设用地利用空间的分散性最大。建设用地是一切社会经济活动的载体，建设用地利用空间的分散性导致其他生产要素不能进行系统最优配置，进而影响其他生产要素的生产效率和区域经济产业的整体发展。区域经济一体化使区域的生产要素能够在更大范围内自由流动和组合，打破行政区域划分的限制，促进区域之间相互渗透、逐步融合，形成以资源有效配置和整体利益最大化为基础的区域功能互补的产业分工格局，为区域经济发展提供持续的增长动力和建设空间。非农经济发展的重点区域不是分布在每个地方都可以，而应分布在交通区位条件优越和具有市场竞争力的地区，这样才有利于土地利用效率的提高和减缓城市化过程中的土地供需矛盾。由于黄淮海地区主要分布在黄淮海平原，区域土地类型比较单一，农业生产条件相对一致，同时鉴于该区域非农经济发展分散性的实际，因此加强区域非农经济建设集聚发展程度不仅可以优化区域产业结构布局，提高经济运行效率，而且有助于区域内部农业生产和非农经济建设的分工与协作，提高建设用地集约利用水平和形成大面积的农业产区，减少经济建设对农业生产的不良影响和生态环境的破坏。下文从区域社会经济发展和区域交通状况方面构建黄淮海地区农业发展与非农经济产业发展集聚模式。

3.3　黄淮海地区非农经济发展都市圈分析

3.3.1　黄淮海地区非农经济发展竞争力评价

综合评价法是指运用多个指标对多个参评单位进行评价的方法，称为"多变量综合评价方法"，或简称"综合评价法"，其基本思想是将多个指标转化为一个能够反映综合情况的指标来进行评价。综合评价法是一种定性与定量相结合的方法，能综合考虑多种因素，全面地分析评价问题，反映被评价对象的整体情况，便于客观、全面地认识事物，因此本书采用综合评价法对黄淮海地区非农经济发展竞争力进行综合评价。

3.3.1.1 评价指标的选择

区域非农经济发展水平不仅要反映一个地区在一定时期内国民经济各方面的综合发展状况，而且要反映该地区的国民经济可持续发展的可能性。因此，区域非农经济发展水平的评价指标既要反映该区域现有的经济实力，又要反映其经济发展前景。考虑到科学性、实用性以及可操作性、可比性、可量化等原则，从社会经济规模、社会经济结构和效率、交通信息设施、文化保障服务体系、生态可持续性五个层次构建38项指标组成区域非农经济发展水平综合评价指标体系（颜敏、杨竹莘，2007；陈森良、单晓娅，2002），以全面、客观地反映各地级市的经济发展水平，具体指标见表3-2。

表 3-2 区域非农社会经济竞争力综合评价指标体系

	准则层	目标层
区域非农社会经济竞争力综合评价指标体系	经济规模水平 (A_1)	工业企业个数 A_{11}（个）
		工业总产值 A_{12}（万元）
		地区生产总值 A_{13}（万元）
		第二、第三产业就业人数 A_{14}（万人）
		第二、第三产业产值 A_{15}（万元）
		地方财政一般预算内收入 A_{16}（万元）
		社会总零售额 A_{17}（万元）
		固定资产投资 A_{18}（万元）
		地方财政一般预算内支出 A_{19}（万元）
	社会结构和效率 (A_2)	第二、第三产业就业比重 A_{21}（%）
		第二、第三产业产值比重 A_{22}（%）
		大中型企业个数比重 A_{23}（%）
		城镇化率 A_{24}（%）
		经济增长率 A_{25}（%）
		人均地区生产总值 A_{26}（元）
		财政自给率 A_{27}（%）
		单位土地面积地区生产总值产出 A_{28}（万元/公顷）

续表

准则层	目标层
	客运总量 A_{31} （万人）
	货运吨量 A_{32} （万吨）
	邮政业务收入 A_{33} （万元）
交通信息设施 （A_3）	电信业务收入 A_{34} （万元）
	固定电话用户数 A_{35} （万户）
	移动电话用户数 A_{36} （万户）
	国际互联网用户数 A_{37} （万户）
	医院、卫生院数 A_{41} （个）
	每万人拥有医生数 A_{42} （人）
	剧场、影剧院数 A_{43} （个）
	公共图书馆图书总藏量 A_{44} （千册、件）
文化保障服务体系 （A_4）	每百人公共图书藏书 A_{45} （册、件）
	医院、卫生院床位数 A_{46} （张）
	高等学校 A_{47} （所）
	科学事业费支出 A_{48} （元/人）
	每万人拥有高等学校在校学生人数 A_{49} （人）
	工业固体废物综合利用率 A_{51} （%）
	生活垃圾无害化处理率 A_{52} （%）
生态可持续性 （A_5）	环境污染治理投资总额 A_{53} （万元）
	工业废水排放强度 A_{54} （千克/万元）*
	二氧化硫排放强度 A_{55} （千克/万元）*
	工业烟尘排放强度 A_{56} （千克/万元）*

（左侧跨列：区域非农社会经济竞争力综合评价指标体系）

* 项为负效应指标，其他为正效应指标。

3.3.1.2　权重的确定

层次分析法是一种新的定性分析与定量分析相结合的系统分析方法，是将人的主观判断用数量形式表达和处理的方法，简称 AHP（The Analytic Hierarchy Process）。层次分析法是美国运筹学家 Satty 教授于 20 世纪 70 年代提出的一种系统分析法，是一种定量分析与定性分析相结合的多目标决策分析方法。这种方法适用于结构复杂、决策准则多且不易量化的决策问题，同时可以避免决策者在结构复杂的方案中造成的逻辑推理上的失误。运用 AHP 解决问题的原理是把复杂的问题分解为各个组成因素，将这些因素按支配关系分组，以形成有序的递阶层次结构，然后通过两两比较的方式确定各因素的相对重要性，在计算的时候一般可分为 4 个步骤进行。

（1）建立层次结构。层次分析法分析系统中各因素之间的关系，建立系统的递阶层次结构。

（2）构造判断矩阵。对同一层次的各元素关于上一层中某一准则的重要性进行两两比较，构造两两比较的判断矩阵。构造判断矩阵：每一个具有向下隶属关系的元素作为判断矩阵的第一个元素（位于左上角），隶属于它的各个元素依次排列在其后的第一行和第一列，两两评价因素相比的重要性标度如表 3 - 3 所示。

表 3 - 3　重要性标度含义

重要性	含义
1	表示两个元素相比，具有同等重要性
3	表示两个元素相比，前者比后者稍重要
5	表示两个元素相比，前者比后者明显重要
7	表示两个元素相比，前者比后者强烈重要
9	表示两个元素相比，前者比后者极端重要
2，4，6，8	表示上述判断的中间值
对应倒数	若元素 i 与元素 j 的重要性之比为 a_{ij}，则元素 j 与元素 i 的重要性之比为 $a_{ji} = 1/a_{ij}$

（3）由判断矩阵计算相对权重并进行一致性检验。在计算单准则下权重向量时，还必须进行一致性检验。在判断矩阵的构造中，并不要求判断具有传递性和一致性，这是由客观事物的复杂性与人的认识的多样性所决定的。在应用模糊层次分析法时保持思维的一致性非常重要，而同时比较的事物多于 9 个时，分析判断的结果就会出现较大的思维一致性偏差。因此需要引入判断矩阵偏离性 CI 与判断矩阵的平均随机一致性指标 RI 的比值 CR 来检验评判者思维的一致性，具体步骤如下。

①计算一致性指标 CL

已知 n 个元素 u_1，u_2，…，u_n 对于准则 C 的判断矩阵为 A，求 u_1，u_2，…，u_n 对于准则 C 的相对权重 ω_1，ω_2，…，ω_n，写成向量形式即为

$W = (\omega_1, \omega_2, \cdots, \omega_n)^T$，如公式（3－3）、公式（3－4）所示。

$$CI = \frac{\lambda_{max} - n}{n - 1} \qquad (3-3)$$

$$\lambda_{max} = \sum_{i=1}^{n} \frac{(AW)_i}{n\omega_i} = \frac{1}{n}\sum_{i=1}^{n} \frac{\sum_{j=1}^{n} a_{ij}\omega_j}{\omega_i} \qquad (3-4)$$

②查找相应的平均随机一致性指标 RI

表3－4给出了1～10阶的平均随机一致性指标。

表3－4　平均随机一致性指标 RI

n	1	2	3	4	5
RI	0	0	0.52	0.86	1.12
n	6	7	8	9	10
RI	1.24	1.32	1.41	1.45	1.49

③计算一致性比值 CR

$$CR = CI/RI$$

当 $CR < 0.1$ 时，认为判断矩阵的一致性是可以接受的；当 $CR \geqslant 0.1$ 时，应该对判断矩阵做适当修正。

（4）黄淮海地区非农经济发展竞争力评价指标权重。对以上判断矩阵进行计算得出各因素的权重，如表3－5至表3－11所示。

表3－5　准则层判断矩阵 A

准则层	A_1	A_2	A_3	A_4	A_5	相对权重
A_1	1	1	4	4	3	0.38
A_2	1	1	3	2	2	0.25
A_3	1/4	1/3	1	1	1/2	0.09
A_4	1/4	1/2	1	1	1/2	0.10
A_5	1/3	1/2	2	2	1	0.16

一致性检验：$CI = 0.02$；$RI = 1.12$；$CR = 0.02$。

由于 $CR < 0.1$，因此该层次排序结果具有满意的一致性。

表 3 - 6   目标层判断矩阵 $A - A_1$

目标层	A_{11}	A_{12}	A_{13}	A_{14}	A_{15}	A_{16}	A_{17}	A_{18}	A_{19}	相对权重
A_{11}	1	1/4	1/3	1/5	1/6	1/3	2	1/4	1	0.04
A_{12}	4	1	1/2	1/3	1/3	3	2	1/2	4	0.10
A_{13}	3	2	1	1/2	1/2	2	5	2	3	0.14
A_{14}	5	3	2	1	1	2	6	2	4	0.21
A_{15}	6	3	2	1	1	3	7	4	5	0.25
A_{16}	3	1/3	1/2	1/2	1/3	1	5	1/2	1	0.08
A_{17}	1/2	1/2	1/5	1/6	1/7	1/5	1	1/4	1/2	0.03
A_{18}	4	2	1/2	1/2	1/4	2	4	1	3	0.11
A_{19}	1	1/4	1/3	1/4	1/5	1	2	1/3	1	0.05

一致性检验：$CI = 0.06$；$RI = 1.46$；$CR = 0.04$。

由于 $CR < 0.1$，因此该层次排序结果具有满意的一致性。

表 3 - 7   目标层判断矩阵 $A - A_2$

目标层	A_{21}	A_{22}	A_{23}	A_{24}	A_{25}	A_{26}	A_{27}	A_{28}	相对权重
A_{21}	1	1/2	3	1/4	1/2	1/3	3	1/4	0.06
A_{22}	2	1	2	1/3	1/2	1/2	5	1/2	0.10
A_{23}	1/3	1/2	1	1/7	1/4	1/9	2	1/7	0.03
A_{24}	4	3	7	1	2	1/3	3	1/2	0.17
A_{25}	2	2	4	1/2	1	1/5	5	1/3	0.11
A_{26}	3	2	9	3	5	1	6	1	0.27
A_{27}	1/3	1/5	1/2	1/3	1/5	1/6	1	1/7	0.03
A_{28}	4	2	7	2	3	1	7	1	0.24

一致性检验：$CI = 0.08$；$RI = 1.41$；$CR = 0.06$。

由于 $CR < 0.1$，因此该层次排序结果具有满意的一致性。

表 3 - 8   目标层判断矩阵 $A - A_3$

目标层	A_{31}	A_{32}	A_{33}	A_{34}	A_{35}	A_{36}	A_{37}	相对权重
A_{31}	1	1	3	4	4	5	4	0.31
A_{32}	1	1	2	3	3	4	3	0.25
A_{33}	1/3	1/2	1	1	1	2	1	0.10

目标层	A_{31}	A_{32}	A_{33}	A_{34}	A_{35}	A_{36}	A_{37}	相对权重
A_{34}	1/4	1/3	1	1	1	2	1/2	0.08
A_{35}	1/4	1/3	1	1	1	2	1	0.09
A_{36}	1/5	1/4	1/2	1/2	1/2	1	1/2	0.05
A_{37}	1/4	1/3	1	2	1	2	1	0.10

一致性检验：$CI = 0.02$；$RI = 1.32$；$CR = 0.02$。

由于 $CR < 0.1$，因此该层次排序结果具有满意的一致性。

表 3 - 9　目标层判断矩阵 $A - A_4$

目标层	A_{41}	A_{42}	A_{43}	A_{44}	A_{45}	A_{46}	A_{47}	A_{48}	A_{49}	相对权重
A_{41}	1	1/2	4	3	3	2	1	2	1/4	0.12
A_{42}	2	1	7	6	5	4	2	4	1/2	0.23
A_{43}	1/4	1/7	1	1/2	1/3	1	1/4	1/5	1/7	0.03
A_{44}	1/3	1/6	2	1	1	1	1/2	1/2	1/3	0.05
A_{45}	1/3	1/5	3	1	1	1	1/2	1/2	1/2	0.06
A_{46}	1/2	1/4	1	1	1	1	1/2	1/2	1/3	0.05
A_{47}	1	1/2	4	2	2	2	1	1/2	1/3	0.10
A_{48}	1/2	1/4	5	2	2	2	2	1	1/2	0.11
A_{49}	4	2	7	3	2	3	3	2	1	0.24

一致性检验：$CI = 0.06$；$RI = 1.46$；$CR = 0.04$。

由于 $CR < 0.1$，因此该层次排序结果具有满意的一致性。

表 3 - 10　目标层判断矩阵 $A - A_5$

目标层	A_{51}	A_{52}	A_{53}	A_{54}	A_{55}	A_{56}	相对权重
A_{51}	1	2	1/3	2	3	2	0.20
A_{52}	1/2	1	1/5	1/3	1	1/2	0.07
A_{53}	3	5	1	2	4	3	0.36
A_{54}	1/2	3	1/2	1	3	2	0.18
A_{55}	1/3	1	1/4	1/3	1	2	0.09
A_{56}	1/2	2	1/3	1/2	1/2	1	0.10

一致性检验：$CI=0.06$；$RI=1.24$；$CR=0.05$。

由于 $CR<0.1$，因此该层次排序结果具有满意的一致性。

（5）综合权重。经过以上分析计算，黄淮海地区非农经济竞争力综合评价因子的权重如表 3-11 所示。

表 3-11 区域非农社会经济竞争力综合评价指标因素权重

准则层		目标层		
因素	相对权重	因素	相对权重	综合权重
A_1	0.38	A_{11}	0.04	0.0145
		A_{12}	0.10	0.0403
		A_{13}	0.14	0.0533
		A_{14}	0.21	0.0791
		A_{15}	0.25	0.0946
		A_{16}	0.08	0.0302
		A_{17}	0.03	0.0106
		A_{18}	0.11	0.0441
		A_{19}	0.05	0.0176
A_2	0.25	A_{21}	0.06	0.0165
		A_{22}	0.10	0.0247
		A_{23}	0.03	0.0084
		A_{24}	0.17	0.0421
		A_{25}	0.11	0.0274
		A_{26}	0.27	0.0683
		A_{27}	0.03	0.0072
		A_{28}	0.24	0.0600
A_3	0.09	A_{31}	0.31	0.0295
		A_{32}	0.25	0.0238
		A_{33}	0.10	0.0095
		A_{34}	0.08	0.0080
		A_{35}	0.09	0.0086
		A_{36}	0.05	0.0049
		A_{37}	0.10	0.0096

续表

准则层		目标层		
因素	相对权重	因素	相对权重	综合权重
		A_{41}	0.12	0.0127
		A_{42}	0.23	0.0244
		A_{43}	0.03	0.0031
		A_{44}	0.05	0.0054
A_4	0.10	A_{45}	0.06	0.0063
		A_{46}	0.05	0.0055
		A_{47}	0.10	0.0101
		A_{48}	0.11	0.0114
		A_{49}	0.24	0.0250
		A_{51}	0.20	0.0326
		A_{52}	0.07	0.0113
A_5	0.16	A_{53}	0.36	0.0595
		A_{54}	0.18	0.0295
		A_{55}	0.09	0.0150
		A_{56}	0.10	0.0156

3.3.1.3　综合评价方法

为统一各指标量纲与缩小指标之间的数量级差异（吴克宁等，2007），采用极差标准化的方法，对原始数据进行标准化处理，公式为（3-5）。

$$X_{ij}^{'} = \begin{cases} \dfrac{X_{ij} - \min X_{\cdot j}}{\max X_{\cdot j} - \min X_{\cdot j}} \text{（正效应）} \\[2ex] \dfrac{\max X_{\cdot j} - X_{ij}}{\max X_{\cdot j} - \min X_{\cdot j}} \text{（负效应）} \end{cases} \qquad (3-5)$$

公式（3-5）中：$X_{ij}^{'}$ 为标准化后地区第 i 层因素指标 j 的标准化值，X_{ij} 为处理前地区第 i 层因素指标 j 的初始值，$\max X_{\cdot j}$ 和 $\min X_{\cdot j}$ 分别为研究区域中处理前因素指标 j 的最大值和最小值。将地区 i 各项指标的标准化后的数值 $X_{ij}^{'}$ 乘以其权重 A_j，然后再求和即可得到各单元的综合评价值 X_i，其计算公式为（3-6）。

$$X_i = \sum_{j=1}^{m} X_{ij}^{'} \times A_j \qquad (3-6)$$

这里的 m 代表各层评价指标的个数。

3.3.1.4 综合评价结果

为了消除社会经济的波动性，本书取 2003 年至 2006 年各地区因素指标的平均值作为黄淮海地区综合评价的初始值，按照以上评价方法，经计算黄淮海地区各地非农经济综合评价分值如表 3 – 12 所示。

表 3 – 12 2003 ~ 2006 年黄淮海地区各地非农社会经济综合评价分值

市名	X_i 分值	市名	X_i 分值	市名	X_i 分值
亳州市	0.1036	淮安市	0.1693	枣庄市	0.2341
宿州市	0.1041	平顶山市	0.1758	临沂市	0.2371
阜阳市	0.1223	漯河市	0.1786	泰安市	0.2439
周口市	0.1363	淮南市	0.1890	徐州市	0.2501
蚌埠市	0.1367	淮北市	0.1907	济宁市	0.2587
驻马店市	0.1374	日照市	0.1965	唐山市	0.2683
开封市	0.1447	许昌市	0.1993	潍坊市	0.2979
宿迁市	0.1468	保定市	0.2006	石家庄市	0.3045
菏泽市	0.1499	焦作市	0.2060	郑州市	0.3414
信阳市	0.1515	莱芜市	0.2090	淄博市	0.3434
鹤壁市	0.1521	廊坊市	0.2134	威海市	0.3511
邢台市	0.1544	聊城市	0.2147	东营市	0.3587
商丘市	0.1554	秦皇岛市	0.2174	烟台市	0.3836
衡水市	0.1635	滨州市	0.2181	济南市	0.4450
安阳市	0.1636	邯郸市	0.2192	青岛市	0.4857
新乡市	0.1640	德州市	0.2196	天津市	0.5984
濮阳市	0.1659	盐城市	0.2219	北京市	0.9049
连云港市	0.1668	沧州市	0.2328		

通过表 3 – 12 分析，黄淮海地区各地非农经济综合评价分值差异较大，说明区域内各地非农经济发展水平个体的差异性较大。黄淮海地区非农经济综合评价分值的高值分布在北京市、天津市、青岛市、烟台市、济南市、东营市和威海市，中高值和中低值主要分布在交通便利和沿海地区，在空间上分布在高值周围，低值主要分布在中部内陆地区，集中分布在河南省、河北省和安徽省部分地区。

3.3.2 黄淮海地区非农经济都市圈发展时空分析

3.3.2.1 空间自相关分析方法简介

空间自相关反映一个区域单元上某种地理现象或某一属性值与邻近区域单元上同一现象或属性值的相关程度。空间统计学中常使用的空间自相关指数统计量有 Moran 指数和 Geary 指数,其中空间自相关 Moran 指数最为常用,可以分为全局和局部空间自相关两种。

(1) 全局性空间自相关

全局 Moran 统计量是一种总体统计指标,说明所有区域与周边地区之间空间差异的平均程度(吴玉鸣等,2004),其计算公式为(3-7)。

$$\text{Moran} = \frac{\sum\limits_{i=1}^{n}\sum\limits_{j=1}^{n} W_{ij}(X_i - \overline{X})(X_j - \overline{X})}{S^2 \sum\limits_{i=1}^{n}\sum\limits_{j=1}^{n} W_{ij}} \tag{3-7}$$

其中: $S^2 = \dfrac{1}{n}\sum\limits_{i=1}^{n}(X_i - \overline{X})^2$, $\overline{X} = \dfrac{1}{n}\sum\limits_{i=1}^{n} X_i$; X_i 表示第 i 地区的综合评价值, n 为地区总数(这里为53)。

W_{ij} 为二进制的邻接空间权值矩阵,表示其中的任一元素,采用邻接标准或距离标准,其目的是定义空间对象的相互邻接关系。一般邻接标准的 W_{ij} 为:

$$W_{ij} = \begin{cases} 1 & \text{当地区 } i \text{ 和地区 } j \text{ 相邻;} \\ 0 & \text{当地区 } i \text{ 和地区 } j \text{ 不相邻} \end{cases}$$

其中: $i = 1, 2, \cdots, n$; $j = 1, 2, \cdots, m$; $m = n$ 或 $m \neq n$。

全局 Moran 统计量是否具有空间显著性(刘湘南等,2005),可用公式(3-8)进行检验。

$$Z(d) = \frac{\text{Moran-E}(I)}{\sqrt{VAR(I)}} \tag{3-8}$$

其中: $VAR_n(I) = \dfrac{n^2 W_1 + n W_2 + 3 W_0^2}{W_0^2(n^2 - 1)} - \text{E}_n^2(I)$; $\text{E}_n(I) = -\dfrac{1}{n-1}$; $w_0 =$

$\sum\limits_{i=1}^{n}\sum\limits_{j=1}^{n} W_{ij}$; $w_1 = \dfrac{1}{2} \times \sum\limits_{i=1}^{n}\sum\limits_{j=1}^{n}(W_{ij} + W_{ji})^2$; $w_2 = \sum\limits_{i=1}^{n}(W_{i.} + W_{.j})^2$; $W_{i.}$ 和 $W_{.j}$ 分

别为空间权重矩阵中第 i 行和第 j 列之和。

设定零假设 H_0：n 个区域单元的观测值之间不存在空间自相关。检验所有区域单元的观测值之间是否存在空间自相关。显著性水平可以由标准化 Z 值的 P 值检验来确定，如果 P 值小于给定的显著性水平 α（一般取 0.05），则可以拒绝零假设，否则接受零假设。Moran 指数的取值范围为 $[-1,1]$，在给定显著性水平时，若 Moran 统计量显著为正，则表示经济发展水平较高（或较低）的区域在空间上显著集聚，值越趋近于 1，总体空间差异越小；若 Moran 指数显著为负，则表明区域与其周边地区的经济发展水平具有显著的空间差异，值越趋近于 -1，总体空间差异越大，仅当 Moran 指数接近期望值 $-\dfrac{1}{n-1}$ 时，观测值之间才相互独立，在空间上随机分布。

（2）局部空间自相关

为了全面反映区域经济空间差异的变化趋势，还需采用局部空间自相关分析方法，该指标主要用来反映局部单元区域观测值与其直接相邻单元区域观测值之间的相关程度，每个单元区域 i（称为中心区域）与其相邻单元区域 j 局部指标 LISA_i 的计算公式如公式（3-9）所示（张树梅，2007）。

$$\text{LISA}_i = Z_i \sum_{j=1}^{n} W_{ij} Z_i = Z_i \times X_i \qquad (3-9)$$

其中：$Z_i = \dfrac{Y_i - \overline{Y}}{S}$；$X_i = \sum_{j=1}^{n} W_{ij} Z_i$；$X_i$ 表示与中心区域相邻区域观测值离差的加权平均。

通过绘制的空间自相关系数即 Moran 指数散点分布图可将各个区域划分为四个象限的集群模式，分别识别一个地区及与其邻近地区的关系（见图 3-5）。

①图的右上方为第一象限，表示高发展水平的地区被高发展水平的其他地区所包围（HH）；

②左上方为第二象限，表示低发展水平的地区被高发展水平的其他地区所包围（LH）；

③左下方为第三象限，表示低发展水平的地区被低发展水平的其他地区所包围（LL）；

④右下方为第四象限，表示高发展水平的地区被低发展水平的其他地区所包围（HL）。

局部空间自相关分析有两种方法，一种是 Moran 散点分布图，另一种是局部统计量。前者通过散点分布图的形式，定性地区分出每个地区与其周边地区产业经济间的相互关系。而后者除了具有 Moran 散点分布图的功能之外，还可以定量地得知这些关联的具体程度，并且通过 GIS 的空间展示功能，显示它们在研究区域上的具体地理分布。

3.3.2.2　黄淮海地区社会经济都市圈集聚发展空间分析

（1）建立空间矩阵

黄淮海地区内部各市（直辖市）之间的 0－1 空间矩阵，其中两地区之间 0 表示不相邻，1 表示两地区之间相邻，如表 3－13 所示。

表 3－13　黄淮海地区城市之间的部分空间矩阵

城市	北京市	秦皇岛市	唐山市	天津市	保定市	廊坊市	沧州市	石家庄市	衡水市	滨州市	东营市	德州市	烟台市	威海市
北京市	0	0	0	1	1	1	0	0	0	0	0	0	0	0
秦皇岛市	0	0	1	0	0	0	0	0	0	0	0	0	0	0
唐山市	0	1	0	1	0	0	0	0	0	0	0	0	0	0
天津市	1	0	1	0	0	1	1	0	0	0	0	0	0	0
保定市	1	0	0	0	0	1	1	1	0	0	0	0	0	0
廊坊市	1	0	0	1	1	0	1	0	0	0	0	0	0	0
沧州市	0	0	0	0	0	0	0	0	0	1	0	0	0	0
石家庄市	0	0	0	0	0	0	0	0	0	0	0	0	0	0
衡水市	0	0	0	0	0	0	0	0	0	0	0	1	0	0
滨州市	0	0	0	0	0	0	1	0	0	0	1	1	0	0
东营市	0	0	0	0	0	0	0	0	0	1	0	0	0	0
德州市	0	0	0	0	0	0	0	0	1	1	0	0	0	0
烟台市	0	0	0	0	0	0	0	0	0	0	0	0	0	1
威海市	0	0	0	0	0	0	0	0	0	0	0	0	1	0

注：本章研究的是都市圈的集聚发展，图表列出部分城市之间的空间集聚程度，有助于问题的介绍、说明。

（2）黄淮海地区社会经济 Moran 指数分析

根据计算，黄淮海地区各地非农经济综合评价分值的 Moran 指数为

0.28，$VARn$（I）为 0.01，全局性空间自相关关系检验系数 Z（d）为 2.91，大于 0.01 显著水平下的临界值 2.58，说明黄淮海地区各地非农经济在空间上具有显著的正的空间自相关特性，黄淮海地区各地非农经济发展水平在一定程度具有地域边缘的集聚性和相似性，即区域非农经济发展较高地区周边区域的社会经济水平也较高；反之亦然。黄淮海地区各地非农经济较大的空间正相关特性表明了黄淮海地区各地非农社会经济发展水平不仅具有个体的差异性，而且具有地域边缘的相似性特征。

为了更好地分析黄淮海地区非农经济的空间格局特征，这里分别计算各地非农社会经济综合评价局部空间自相关系数，并制作其 Moran 散点和空间分布图，其中黄淮海地区非农社会经济建设综合评价 Moran 散点分布如图 3-5 所示。

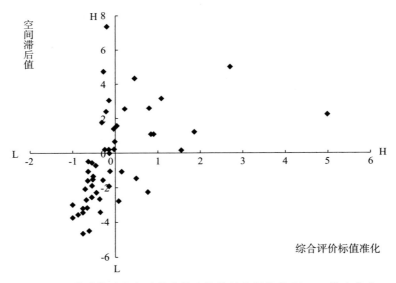

图 3-5　黄淮海地区各地非农社会经济综合评价的 Moran 散点分布

可以看出黄淮海地区非农社会经济已经表现出较为明显的空间分异格局，基本格局是发达地区集中在直辖市、省会、沿海和经济区位优越地区，欠发达地区集中在中部地区，整个地域可具体划分为以下 4 种类型：①位于 HH 象限的地级市个数有 12 个，占区域市级行政区总个数的 22.64%，主要分布在北京市、天津市和山东半岛地区，在空间上比较集聚，是区域经济比较发达的；②位于 HL 象限（右下方）的地级市个数有 4 个，占区域市级行政区总个数的 7.55%，分别是石家庄市、郑州市、济宁市和徐州市，其区域的经济比较发达，但是其周边地区的经济比较落后；③位于 HL 象限（左上方）的地级市个数有 11 个，占区域市级行政区总个数的 20.75%，分别是唐山市、保定市、廊坊市、沧州市、滨州市、德州市、聊城市、莱芜市、日照市、焦作市和枣庄市，在空间上主要分布在社会经济发达与落后地区之间，位于 HH 和 HL 地区周围；④位于 LL 象限的地级市个数有 26 个，占区域市级行政区总个数的 49.06%，主要分布在河北省、河南省和安徽省周边地区，也是区域分布面积最大的类型。

3.3.2.3 黄淮海地区社会经济都市圈空间集聚发展战略

黄淮海地区耕地资源丰富，光热条件好，是我国重要的农业产区和商品粮食基地，承担着国家粮食安全的重任，同时也是我国重要的经济发展区。黄淮海地区社会经济相对发达，但是"大城市不大、中城市不活、小城市不强、小城镇不优"的问题在黄淮海地区普遍存在。据统计黄淮海地区平均每个县级行政单位的土地面积为 1172.80 平方千米，是我国行政划分面积最狭小的地区，地区之间缺乏分工与协作，各个地区的经济建设和工业化建设"大而全、小而全"，这样不仅造成重复建设、资源浪费，而且很难形成区域整体的产业竞争优势。黄淮海地区单位建设用地第二、第三产业产值比较低的地区比较多，阜阳市等 24 市的建设用地面积为 372.84 公顷，占区域建设用地总面积的 48.08%，但是其第二、第三产业产值为 10378.95 亿元，仅占区域第二、第三产业总产值的 22.43%。区域非农经济发展建设并不是在每个地方都适宜，在市场经济下只有交通便利、基础设施完备和信息发达等区位条件优越的地区才会在市场经济中具有非农经济发展的优势和活力，为了缓解土地供需矛盾和合理调整区域产业结构，区域的非农社会经济建设应向区域竞争能力强的空间集聚。土地是社会经济发展最基本的要素和特殊资源，"地根"同"银根"成为产业经济空间集聚发展的关键，本书根据区域社会经济发展和主要交通要道构建区域社会经济空间集聚发展模式。

2006 年，黄淮海地区人均地区生产总值达到 19224.27 元，利用 GDP 缩减指数和汇率法折算到 1970 年为 1171.28 美元，参照钱纳里模型工业化发展阶段划分标准，可知目前黄淮海地区处于工业化阶段的后期，根据国外发达国家和地区工业化和城市化发展的经验，该地区城市化进入集聚发展模式时期。由于黄淮海地区地处广阔的平原，土地利用类型比较单一，其土地利用核心问题是耕地保护和非农建设用地之间的矛盾，因此本书将区域划分为农业与非农经济集聚发展区。通过上文分析，黄淮海地区各地的社会经济表现出个体发展的差异性和地域边缘空间上的相似性。整体上看，部分地区在市场经济条件下已经表现出了自身具有的经济建设优势和发展潜力，今后的非农经济发展方向应向该地区集聚，充分发挥其非农建设用地的承载功能，因此在土地规划进行建设用地指标分解时应重点向非农产业发展集聚地区倾斜；其他地区应为区域农业经济集聚发展区，该区域应加强农业生产以维护区域居民食品需求和保障我国的粮食安全，充分发挥其农业生产和生态涵养功能，农业用地和基本农田保护工作应向农业生态集聚区靠拢。

研究结果显示，黄淮海地区已经初步显现出四个非农经济发展集聚区，分别为以北京市、天津市和石家庄市为核心的京津冀经济区，以济南市和青岛市为核心的山东半岛经济区，以郑州市为核心的中原经济区和以泰安市和徐州市为核心的苏皖北部经济区。目前京津冀都市经济区和山东半岛经济区发展比较充分，核心地带对周围的经济产生较大的辐射带动作用；中原经济区的经济核心郑州市经济实力虽然比较雄厚，但是对周围的影响不大，因此以后应加强其对周围的经济辐射能力；苏皖北部经济区核心徐州市经济辐射能力不够，尚未形成显著的增长极，当然对周围经济的辐射带动作用也不够，因此今后应加强其核心辐射带动能力的培养和周围经济的发展，以促进区域经济发展平衡。

京津冀经济区是我国主要的规划经济区之一，被认为是我国经济增长的第三增长极，该区域是我国城市分布最密集、整体实力最强的地区之一。在我国沿海经济带的布局之中，与长江三角洲和珠江三角洲处于同等重要的地位。该区域规划中主要包括北京、天津、唐山、秦皇岛、廊坊、石家庄、张家口、保定、沧州、承德等十个地市。2007年编制的《京津冀都市圈区域规划》，对该区域的定位是以北京为中心，打造具有京津双核结构特征的新型国际化都市圈，该区域以信息、技术、金融、客户交流枢纽为依托，是我国目前最有控制力和影响力的地区。京津冀经济区是我国首都所在地，具有重要的地缘战略地位，在国内是我国北方经济区的核心组成部分，在国际上是连接欧亚大陆桥，辐射东北亚的重要战略地区。该地区具有丰富的自然资源，为打造都市圈的目标打下了坚实的基础，同时京津冀地区交通发达，海陆空各种交通航线在此地交横

纵错，为资源的吸收以及产品的扩散提供了便利条件。经过一年发展，到
2008年，京津冀经济区的核心城市北京的社会商品零售综合增加了810.3亿
元，增长率为21.13%；货物进出口总额增加了78902.77万吨，增长率为
48.90%；国内生产总值增加了1266.19亿元，增长率为12.86%，远远超过
国家GDP增长速度；第一产业在国民经济中的比重由2007年的1.03%下
降到2008年的1.0%，第三产业比重则由73.48%增加到75.36%，在岗职
工的平均工资增加了21.12%。通过以上数据的对比，可以看出京津冀经
济区的建立对该区域的经济发展带来巨大的推动作用，第一产业比重不断
下降，第三产业比重持续增加，说明该区域土地资源的利用效率较高，城
市布局较为合理，产业结构完善程度较高。

　　山东半岛经济区，又称"山东半岛蓝色经济区"，是以海洋资源为
主的经济规划区，是我国区域发展战略由陆地转向海洋的重大转折之一。
以青岛为中心而划分的经济区，目的是带动周围城市经济的发展。在发
展过程中按照青岛对国际，济南对国内的既定方针进行发展。山东半岛
经济区，是我国第一个以海洋经济为主题的区域发展战略，是中国区域
发展从陆域经济延伸到海洋经济、积极推进陆海统筹的重大战略举措。
规划主体区范围包括山东全部海域和青岛、烟台、威海、潍坊、淄博等
五市及滨州的无棣、沾化两个沿海县所属陆域，海域面积为15.95万平方千
米，陆域面积为6.4万平方千米。山东省是海洋大省，海岸线长3000多千
米，占全国的1/10。拥有海湾200余处，其中大型优良港湾70余处，海
岸2/3以上为基岩质港湾式海岸，是中国长江口以北具有深水大港预选
港址最多的岸段。山东半岛经济区战略定位是黄河流域出海大通道经济
引擎、环渤海经济圈南部隆起带、贯通东北老工业基地与长三角经济区
的枢纽、中日韩自由贸易先行区。打造山东半岛蓝色经济区要遵循海陆
统筹、海洋开发与保护并重、集中集约用海和综合配套改革的原则，争
取把山东半岛蓝色经济区纳入国家发展战略。2009年，提出打造山东半
岛经济区，经过一年的发展，该区域的经济实力得到显著提升，以山东
半岛核心城市青岛为例，一年内，其国内生产总值增加了812.2亿元，
增长率为16.73%，第三产业占国内生产总值的比重由45.40%增长到
46.43%，第二产业产值占GDP的比重由49.86%下降到46.43%，在岗
职工的平均工资增加了25.03%。以上数据说明山东半岛经济区的划分
对区域的产业结构的升级、人民收入水平的提高、土地利用效率的提高

都具有巨大的促进作用。

中原经济区在空间范围上包含我国 7 个省份，覆盖了 29 个地级市，即河南省的全部，河北省的邯郸，山西省的长治、晋城、运城，江苏省的徐州，山东省的菏泽，湖北省的襄樊，安徽省的淮北、阜阳、宿州、亳州等地区。中原经济区以河南省郑州市为中心地，致力于把郑州打造成国际化大都市，加速其为区域增长极的极化效应，促进其快速成长，以充分发挥其扩散效应。该区域交通便利，位于京广线与陇海线的交汇处，便于与黄淮海地区的其他三个经济集聚区沟通、交流、优势互补，促进中原经济区产业结构布局的合理性。改革开放以来，中原地区就受到国家重视，及至 2004 年，中部崛起战略被提上国家议事日程，2009 年国家正式通过中部崛起计划方案。中原经济区抓住机会得到迅速发展。以中原经济区的主体郑州市为例进行分析，2004 年，其地区生产总值为 1377.89 亿元，到中部崛起战略实施一年后的 2010 年，其当年的地区生产总值为 4040.90 亿元，是 2004 年的 2.93 倍。同期的人口也增加了 73.47 万人；旅客运输量由 2004 年的 12195 万人次增加到 2010 年的 30121 万人次，增加了 17926 万人次；货物运输量由 2004 年的 8668 万吨增加到 2010 年的 24369 万吨，增加了 15701 万吨。由于 2007 年以后数据的缺失，以 2007 年为起点计算 2007 ~ 2010 年，其三次产业的增加值占据国内生产总值的比重分别由 3.21%、53.27% 和 44.30% 变化为 3.08%、56.17% 和 40.74%。从以上数据可以看出中原经济区的划分，促进了该区域经济的巨大飞跃，产业结构也得到了一定的调整，但无论是地区生产总值，还是三次产业结构的布局，中原经济区与京津冀经济区以及山东半岛经济区都存在一定的差距，以后应努力对区域的土地利用方式进行优化，调整各产业结构的布局，促进土地利用效率的提升。

3.4 黄淮海地区非农经济发展都市带分析

3.4.1 黄淮海地区交通运输状况评价

3.4.1.1 评价因素的选择

区域交通运输系统与经济系统协调发展实际上是两个系统之间形成相

互促进的、正反馈环的相互作用机制。区域交通运输系统与经济系统协调发展描述指标的主要任务是准确地捕捉系统内部以及系统与系统之间相互作用的主要信息。本研究从区域社会经济系统的规模、结构、效益，以及区域交通运输系统的规模和水平来构建区域交通运输系统与经济系统协调发展描述指标体系，如表 3 - 14 所示。

表 3 - 14　黄淮海地区区域社会经济与交通状况综合评价指标体系

	准则层	目标层
区域交通运输系统综合评价指标体系	用地规模（B_1）	交通用地（B_{11}）
		铁路用地（B_{12}）
		公路用地（B_{13}）
		交通用地密度（B_{14}）
	运输总量（B_2）	铁路货运量（B_{21}）
		公路货运量（B_{22}）
		客运总量（B_{23}）
		人均出行率（B_{24}）
		货运总量（B_{25}）
	运输结构与效率（B_3）	单位交通用地工业总产值（B_{31}）
		单位交通用地货运量（B_{32}）
		单位交通用地客运量（B_{33}）
		单位建设用地地区生产总值（B_{34}）

3.4.1.2　评价因素权重的确定

本书依旧运用层次分析法确定黄淮海地区各地交通运输体系综合评价中评价因素的权重如表 3 - 15 至表 3 - 19 所示。

表 3 - 15　准则层判断矩阵 B

准则层	B_1	B_2	B_3	相对权重
B_1	1	1/2	1/3	0.17
B_2	2	1	1	0.39
B_3	3	1	1	0.44

一致性检验：$CI = 0.01$；$RI = 0.52$；$CR = 0.02$。

由于 $CR < 0.1$，因此该层次排序结果具有满意的一致性。

表 3 – 16　目标层判断矩阵 $B – B_1$

准则层	B_{11}	B_{12}	B_{13}	B_{14}	相对权重
B_{11}	1	2	3	1/3	0.24
B_{12}	1/2	1	1	1/4	0.12
B_{13}	1/3	1	1	1/5	0.10
B_{14}	3	4	5	1	0.55

一致性检验：$CI = 0.02$；$RI = 0.86$；$CR = 0.02$。

由于 $CR < 0.1$，因此该层次排序结果具有满意的一致性。

表 3 – 17　目标层判断矩阵 $B – B_2$

准则层	B_{21}	B_{22}	B_{23}	B_{24}	B_{25}	相对权重
B_{21}	1	1	1/2	1/4	1/3	0.09
B_{22}	1	1	1/2	1/3	1/2	0.11
B_{23}	2	2	1	1/3	1/2	0.16
B_{24}	4	3	3	1	2	0.40
B_{25}	3	2	2	1/2	1	0.24

一致性检验：$CI = 0.02$；$RI = 1.12$；$CR = 0.02$。

由于 $CR < 0.1$，因此该层次排序结果具有满意的一致性。

表 3 – 18　目标层判断矩阵 $B – B_3$

准则层	B_{31}	B_{32}	B_{33}	B_{34}	相对权重
B_{31}	1	2	3	1/2	0.33
B_{32}	1/2	1	2	1/2	0.20
B_{33}	1/3	1/2	1	1/3	0.12
B_{34}	2	1/2	3	1	0.35

一致性检验：$CI = 0$；$RI = 0.86$；$CR = 0$。

由于 $CR < 0.1$，因此该层次排序结果具有满意的一致性。

表 3 - 19　黄淮海地区交通运输状况综合评价因素权重

准则层	权重	目标层	相对权重	综合权重
B_1	0.17	B_{11}	0.24	0.0356
		B_{12}	0.12	0.0177
		B_{13}	0.10	0.0153
		B_{14}	0.55	0.0822
B_2	0.39	B_{21}	0.09	0.0317
		B_{22}	0.11	0.0368
		B_{23}	0.16	0.0559
		B_{24}	0.40	0.1397
		B_{25}	0.24	0.0851
B_3	0.44	B_{31}	0.33	0.1636
		B_{32}	0.20	0.1021
		B_{33}	0.12	0.0582
		B_{34}	0.35	0.1761

3.4.1.3　评价方法的选择

为统一各指标量纲与缩小指标之间的数量级差异，对原始数据进行标准化处理，公式为（3 - 10）。

$$Y'_{ij} = \frac{Y_{ij} - \min(Y_{ij})}{\max(Y_{ij}) - \min(Y_{ij})} \qquad (3 - 10)$$

之后，计算社会经济发展和交通体系评价指标分值，计算公式为（3 - 11）。

$$Y_i = \sum_{j=1}^{m} Y'_{ij} \times B_j \qquad (3 - 11)$$

其中：Y_{ij}为某地区 i 交通体系评价因素 j 的原始数值；Y'_{ij}为某地区 i 交通体系评价因素 j 标准化后的数值；Y_i为某地区 i 交通体系评价分值；B_j为交通运输体系综合评价因素 j 的综合权重。

3.4.1.4　综合评价结果

根据表 3 - 20，黄淮海地区社会经济与交通运输状况综合评价结果显示北京市、天津市、青岛市、郑州市、济南市和烟台市等 10 个地级市交通运输条件较为发达，区域非农经济发展竞争力比较强。已经初步呈现四个非农经济发展增长极，分别为以北京市、天津市和石家庄市为核心的京津冀都市群，以济南市和青岛市为核心的山东半岛都市群，以郑州市为核心的中原都市群和以泰安市和徐州市为核心的苏皖北部都市圈。任何都市圈的发展都不是孤立的，都要与外界进行物质、人员和信息交流，而且又由于黄淮海地区人口众多和城市规模不宜过大等缘故，黄淮海地区的非农产业发展集聚地区不能仅仅局限于以上四个都市群，而是应该形成都市圈与都市带相结合的网状发展模式。

表 3-20 黄淮海地区交通运输状况综合评价分值

城市	Y_i 分值	城市	Y_i 分值	城市	Y_i 分值
菏泽市	0.0678	鹤壁市	0.1707	焦作市	0.2639
亳州市	0.0816	保定市	0.1772	秦皇岛市	0.2642
宿迁市	0.0938	临沂市	0.1783	东营市	0.2690
信阳市	0.0947	濮阳市	0.1816	漯河市	0.2702
阜阳市	0.0956	邢台市	0.1842	济宁市	0.2930
商丘市	0.1035	淮北市	0.1909	枣庄市	0.3022
蚌埠市	0.1088	连云港市	0.2013	邯郸市	0.3258
驻马店市	0.1138	平顶山市	0.2087	烟台市	0.3824
聊城市	0.1228	盐城市	0.2134	唐山市	0.3958
滨州市	0.1447	泰安市	0.2200	石家庄市	0.4075
周口市	0.1477	宿州市	0.2213	郑州市	0.4143
淮安市	0.1531	安阳市	0.2224	威海市	0.4808
衡水市	0.1595	沧州市	0.2292	济南市	0.5088
开封市	0.1605	潍坊市	0.2385	淄博市	0.5615
德州市	0.1618	莱芜市	0.2386	天津市	0.6120
新乡市	0.1646	许昌市	0.2390	青岛市	0.6662
淮南市	0.1663	廊坊市	0.2397	北京市	0.8293
日照市	0.1698	徐州市	0.2465		

3.4.2　黄淮海地区区域社会经济发展竞争力和交通状况相关性分析

据分析，黄淮海地区各地社会经济和交通运输综合评价分值的相关系数为 0.90，显著性水平达到 0.01，同时两者的 Spearman 秩相关系数值为 0.82，远远大于显著性水平为 0.01 下的 Spearman 秩相关系数临界值，通过检验，说明区域社会经济发展水平与其交通体系的完备度有显著的正相关关系。Spearman 相关系数，一般也称为 Spearman 秩相关系数，"秩"可以理解为一种排列顺序，它是对原始数据的位置进行排序的分析，避免了 Person 相关的一些限制。Spearman 相关系数用来测量变量之间的顺序的相关关系，利用两个变量之间的秩次大小做相关性分析，其适用条件要求两个变量的值是以等级次序表示出来的；一个变量的值是等级数据，另一个变量的值是等距或比率数据，且其两总体不要求是正态分布，样本容量不一定大于 30。从其使用条件可以看出，Spearman 相关的应用范围比 person 相关的应用范围要大，它突出的优点就是对数据的总体分布、样本大小都不做要求。Spearman 相关的临界值取值范围为（-1，1），当临界值大于 0 时为正相关；小于 0 时为负相关；等于 1 时为完全正相关；等于 -1 时为完全负相关；当临界值的绝对值越接近 1 时，变量之间的正相关性越大；越接近 -1，变量之间的负相关性越大。一般认为，临界值的绝对值大于 0.8 就表示相关性很高。

本书中的变量之间的秩相关系数为 0.82，说明黄淮海地区各市社会经济与交通状况在行政空间上比较一致，其高值一般分布在北京市、天津市、青岛市、淄博市、济南市和威海市，中高值和中低值主要分布在交通便利的沿海地区，在空间上分布在高值周围，低值主要分布在中部内陆地区，集中分布在河南省、河北省和安徽省部分地区。这些地区的交通相对前两者较为落后，同时，作为粮食的主产地，受到农作物经济收益低下以及交通设施条件落后的影响，其经济发展水平也较为缓慢。

3.4.3　黄淮海地区非农经济发展都市带分析

古典区位论者都将运输费用作为一个影响区位的重要因素，纳入自己的理论之中。区域运输不仅会影响到工业空间布局，而且会影响到区域经济发展和城市化进程。交通运输业是经济区域的网络和命脉，地区的交通状况是其经济发展潜力能否充分发挥的前提和基础。现代化交通运输包括铁路、水运、公路、航空和管道5种基本的运输方式。区域发展轴主要包括海岸线、铁路和公路干线等类型，或者两种或两种以上发展轴类型组成的复合型发展轴。黄淮海地区除黄河外没有较大的江河，但是黄河由于泥沙量大等缘故限制了它对区域经济的凝聚能力，因此根据黄淮海地区的具体情况，其发展轴可以分为以下类型。

（1）海岸带。海岸带是区域对外经济建设和发展的窗户，已经成为许多国家和地区非农经济开发建设的重点区域，同样海岸带在区域经济城市化和现代化建设中发挥着重要的作用。海岸带之所以成为地区或者国家非农经济发展的重点，主要因为海岸带具有以下优势条件（陆玉麒，2002、2004）：①港湾及河口地段是建设港口的理想场所，易于参加地区和世界各国的社会经济贸易往来，较易受其他国家和地区先进技术和文化交流的影响；②生态环境比较优越，便于利用海水进行工业废污的排放，同时濒临海洋，便于利用海洋的自净能力减少污染，也易于稀释污染气体，相对内陆地区环境条件较好；③水运具有运输费用低和运量大的经济优势，可以较大幅度降低地区间贸易往来的运营成本；④海洋还可以为我们提供丰富的食物和工业原料，具有较大节约土地资源和建设空间的潜力。

（2）铁路干线。铁路交通作为国民经济的大动脉，也是最大众化的交通运输工具，铁路干线在许多区域空间经济发展中也占有极为重要的地位，成为许多国家和区域经济布局的重要轴线，而且随着铁路运输技术的不断发展，铁路在综合交通运输体系中发挥的作用越来越大。铁路干线之所以能成为区域发展的发展轴，主要是由于铁路交通运输具有以下优势：①相对汽车等内陆运输方式，铁路交通具有运载量大、成本低、全天候、安全性好、占地少、节能高和污染小等特点；②铁路干线走向是人为选址的结果，在铁路干线选址设计时，一般都会通过区域重要的资源产地和区域主要经济文化行政中心城市，因此铁路沿线建设与区域主要的人员、物资和信息流动方向基本一致；③铁路干线一般还与主要公路等基础设施基本保持一致，可以充分发挥多种交通运输方式结合的优势，缩短运输空间距离的优势，进而起到降低运输成本的作用；④我国铁路建设已有上百年的历史，铁路建设技术较为先进，铁路运输系统已经具备了比较完善的运输规模。

（3）高速公路干线。公路干线在许多国家和区域非农经济发展空间布局中同样也具有重要的作用，和铁路交通运输路线一样已成为许多国家和区域经济布局的重要轴线，对于内陆地区尤为如此，特别是在较大区域间物质和人员的流通和交流中具有极其重要的作用。随着汽车性能的不断提高和汽车数量的不断增加，公路尤其是高速公路的大量修筑，使公路运输能力和作用日益提高。高速公路干线之所以能成为较大区域发展轴的原因（董千里，1998）有如下几点：①高速公路除公路本身的特点外，还具有设施质量较好、通行量大、事故少、速度快、效率高、安全和便宜的特点；②与其他交通经济带（铁路、江海）相对比，公路具有灵活高效、运输程序简易的特点，因此其对于地域空间结构的渗透影响更为迅速；③和铁路路线一样，高速公路也是人为选址的结果，其运输路线选址设计一般也通过区域重要的资源产地、人口密集区和主要的城市等，其建设也与区域人员、物资和信息流动的主要方向基本一致。

从交通行业发展看，目前我国交通基础设施建设取得了快速发展，已基本形成干支结合、四通八达的基础网络，黄淮海地区的交通条件更为优越，53市的土地面积仅占全国土地面积的5.30%，而铁路和公路用地面积占该区域用地的20.20%，是全国平均铁路和公路用地密度的近4倍。就区域交通用地而言，2005年黄淮海地区53市的交通用地为465767.65公顷，其中铁路和公路用地分别为66902.94公顷和385830.70公顷，共占区域交通用地面积的97.20%。就区域客运和货运交通条件而言，2005年底铁路和公路的客运量为2.60亿人和3.43亿人，共占区域客运总量的98.54%；铁路和公路的货运量为6.69亿吨和31.57亿吨，共占区域货运总量的91.61%，因此铁路和公路是黄淮海地区主要的交通运输方式。高速公路和铁路等现代快速交通运输方式缩短了地区间的时空距离，大大加速了资源要素的空间流动，降低了资源运输过程中的耗损与成本，使原本传统交通方式下因运输成本过高而不可流动的资源要素成为可流动资源，资源流动的规模也大为增长，极大地促进和刺激了经济的快速发展。

因此本书依据区域主要交通干线和沿海线构建由都市带组成的都市发展集聚区，东西方向分别是青石线和陇海线，南北方向分别是京广线、京沪线和沿海线。

3.5 黄淮海地区集聚发展战略模式与区域用地分工

产业集聚有非常强的集聚能力，它对区域外的资金、技术以及劳动等经济资源有较强的吸引力。产业集群通过发挥集聚经济和竞争优势降低了产业集群的平均成本和产业集群中单个企业的平均成本，使产业集群所在区域的无形资产提高，对其他地区的企业很有吸引力，能吸引大量的资本和劳动力流入集群地区，从而促进区域的经济增长。黄淮海地区地势平坦，耕地资源丰富，是我国重要的农业经济区和粮食主产区，对国家粮食安全起着至关重要的作用，同时也是我国重要的经济发展区。基于社会经济发展建设的需要和耕地保护的压力，作者认为黄淮海地区的非农经济发展应向这些交通方便、区位条件优越和经济实力强大的地区集聚，其他地区为该地区农业生态集聚区。土地、资金和劳动力生产三要素中，土地是区域最难以实现集聚的要素，也是最重要的要素，土地的空间集聚状况直接影响劳动力和资金的集聚程度。本书构建黄淮海地区土地利用空间集聚发展战略模式的目的就是强化黄淮海地区部分地区土地的非农经济活动的承载功能和其他地区农业生产和生态涵养功能，该战略模式的构建对减缓区域非农经济建设与农地保护的矛盾起着十分重要的作用。

黄淮海地区区域社会经济综合评价分析结果显示黄淮海地区的区域增长极有四个，分别为以北京市、天津市和石家庄市为核心的京津冀都市群，以济南市和青岛市为核心的山东半岛都市群，以郑州市为核心的中原都市群和以泰安市和徐州市为核心的苏皖北部都市圈。依据黄淮海地区高速公路和铁路主线陇海线、京广线、青石线、京沪线和沿海线，通过拓扑分析构建黄淮海地区的主要都市发展集聚带，概括为"两横三纵四心"模式。

区域经济一体化使区域的生产要素能够在更大范围内，特别是不同的区域之间自由流动和组合，促进区域之间相互渗透、逐步融合，形成以资源有效配置和整体利益最大化为基础的区域功能互补的产业分工格局，为区域经济发展提供持续的增长动力和更大的建设空间（钟永一，2003）。区域非农经济发展的重点区域不是每个地方都可以，而应分布在经济区位条件优越和市场竞争能力强的地区。黄淮海地区地势平坦，农业生产条件比较均一，基于黄淮海地区社会经济发展建设和耕地保护的双重压力，笔者认为该区域应加强产业和用地的空间集聚程度和区域分工，本书构建的黄淮海地区产业和用地集聚发展战略模式，其目的就是强化黄淮海地区部分地区土地的非农经济活动的承载功能力和其他地区农业生产和生态涵养功能，不仅可以优化区域产业和用地空间结构布局，促进区域产业分工与合作，提高建设用地集约利用水平和增强区域产业竞争力，而且可以形成大面积连续的农业产区，减少经济建设对农业生产的不良影响和生态环境的破坏。

3.6　基于开发权转让制度的区域用地经济补偿机制研究

在我国地少人多的国情下，土地越来越成为许多区域城市化进程进一步发展的重要制约因素，"地根"也日益成为市场经济条件下优化区域土地空间结构布局和促进区域产业分工协作的重要宏观调控手段之一。当前我国采取的是全国统一的耕地保护政策，土地管制基本上是以行政区域内部管制为主，忽略了不同地区耕地利用与保护的成本差异。当前对不同行政之间耕地保护的补偿机制研究主要分为两个方向：一个是从耕地资源的生态价值和社会价值等方面消除其外部性价值进行补偿研究（刘广明，2007；张效军，2006）；另一个是从耕地利用的机会成本出发进行补偿（胡靖，1998）。在研究粮食产销区优势互补发展中，基于耕地保护和粮食安全的外部性出发主张在粮食主销区建立切实可行的补偿途径机制（朱新华等，2008），这些理念或者定性研究对地区间耕地保护补偿具有较好的借鉴意义。因此本书讨论土地开发权转让制度在区域农地非农化配置应用的可行性，并利用经济模型和实证分析，论述并讨论土地开发权转让以后的土地配置方式以及土地利用效率和利益主体之间的分配问题。

3.6.1　区域地区间土地利用博弈分析

在现代经济学中不同学派的经济学家大多数都把"经济人"假设作为不言而喻的前提，因此"经济人"假设是现代经济学的重要理论基石之一。"经济人"这个命题最初源于亚当·斯密在1776年出版的《国富论》中的表述。在该书中，斯密认为"利己性"是"经济人"的本性，"利己性"是每个人从事经济活动的动机。亚当·斯密认为，在分工基础上的市场竞争中，人的行为动机根源于经济诱因，人都要争取最大的经济利益，工作就是为了取得经济报酬，因为"他受一只看不见的手的指导，去尽力达到一个并非他本意想要达到的目的"（亚当·斯密，1981）。

随着我国社会主义市场经济的确立和建设，各地区域经济经营理性化，与现代市场经济的微观经济行为主体一样，有着追求自身利益最大化的行为动机，各地权衡了长短期利益及风险因素后，为追求最大生产利益而做出合理性的决策。

本书将各地土地利用决策的过程分为 4 部分：目标确立、状况判断、决策实施和责任承担。各地农地非农化从经济角度考虑问题的两个重要变量就是风险约定条件下经济活动的投入和收益，为了分析方便我们做如下假设：①地区在上级土地利用总体规划下达的农地非农化用地指标的范围内，地区农地非农化的数量仅受经济效益驱动，农地非农化的经济投入产出高于其农业生产经济效益，在土地市场完备的条件下就会出现农地向非农用地转化的现象；②地区仅出现农地向非农化转化过程，不存在非农用地通过整理开发复垦等工程转化为农业用地的情况；③假设农业和非农业继续追加投入后其产出仍会增加，也就是说未处于边际报酬递减阶段，土地利用的经济效益有不同程度的提高；④土地农业生产向非农化生产转化的成本为零。如图 3 - 6 所示，直线 LP 是线段 O_1O_2 的中线，O_1P 和 O_2P 线段的长度相等，代表规划期间某地区农地非农化的数量指标，在 O_1P 和 O_2P 上追加相同的投资，其农业生产和农地非农化的净收益曲线分别为 L_1 和 L_2，L_1 和 L_2 相交于 A 点，与 LP 相交于 P_1 和 P_2 点，PP_1 和 PP_2 分别代表规划期限内土地利用的经济净收入。如果 A 点落在线段 O_1O_2 中线 LP 的右边，即 PP_1 线段的长度小于 PP_2，说明该地区农地非农化的经济收益大于其农业经营收入，其农地在经济利益的驱动下向非农用地方向转化；如果 A 点落在线段 O_1O_2 中线 LP 的左边，即 PP_1 线段的长度大于 PP_2，说明该地区农业经营收入大于其农地非农化的经济净收益，其用地在经济利益的驱动下仍进行农业生产。

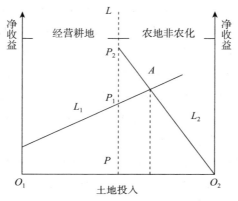

图 3 - 6　农地非农化行为经济分析

据统计，我国 2006 年农地面积为 65718.80 万公顷，农业产值为 24737.00 亿元，平均单位面积农地的产值为 0.38 万元/公顷；建设用地为 3236.48 万公顷，非农业产值为 186133.99 亿元，平均单位面积非农用地的产值为 57.51 万元/公顷。可得出我国各地单位面积非农用地和农地产值的比值为 152.79，而且单位面积非农用地和农地的产值差值比较大的地区主要集中在我国东部地区。由此可见，我国农地非农化的经济收益高于其农业收益，各地会在经济利益的驱动下加速其农地非农化速度，这是当前各地用地的一个普遍规律。

农业部农村经济研究中心统计数据显示，2003 年我国农村居民外出从业劳动力人均收入 5567 元/年，至 2006 年我国农村居民外出从业劳动力人均收入已经增长至 8465 元/年，年平均增长率为 14.99%。其中我国东部农村居民外出从业劳动力人均收入 7414 元/年，至 2006 年东部农村居民外出从业劳动力人均收入已经增长至 11539 元/年，年平均增长率为 15.89%；我国中部农村居民外出从业劳动力人均收入 4719 元/年，至 2006 年中部农村居民外出从业劳动力人均收入已经增长至 8630 元/年，年平均增长率为 22.29%。如图 3-7 所示。而我国 2003 年农村居民农业人均收入为 885.70 元/年，2006 年农村居民农业劳动人均收入增长至 1159.56 元/年。

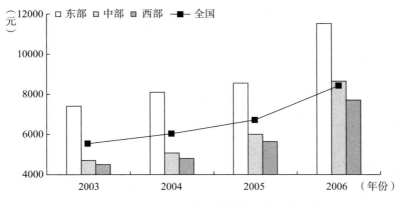

图 3-7　2003~2006 年我国农民外出从业人均收入

由于我国实行家庭联产承包责任制，人均耕地面积十分有限，农民从事农业生产获得的劳动收益也是十分有限的，农村居民外出从业收益约相当于 7 年从事农业生产的收入，而且这个比例随着经济的发展还会继续上升。在经济利益驱动之下，"弃耕务工"就成为越来越多农民的理性选择，这种趋势在我国东部经济发达地区更为显著。随着我国经济的发展，就业门路逐渐增多，加之农村城镇化步伐的加快，农民外出打工、向城镇迁移的人数不断增多，种田已不是农民的唯一选择。2003 年我国农村居民全家劳动力外出从业平均时间为 204.62 天，农村居民全家外出从业平均劳动力数为 0.87 人；至 2006 年我国农村居民全家劳动力外出从业平均时间增长至 245.00 天，农村居民全家外出从业平均劳动力数也增长至 0.99 人。

农民进城务工具有较强的乡土情结，再加上回乡投资、子女上学等因素，大多数农民工采取两栖的生活方式，将种田作为"副业"。在我国农村社会保障体制不完善的情况下，耕地对农村居民来说不仅仅是生产资料，同时还具有社会保障的功能，所以也不轻易放弃承包耕地而进城，甚至有人进城定居后，宁愿让原承包田荒芜也不处置，造成了土地资源的巨大浪费，特别是我国经济发达的地区，耕地撂荒现象更容易出现。耕地撂荒包括隐性撂荒和直接撂荒。在农业劳动投入减少的初始阶段是隐性撂荒，此时虽然也有对耕地耕作，但是耕地处于不充分利用的状态；当劳动投入继续减少，就会出现直接撂荒，也就是对耕地不耕作。由于我国自然和社会经济环境的限制性，耕地农业生产经济效益低下，严重挫伤农户对农业生产的积极性。在我国社会保障不健全和农用地市场不健全等情况下，众多农户不愿意当农民，但是又不出让土地，农户撂荒耕地的现象普遍出现，有的耕地虽然表面上没有抛荒，但是"广种薄收，重用轻养"，使地力日益衰退，造成农户隐性撂荒耕地，使整个农业产业逐渐走向萎缩，这样发展下去势必会严重影响我国土地利用结构和粮食安全。据了解，2006 年在一般城市，农民务工者和其他流动人口占城市户籍人口的比例在 20% ~ 30%，发达地区这部分人口可能是城市户籍人口的 3 ~ 4 倍。约 9000 万人实际已在城镇生活，预计到 2010 年中国将有 2 亿名农民工，将会有更多的农户选择放弃在家种田而进城务工，因此必须根据我国经济发展的趋势合理协调安排区域用地，使区域用地既要满足区域社会经济不断发展的需要，又要有利于促进其用地优化升级和保护其有限的耕地资源。

3.6.2 基于开发权转让的区域间农地非农化二次配置及其补偿机制

3.6.2.1 我国当前产业和用地空间分布存在的问题

目前我国各地经济发展自成体系，相互封锁，追求短期效益，形成地方主义，这样不仅造成区域内部恶性竞争、区域经济割据和结构趋同的局面，而且造成我国非农经济发展和用地的分散性和低效性（刘汉蓉，2004）。由于农业生产具有经济的低效率性和公共物品性质，各地都不愿意多承担本地区以外的粮食保障责任，在经济利益驱动下各地都希望争取更大的空间进行非农化建设，造成农地非农化空间布局的松散性和低效性（吴宏伟，2008）。核心地区对周围经济的拉动和空间集聚带动作用不够，各地非农建设缺乏层次性的问题在我国各地发展中普遍存在（薛志伟，2005），特别是我国耕地资源比较集中的平原地区，非农经济发展的分散性表现得更加显著。如黄淮海地区拥有我国最大的平原，该地区地势平坦，光热条件好，耕地资源丰富，是我国重要的农业经济区和粮食主产区，承担着国家粮食安全的重任，同时也是重要的非农社会经济发展区，区域内平均一个县域面积仅相当于中国平均水平的 24.87%，因此区域行政划分的细碎性对该区域建设用地空间分布的分散性影响更大，同时土地利用的分散性必然造成经济发展的低效率性。在土地、资金、劳动力三大生产要素中，只有土地具有空间不可移动的特性，区域非农用地空间分布的分散性是造成我国非农经济发展的分散性和重复性建设的重要原因，严重影响了市场对区域经济发展中其他生产要素的决定性配置作用，因此当前加强区域用地分工和集聚水平机制是我国土地管理和经济发展的重要课题之一，其中地区间的经济利益关系是区域分工协作能否实现的核心问题。

3.6.2.2　开发权转让在区域间农地非农化配置中的应用

（1）开发权转让简介。1990 年开发权转让最先应用在电气事业二氧化硫排放许可交易中，洛杉矶将开发权转让应用到生产烟雾控制行动中，并取得很好的应用效果。20 世纪 70 年代中期，美国纽约是第一个将土地开发权转让制度引入区域土地利用的地区（Arik，1997）。土地开发权转让是一种自愿的、基于市场机制的土地利用管理机制，通过将土地开发引向更适合土地发展的地区以推动保护具有高农业价值的土地、保护环境敏感区和保护战略地位的开放空间（丁成日，2008）。目前这种土地利用管理技术受到广泛的关注，越来越多的地区灵活采用土地开发权转让制度宏观调控区域土地利用，如法国（Renard，2007）、荷兰（Leonie 等，2008）等都曾经利用该技术灵活处理解决土地利用中的问题。目前中国一些学者，根据国外发展经验定性研究开发权转让制度在中国区域间耕地保护的借鉴意义（丁成日，2008）。

（2）开发权转让在区域间农地非农化配置中的设想。大量的理论和实践已经证明了产业集聚规模发展，不仅可以获取外部规模经济、提升区域经济和产业发展竞争优势、降低城市化的成本和加速我国城市化进程（赵淑玲、曹康，2005），而且还有利于集约节约用地、为区域发展拓展更多建设空间、缓解区域非农经济建设和农业生产对土地需求的矛盾。"空间集聚"将是我国未来很长时期内社会经济空间结构演变的基本趋势（陆大道，2009），地域空间的管制和规划将成为永恒的主题。土地利用效益可以获得社会、经济和生态效益，甚至可以包括心理等方面的满足感，但是非农经济发展是我国农地非农化的主要驱动力，经济效益是当前我国各地加速农地非农化的主要原因。虽然中央从2004年开始已经在全国各地启动实施了降低农业税、粮食直补、良种补贴等政策，但这是远远不够的，只要农地非农化所带来的经济收益大于农业生产的收益，在利益的驱动下还会继续加速其农地非农化进程，因此我国在进行区域土地配置的过程中必须对农业生产生态保护区进行公平合理的经济补偿才能有效地实现区域用地分工和保护农地。

为了提高区域非农经济发展的空间集聚程度，本书引入土地开发权转让制度调整区域农地非农化配置指标，将规划期间区域各地农地非农化或者新增建设用地占用农地指标进行两级分配，第一级是按照目前各级土地规划中各地农地非农化（新增建设用地占用农用地面积）分配指标进行初级分配，其所具有的显著特点是规划的刚性和公平性；第二级是基于土地开发权转让制度实现农地非农化用地指标在地区间的转移，利用建设用地空间的集聚，宏观调控区域非农经济建设的集聚水平和发展方向，加强区域内农业用地和非农建设用地分工与协作，其所具有的显著特点是规划的弹性和效率性。由于我国各地土地供需关系、土地利用强度和利用效率等都具有差异性，在我国土地供求紧张的情况下，按照市场经济配置规律，土地应向经济利用效率高和经济产出水平高的地区流动，但是由于土地还具有社会性，关系各地居民生产生活空间的质量问题，因此地区之间的土地开发权转让是部分土地开发权的转移，而非全部。根据国外的实践经验将区域建设用地空间划分为"发送区"和"接受区"两部分（丁成日，2008），开发权转让的核心是将"发送区"规划期间的部分农地非农化土地的开发权转让给"接受区"。如图3-8所示，根据规划农地非农化第一级配置，

"发送区"和"接受区"规划期间内的农地非农化用地指标分别为 2 个单位和 3 个单位，土地开发权转让以后"发送区"和"接受区"农地非农化用地指标分别为 1 个单位和 4 个单位。

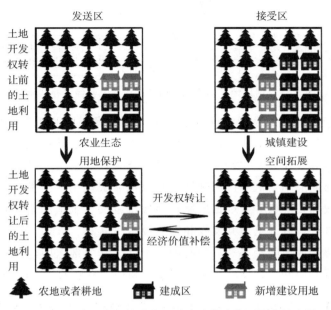

图 3 - 8　土地开发权转让在区域农地非农化配置中的应用

　　一般地，区域非农经济发展区（"接受区"）并不是在每个地方都能发展，"接受区"的空间地理范围应根据区域发展空间战略、区域经济区位和社会经济发展竞争力等划定，该区域内可以买进土地开发权，同时由于"接受区"占用了"发送区"规划期间的农地非农化用地指标和非农建设的机会，因此"接受区"向"发送区"进行经济补偿。"发送区"的空间地理范围是依据环境、生态、文化和农业发展等来确定，该地区的土地开发权可以卖出，由于农地经营生产的低效性和公共物品性质，当且仅当"发送区"获得经济补偿不低于其农地非农化的机会收益时，"发送区"和"接受区"之间的农地非农化土地开发权转让才能顺利进行，如图 3 - 9 所示。

　　将土地开发权转让制度引进区域规划期间农地非农化的空间配置，其实质就是要打破地区经济封锁，利用"地根"引导未来区域非农经济发展建设和用地扩展方向，加强区域内部农业生产和非农经济建设的分工与协作，有利于区域建设用地空间的集聚发展，有利于发挥规模效益提高区域土地集约利用水平和增强区域产业整体竞争力，同时还可以形成大面积连

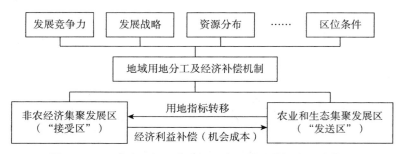

图 3-9 区域地区间用地空间二次配置及其经济补偿体系

续的农业产区，减少经济建设对农业生产的不良影响和生态环境的破坏。就土地开发权转让的适应区域范围而言，由于我国农地质量空间分布的差异性，农地非农化开发权转让易在省域内或者农业生产条件相似的地区进行。我国目前应当尝试对区域规划期间农地非农化用地指标分解设立建设土地开发权和发展权，并根据区域社会经济发展、土地利用和发展战略等需要，允许区域内部土地开发权和发展权进行转移，并通过财政支付或税收等手段协调区域间经济利益分配的公平性，其中地区间经济利益的合理分配是区域产业和用地能够实现空间集聚和规模发展的核心问题。

3.6.3 区域农地非农化土地开发权转让前后的经济模型分析

假设区域各地土地利用效率不会因其规模和时间而变化，设规划期间区域农地非农化用地指标为 S，"发送区"地区 i 和"接受区"地区 j 的用地分解系数分别为 $A_i(i=1,2,\cdots,m)$ 和 $B_j(j=1,2,\cdots,n)$，且 $\sum_{i=1}^{m}A_i+\sum_{j=1}^{n}B_j=1$，单位面积非农建设用地的经济收益率分别为 P_i 和 P_j，且单位面积耕地的农业经济收入分别为 Q_i 和 Q_j。耕地损失可以分为合理性损失和过度性损失，其中合理性损失为保障经济发展必需的耕地损失，过度性损失是指由于政府失灵严重扭曲土地价格和土地市场运行机制等因素而导致耕地配置效率损失。区域土地供求关系紧张和土地利用粗放等问题同时存在（李效顺等，2008），因此压缩"发送区"地区农地非农化用地指标，并将其开发权向"接受区"转让，设"发送区"地区 i 的过度性损失率为 α，即"发送区"地区 i 农地非农化用地指标比例压缩到原用地指标的 $1-\alpha$ 就能满足当期经济合理发展的需求，则地区 i 需要转出的农地非农化用地指标为 $\alpha \cdot A_i \cdot S$，"接受区"地区 j 的非农化用地指标为

$$\left(\sum_{i=1}^{m} A_i \cdot \alpha \Big/ \sum_{j=1}^{n} B_j + 1 \right) \cdot B_j \cdot S \text{。}$$

3.6.3.1　土地开发权转让前

"发送区"和"接受区"的土地利用经济效益分析："发送区"地区 i 农地非农化土地经营的经济效益为 $M_i = A_i \cdot P_i \cdot S$，区域"发送区"农地非农化土地经营的经济效益总量为 $M_a = \sum_{i=1}^{m} M_i$；"接受区"地区 j 农地非农化土地经营的经济效益为 $M_j = B_j \cdot P_j \cdot S$，区域"接受区"农地非农化土地经营的经济效益总量为 $M_s = \sum_{j=1}^{n} M_j$；区域"发送区"和"接受区"农地非农化土地经营的经济效益总量为 $M = M_a + M_s = \sum_{i=1}^{m} M_i + \sum_{j=1}^{n} M_j = \left(\sum_{i=1}^{m} A_i \cdot P_i + \sum_{j=1}^{n} B_j \cdot P_j \right) \cdot S$；区域农地非农化土地利用的平均经济产出率为 $P = \dfrac{M}{S} = \sum_{i=1}^{m} A_i \cdot P_i + \sum_{j=1}^{n} B_j \cdot P_j$；此时"接受区"地区 j 在土地开发权转让的农地非农化指标用地上的农业收入为 $\alpha \cdot Q_j \cdot B_j \cdot S \cdot \sum_{i=1}^{m} A_i \Big/ \sum_{j=1}^{n} B_j$。

3.6.3.2　土地开发权转让后

（1）未重新分配土地经济收入前。农地非农化土地开发权转让未重新分配土地经济收入前"发送区"和"接受区"的土地利用经济效益情况如下："发送区"地区 i 和"接受区"地区 j 农地非农化土地经营的经济效益 M_i' 和 M_j' 分别为 $P_i \cdot (1 - \alpha) \cdot A_i \cdot S$ 和 $\left(\sum_{i=1}^{m} A_i \cdot \alpha \Big/ \sum_{j=1}^{n} B_j + 1 \right) \cdot P_j \cdot B_j \cdot S$，区域"发送区"和"接受区"农地非农化土地经营的经济效益总量 $M' = \sum_{i=1}^{m} M_i' + \sum_{j=1}^{n} M_j'$，区域农地非农化土地经营的经济效益总量增加值为 $C = M' - M$，此时"发送区"地区 i 和"接受区"地区 j 的农业收入分别为 $Q_i \cdot \alpha \cdot A_i \cdot S$ 和 0。

（2）重新分配土地经济收入后。利用财政转移支付等手段调节农地非农化重新分配土地开发权转让经济收益后，区域土地经营利用的经济效益

总量为 M'，经济效益总量增加值与平均农地非农化经济产出率等都未发生变化，但是其区域内经济主体的经济利益关系发生了变化。农地非农化土地开发权转让重新分配土地经济收入后，"发送区"地区 i 仍然获得农地非农化土地开发权转让前土地经营的经济效益 M_i，"接受区"地区 j 需要向"发送区"转移支付部分土地经营收益 $Q_j = B_j \cdot \sum_{i=1}^{m} (P_i - Q_i) \cdot \alpha \cdot A_i \cdot S / \sum_{j=1}^{n} B_j$，区域"接受区"向"发送区"转移支付部分收益如图 3-10 中 B 部分；"接受区"地区 j 转移支付后的经济收益为 $M_j'' = M_j' - O_j$。

3.6.3.3 土地开发权转让前后对比分析

区域内地区间农地非农化土地开发权转让前后，转移土地利用经济产出及补偿机制为：横轴为规划期间"发送区"向"接受区"转移的农地非农化数量，纵轴为土地利用的经济产出率，那么土地利用经济收益率与转移的农地非农化数量围成的面积就相当于土地利用的经济产出量。图 3-10 中 A 和 C 部分分别为土地开发权转让前"发送区"和"接受区"转移土地上的非农经济和农业生产经济产出量，$A+B$ 和 $C+D$ 部分分别为土地开发权转让后"接受区"和"发送区"转移土地上的非农经济和农业生产经济产出量，B 和 D 部分分别为区域土地开发权转让后区域非农业和农业生产的增加量，$B-C-D$ 部分为"接受区"向"发送区"的经济补偿数量，$A-C$ 部分为"接受区"土地收益重新分配后此部分收益。

经济较发达地区农村居民外出从业收益远高于从事农业生产的收入，农民的收入对农业的依赖性不强，在经济效益的比较利益驱动下，经济较发达地区（"接受区"）农户对农业的资本投入、劳动投入、化肥施数量、土地利用程度等方面低于经济较落后地区（"发送区"），耕地直接撂荒或者耕地隐性撂荒现象更容易出现，因而将农地保护的任务向非农经济不发达地区转移更有利于集约高效农业生产和稳定粮食供应能力，图 3-10 中的 D 一般是大于 0 的。虽然说城市的建设规模并不是越大越好，超过一定的限度会造成拥挤和环境破坏等负面影响，但是我国绝大部分城市当前并没有达到这种规模状态。土地开发权转让后的土地空间配置一方面使"发送区"在农业生产和生态保护中获得了合理的经济激励，有利于调动地区保护农地和积极参与农业生产的积极性；另一方面转移的土地配置方式使

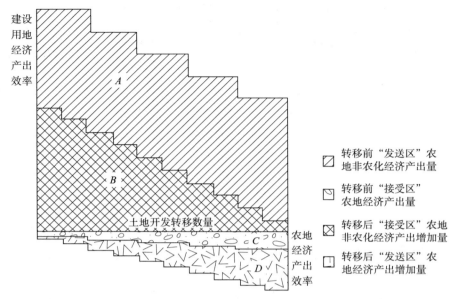

图 3 – 10　农地非农化土地开发权转让前后土地利用经济产出及其分配对比

区域农业生产和非农经济生产分别向优势发展地区集聚，有利于区域都市带和集中连片的农业区的形成，进而实现区域经济、用地优势互补和规模发展的局面。

3.6.4　案例分析

根据以上经济分析模型，下文对河南省区域内各市间新增建设用地占农用地开发权转让空间优化布局前后利益分配及土地利用效率进行对比分析。由于数据的限制，本书仅以规划基期 2005 年的数据进行静态分析。

3.6.4.1　农地非农化用地指标分解系数的确定

影响区域土地利用、建设用地指标配置的因素有很多，如地区的人口状况、经济发展速度、产业政策和发展状况、资源状况等（金晓斌等，2004）。考虑到数据的可获得性和指标体系的完备性，初步从社会经济发展规模、社会结构、运行效率和生态保障四个方面选取了 16 项指标因素（见表 3 – 21）确定各地用地配额。河南省各市建设用地分解系数根据德尔斐（Delphi）法分层次进行，各指标综合权重为准则层和相应指标层因素权重的乘积，如表 3 – 21 所示。

表 3 - 21　区域农地非农化用地指标分解的影响因素及其权重

准则层	权重	指标层	权重	综合权重
发展规模	0.29	总人口	0.17	0.0493
		固定资产投资	0.31	0.0899
		工业增加值	0.15	0.0435
		生产总值	0.37	0.1073
社会结构	0.25	第二、第三产业产值比率	0.26	0.0650
		第二、第三产业就业比率	0.31	0.0775
		城镇化率	0.24	0.0600
		经济增长率	0.19	0.0475
运转效率	0.32	人均生产总值	0.21	0.0672
		建设用地人口密度	0.32	0.1024
		单位建设用地第二、第三产业产值	0.25	0.0800
		财政收支比率	0.22	0.0704
生态保障	0.14	工业固体废物综合利用率	0.21	0.0294
		工业废水排放强度*	0.34	0.0476
		二氧化硫排放强度*	0.19	0.0266
		工业烟尘排放强度*	0.26	0.0364

*项为负效应指标，其他为正效应指标。

为统一各指标量纲与缩小指标之间的数量级差异，采用极差标准化的方法（吴克宁等，2007），对原始数据进行标准化处理，公式为（3 - 12）。

$$X'_{ij} = \begin{cases} \dfrac{X_{ij} - \min X_{\cdot j}}{\max X_{\cdot j} - \min X_{\cdot j}} & (\text{正效应}) \\[3mm] \dfrac{\max X_{\cdot j} - X_{ij}}{\max X_{\cdot j} - \min X_{\cdot j}} & (\text{负效应}) \end{cases} \qquad (3-12)$$

公式（3 - 12）中：X_{ij} 和 X'_{ij} 分别为标准化前后地区 i 影响因素指标 j 的初始值和标准化值；$\max X_{\cdot j}$ 和 $\min X_{\cdot j}$ 分别为研究区域中标准化前影响因素指标 j 的最大值和最小值，则其用地指标分解评价综合分值计算公式为（3 - 13）。

$$Z_i = \sum_{i=1}^{n_s} W_j \times X'_{ij} \qquad (3-13)$$

公式（3 - 13）中：Z_i 为区域地区 i 的综合分值；W_j 为地区 i 影响因素指标 j 的综合权重；n_0 为影响因素个数，这里为 16 个。那么规划期间内区

域地区 i 新增建设用地占农用地的分解系数公式如公式（3-14）所示。

$$K_i = Z_i \Big/ \sum_{i=1}^{n} Z_i \qquad\qquad (3-14)$$

3.6.4.2　区域农地非农化土地开发权转让前后各经济主体的利益分析

河南省气候温和，日照充足，降水丰沛，平原多、山区少，适宜于农林牧渔业发展，是我国农产品主产区之一，同时中原地区又是非农经济发展迅速的地区，更是中部崛起的重要力量。改革开放以来，全省国民经济快速增长，总量规模持续增加。2007 年全省实现生产总值 15012.46 亿元，是 1978年的 92.10 倍。根据国家发改委国土开发与地区经济研究所的研究，河南省省域内已经初步形成中原城市群格局，其地区界定包括郑州市、洛阳市、开封市、新乡市、焦作市、许昌市、平顶山市、漯河市和济源市九市（肖金成等，2007），这些地区非农经济发展条件优越，是河南省今后非农建设的重点区域，因此这些地区应该是河南省未来非农经济建设和用地比较集聚的"接受区"；安阳市、鹤壁市、濮阳市、三门峡市、南阳市、商丘市、信阳市、周口市、驻马店市等是河南省农业生产和农业用地集聚发展的地区，应是河南省规划期间农地非农化的"发送区"。根据已有的研究可知河南省耕地非农化合理性损失为 29.66%，过度损失为 70.34%（李效顺等，2008），即河南省经济发展需要规划期间农地非农化用地指标的 29.66% 能满足其社会经济发展的需要，因此按照全省的平均发展水平，"发送区"可以向"接受区"转移其用地指标的 70.34%。根据《全国土地利用总体规划纲要（2006～2020年）》，河南省 2006～2010 年新增建设用地占农业用地指标为 6.33 万公顷，按照以上经济分析模型的原理和计算公式，则河南省各地级市的农地非农化土地开发权转让前后土地利用产出利益收支状况如表 3-22 所示。

表 3-22　河南省农地非农化土地开发权转让前后各市土地利用收益
二次分配对比

单位：公顷，亿元

地市	农地非农化土地开发权转让前				农地非农化土地开发权转让后				
	非农用地	农业用地	非农产值	农业产值	非农用地	农业用地	非农产值	农业产值	转移支付
郑州	0	3252.47	0	0.37	3252.47	0	32.02	0	-12.10

续表

地市	农地非农化土地开发权转让前				农地非农化土地开发权转让后				
	非农用地	农业用地	非农产值	农业产值	非农用地	农业用地	非农产值	农业产值	转移支付
开封	0	1253.53	0	0.22	1253.53	0	3.90	0	-4.66
洛阳	0	2239.13	0	0.34	2239.13	0	17.24	0	-8.33
平顶山	0	1636.12	0	0.18	1636.12	0	7.79	0	-6.09
安阳	2617.87	0	12.21	0	0	2617.87	0	0.40	11.81
鹤壁	2353.90	0	12.95	0	0	2353.90	0	0.28	12.67
新乡	0	1584.71	0	0.18	1584.71	0	5.76	0	-5.89
焦作	0	1957.22	0	0.34	1957.22	0	15.58	0	-7.28
濮阳	1925.18	0	8.15	0	0	1925.18	0	0.25	7.90
许昌	0	1727.84	0	0.29	1727.84	0	10.62	0	-6.43
漯河	0	1490.77	0	0.25	1490.77	0	8.82	0	-5.54
三门峡	2464.69	0	15.27	0	0	2464.69	0	0.35	14.92
南阳	2318.69	0	6.58	0	0	2318.69	0	0.39	6.19
商丘	1429.53	0	2.97	0	0	1429.53	0	0.25	2.72
信阳	1233.08	0	1.94	0	0	1233.08	0	0.14	1.81
周口	1759.63	0	4.08	0	0	1759.63	0	0.28	3.80
驻马店	827.56	0	1.23	0	0	827.56	0	0.08	1.14
济源	0	1788.34	0	0.20	1788.34	0	11.09	0	-6.65
合计	16930.13	16930.13	65.38	2.37	16930.13	16930.13	112.82	2.42	-0.01

注：负号表示财政转出。

根据本小节实例分析，河南省农地非农化土地开发权转让量为 16930.13 公顷，占"发送区"新一轮建设用地占用耕地面积的 70.34%，转让后区域非农经济产出由原来的 65.38 亿元增加至 112.82 亿元，增长率为 72.56%，说明农地非农化开发权转让有利于区域土地利用产出率的增加。按照 2005 年河南省非农用地利用经济产出为 40.57 万元/公顷，相当于为了相当数量的非农经济增长而节省了 11693.38 公顷农地非农化数量。农地非农化土地开发权转让后河南省的农业生产经济产出增加 0.05 亿元，增加率为 2.29%，按照 2005 年单位农业用地经济产出率为 1.54 万元/公顷，相当于增加了 350.82 公顷土地。农地非农化转让后河南省的土地配置方式相当于净增加农地面积 12044.20 公顷，占规划期间河南省农地非农化用地指标的 19.03%。同时黄淮海地区 53 市农地开发权转让后的非农用地和农业用地经济效率分别比转让前增长了 72.55% 和 2.29%。

一般认为，土地非农化对经济发展有促进作用，但已有研究发现经济增长的周期性与耕地面积减少的周期性基本同步，两者之间无明显的超前或滞后现象（黄宁生，1998）。农地非农化土地开发权转让后，区域"发送区"虽然没有农地经营开发，但是获得与开发权转让前相同的经营收益，由于其地方政府从农业生产保护中获得了可观的经济收益，从而提高地方政府保护耕地的积极性。区域内"接受区"由于使用了"发送区"的农地开发权，因此要与"接受区"分享部分土地经营效益，经核算区域内"接受区"要向"发送区"补偿 62.97 亿元，同时转让后"接受区"各地土地经营收益均有一定程度的增加。

3.6.4.3　区域农地非农化土地开发权转让对其城市发展的影响

国家所制定的经济发展的目标中指出，到 20 世纪中叶人均国民生产总值达到中等发达国家水平，其城市化率提高到 75%，由于我国人口基数大这意味着每年平均增加约 1% 的城市化率（王荟，2005），即每年 1000 万～1200 万人口从乡村转移到城市。河南省是我国人口多和城市化率较低的地区之一，高速发展的非农经济建设对农地的压力将会更大，因此当前必须提高建设用地的利用效率。根据全国土地利用变更数据，2002 年至 2006 年新增农村居民点用地面积为 23838.93 公顷，分别仅占全国新增建设用地和城乡用地数量的 1.99% 和 2.59%，因此我国目前新增建设用地主要服务当前的城市化和经济建设。本书从第二、第三产业产值，第二、第三产业就业人数和城镇人口三方面，分析农地非农化土地开发权转让前后土地配置效率及其对区域城市发展和非农经济建设空间的支撑能力的影响。农地非农化土地开发权转让前后河南省各市土地配置效率对照分析如表 3-23 所示，农地非农化土地开发权转让后河南省非农产业实现了向"接受区"集聚，经核算其第二、第三产业产值，第二、第三产业就业人数和城镇人口增加了 47.44 亿元、2.19 万人和 6.13 万人，增长率分别为农地非农化土地开发权转让前的 13.10%、2.61%% 和 5.65%，可以看出区域农地非农化土地开发权转让有利于提高非农经济产出，增加就业岗位和城镇人口，进而促进区域的城市化进程。

表 3 - 23　河南省各市农地非农化土地开发权转让前后土地
配置效率的对比

地市	转移前					转移后				
	分解系数	耕地损失	第二、第三产业产值	第二、第三产业就业人数	城镇人口	分解系数	耕地损失	第二、第三产业产值	第二、第三产业就业人数	城镇人口
	—	(公顷)	(亿元)	(万人)	(万人)	—	(公顷)	(亿元)	(万人)	(万人)
郑州	0.13	8161.31	80.35	11.15	19.58	0.18	11413.77	112.37	15.60	27.38
开封	0.03	2076.66	6.46	2.27	3.51	0.05	3330.18	10.35	3.63	5.63
洛阳	0.09	5756.19	44.31	9.11	10.79	0.13	7995.32	61.55	12.66	14.98
平顶山	0.06	3641.92	17.33	4.52	6.05	0.08	5278.04	25.11	6.55	8.77
安阳	0.06	3721.73	17.36	5.78	6.42	0.02	1103.87	5.15	1.72	1.90
鹤壁	0.05	3346.46	18.41	5.05	7.35	0.02	992.56	5.46	1.50	2.18
新乡	0.05	3186.51	11.59	3.25	4.72	0.08	4771.22	17.36	4.87	7.07
焦作	0.08	4910.78	39.10	7.09	10.17	0.11	6868.00	54.69	9.91	14.22
濮阳	0.04	2736.96	11.58	3.22	3.71	0.01	811.78	3.44	0.95	1.10
许昌	0.06	4020.80	24.71	6.58	7.04	0.09	5748.64	35.33	9.41	10.07
漯河	0.05	3474.34	20.56	5.52	6.23	0.08	4965.11	29.38	7.89	8.91
三门峡	0.06	3503.96	21.71	4.05	6.26	0.02	1039.27	6.44	1.20	1.86
南阳	0.05	3296.40	9.36	3.24	3.88	0.02	977.71	2.78	0.96	1.15
商丘	0.03	2032.32	4.22	2.05	2.41	0.01	602.78	1.25	0.61	0.72
信阳	0.03	1753.02	2.76	1.51	1.67	0.01	519.95	0.82	0.45	0.49
周口	0.04	2501.61	5.80	3.86	3.02	0.01	741.98	1.72	1.15	0.90
驻马店	0.02	1176.52	1.74	1.07	0.82	0.01	348.96	0.52	0.32	0.24
济源	0.06	4002.52	24.82	4.83	4.92	0.09	5790.86	35.91	6.98	7.11
合计	1.00	63300.01	362.17	84.15	108.55	1.00	63300.00	409.63	86.36	114.68

本书通过经济模型，并以河南省为例，分析论证土地开发权转让制度在区域内地区间农地非农化空间配置和经济收益分配的可行性，研究结果表明该做法不仅增加了区域的经济产出，提高了建设用地的承载功能，实现了土地生产要素在空间上的集聚发展模式，而且其经济收益分配方式也体现了对不同利益主体进行土地资源配置的公平性。同时，土地开发权空间转让后的土地配置方式对于提高区域经济发展竞争力和凝聚力、增强土地规划的弹性、促进土地集约利用、减缓我国土地供求矛盾和减少建设用

地对农地的分割等不利影响方面均具有一定的研究意义。土地配置是一个系统工程，涉及户籍管理和养老保障等方方面面的问题，因此要加强区域土地利用与其他管理之间的协调，进而提高区域内部地区间农地非农化土地开发权转让的可实施性。

3.7　小结

由于土地的特殊属性，土地和金融一样成为参与社会经济宏观调控的两大重要手段。本书通过利用洛伦兹曲线和基尼系数方法定量研究黄淮海地区的土地集聚利用状况，并根据点－轴开发理论构建黄淮海地区土地利用空间集聚发展战略模式。研究的主要结论如下。

（1）由于自然、历史、经济效益、发展战略、行政划分和所处发展阶段等原因，黄淮海地区土地利用空间的分散性十分严重，根据世界上地少人多的国家和地区的发展经验，黄淮海地区产业发展进入集聚发展阶段。相对黄淮海各地区产业发展的经济投入和产出而言，其建设用地和人口数量空间分布比较分散，同时由于土地空间位置的固定性，其建设用地的分散性是阻碍区域产业集聚发展的重要因素。

（2）黄淮海地区的社会经济已经初步表现出四个社会经济集聚增长区，分别是京津冀经济区、山东半岛经济区、中原经济区和苏皖北部经济区。同时依据点－轴开发理论和区域的主要交通要道陇海线、京广线、青石线和京沪线构建区域非农经济发展集聚带，进而区域非农产业呈现"两横三纵四心"模式，其他地区为黄淮海地区农业和生态集聚区。

（3）本章借鉴国外对土地开发权转让制度的研究，探讨此种制度在我国区域内地区间农地非农化空间配置实现土地生产要素空间集聚的可行性，并利用经济模型和案例分析土地开发权转让以后区域农业和非农业地区的经济收入的分配问题，经分析土地开发权转让以后不仅有利于农业和非农产业空间的集聚发展，而且有利于按照区域产业发展的优势分配资源。经分析黄淮海地区53市农地开发权转让后的非农用地和农业用地经济效益分别比转移前增长了72.55%和2.29%。农地在空间上向非农经济发展比较落后地区集聚，一方面由于经济落后地区农民对农业收入的依赖性较强，有利于农业的精耕细作和农业生产效率提高；另一方面集聚可以产生规模经济效应，降低农业生产成本。同时非农业经济产出也有较大增长，意味着为了相同的社会经济增长，非农经济建设用地效率的提高有利于减少其对农地的占用，进而有利于保护农地，经案例分析，集聚发展模式下可以节约农地非农化用地指标的 19.03%。

（4）本章研究黄淮海地区农地空间效率机制，研究实质就是加强区域内部农业生产和非农经济建设的分工与协作，以增强区域产业竞争力，提高建设用地集约利用水平以减少非农经济建设对农地的占用，同时农业产业的集聚也有利于农区降低生产成本，提高农民生产积极性，形成大面积的农业产区，减少经济建设对农业生产的不良影响和对生态环境的破坏。

第四章　黄淮海地区农业结构效率研究

农地的产出不仅包括籽粒等能被人类直接利用的农产品，而且其秸秆等也是宝贵的可再生资源。中华民族是一个十分节俭的民族，其籽粒部分的利用效率非常高，但是其秸秆部分的利用状况不是很理想，特别是近年来随着农业现代化的不断推进，农地产出秸秆相当部分以被焚烧或直接还田等方式处置而未被充分利用，实际上就是对农地资源的一种浪费，也是造成农地效率低下的一个重要因素。黄淮海地区耕地资源丰富，其草场资源较为贫乏，农牧业的结合不仅可以弥补当地草地资源稀缺的劣势，而且可以延长其农业产业链，促进农业增产增收和农业生产效率的提高。

4.1　黄淮海地区农业结构概述

黄淮海地区地势平坦，农地资源丰富，是我国重要的粮食生产基地，区域的土地面积仅占全国的 3.93%，而 2006 年区域农作物总播种面积却占到全国总量的 21.37%，粮食产量占到全国总量的 26.15%，同时黄淮海地区畜牧养殖业也相当发达，2006 年其肉类产品总产量达 1967.70 万吨，在全国九大农区中黄淮海地区的肉类产品产量最高，占到全国肉类总量的 33.29%，黄淮海地区肉类产量与其他农区产量的对比如图 4 - 1 所示。

2000 ~ 2006 年黄淮海地区肉类产量呈缓慢增长趋势，至 2006 年增长至 1967.70 万吨，而且黄淮海地区肉类产量在全国所占的比重增长后又出现一定的下降，到 2006 年下降到 24.44%，较 2005 年下降了 0.5 个百分点，如表 4 - 1 所示。随着全国农业产业结构调整步伐的加快，黄淮海地区畜牧业必然得到长足的发展，肉类产量在全国肉类总产量中占有重要地位，但由于受其农业资源条件的限制，黄淮海地区牧业生产受到一定的限制。

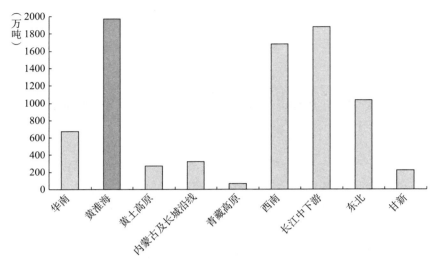

图 4 - 1   2006 年全国九大农区肉类产品产量对比

表 4 - 1   2000 ~ 2006 年黄淮海地区粮食和肉类产量与全国对照

单位：万吨，%

	年份	2000	2001	2002	2003	2004	2005	2006
粮食	产量	46217. 52	45263. 67	45705. 75	43069. 53	46946. 95	48402. 19	49804. 23
	占全国百分比	23. 88	24. 46	22. 98	21. 40	23. 56	24. 50	26. 15
肉类	产量	1399. 50	1485. 50	1579	1693. 46	1807. 20	1931. 61	1967. 70
	占全国百分比	22. 85	23. 45	23. 97	24. 43	24. 94	24. 95	24. 44

　　该地区水资源缺乏，耕地资源相对比较丰富，林地和水面面积都不大，据全国土地变更调查数据，2005 年黄淮海地区 53 市耕地面积、林地、牧草地和养殖水面面积分别为 2534. 18 万公顷、492. 12 万公顷、7. 75 万公顷、8. 57 万公顷，耕地面积占上述四种地类的 83. 29%。虽然该区域的牧草地面积不大，但是畜牧业相当发达，《中国农村统计年鉴》2006 年数据显示，黄淮海地区的种植业、林业、牧业和渔业的增加值分别为 3257 亿元、120 亿元、1458 亿元和 348 亿元，农林牧渔业所占的比重如图 4 - 2 所示。2006 年种植业和牧业的增长值分别占区域农林牧渔业总增加值的 62. 84% 和 28. 13%，共计 90. 97%；同时区域中林业和渔业产值比较稳定，但是其种植业和牧业产值的比重变化较大，其中牧业所占农林牧渔业总增加值的比重由 2000 年的 22. 49% 增加到 2006 年的 28. 13%，而种植业的比

重则由 2000 年的 67.77% 下降到 62.84%，由此不仅可以看出种植业和牧业在农业生产中占有绝对地位，而且可以分析得到区域的畜牧养殖业增长迅速，因此本书仅以种植业与畜牧养殖业说明区域大农业结构调整对农地生产效率的影响。

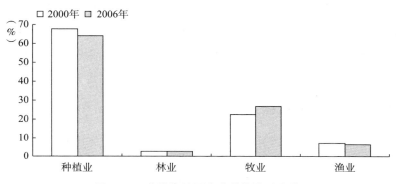

图 4 - 2　黄淮海地区农业结构比重变化

　　分析 2000 年黄淮海地区及全国农林牧渔业总产值结构组成，可知在黄淮海地区农林牧渔业总产值中，种植业占比相当大，高达 67.77%，牧业为 22.49%，农牧之比为 3.01∶1，而全国种植业占 52.27%，牧业为 33.09%，农牧之比为 1.58∶1，可见黄淮海地区农林牧渔业结构与全国相比，还是显得不够合理，特别是其农牧结构不协调，没有发挥资源区位优势。现有的农业产业结构不适应现代农业的发展要求，特别是我国加入 WTO 后农业生产所要求的农业产业结构升级，以致影响整体农业生产效益。黄淮海地区土地类别比较单一，畜草资源紧张，作物秸秆自然成为养殖业发展的重要饲料来源，同时由于我国居民食品消费中粮食的消费还是占有重要地位，我国的农业综合生产模式不能像国外那样在作物成熟前将作物秸秆和籽粒一起收获作为饲料，因此其秸秆的利用必须在作物成熟后进一步转化。下面首先分析一下我国居民食品消费中牧业的需求状况。

4.2　居民食品消费变化对农业生产模式的转变

　　美国《生物能源文摘》杂志在 2008 年 5 月 1 日公布的一份研究报告称"中国人肉类食品消费数量的增长是造成世界粮食紧张的主因"，其证据是中国目前人均年消费肉类 53 千克，是 1995 年的 1.12 倍，由此需要增加饲料粮近两亿吨，照此进度，会在 2010 年使世界粮食库存枯竭（Lohmar 等，2008）。这是继 1995 年布朗在《谁来养活中国》报告后探索中国居民食物消费对全球粮食供应的影响的又一研究。长期以来，中国政府一直坚持依靠自己的土地和生产的粮食养活 13 亿中国人，包括饲料在内自给化程度相当高，对国际粮食供需影响不大。随着经济持续增长和人民生活水平的提高，未来中国人的肉类食品消费量还将不断上升，中国解决占世界 1/5 人口的粮食问题靠的是自己，但中国在将来是否能完全依靠自己解决国人肉类食品消费的问题成为世界关注的焦点。

4.2.1　食品消费概念的变迁

联合国食物与农业组织的多种研究报告指出，"食物安全"是一个弹性概念，其定义多达 200 种，如果要使食物安全概念具有政策意义，则需要恰当界定。国际上有代表性的食物安全概念的演变有如下几种。

（1）食物安全的概念最早是 20 世纪 70 年代中期由联合国粮食与农业组织（FAO）提出的。其定义为"保证任何人在任何时候都能得到为了生存和健康所需要的足够食品"（朱晓峰，2002）。

（2）1996 年《世界粮食安全罗马宣言》和《世界粮食首脑会议行动计划》重申："只有当所有人在任何时候都能够在物质和经济上获得足够、安全和富有营养的食物来满足其积极和健康生活的膳食需要及食物喜好。"（李哲敏，2003）

（3）联合国食物与农业组织 2001 年在《食物不安全状况》的定义是"食物安全是这样一种存在状态，即在任何时间，所有的人从物质、社会、经济的途径获得足够、无害、营养的食物，以满足积极、健康生活所需的食物需要与食物偏好时，才实现了食物安全"。

上述三种定义，反映了在不同时期国际上对"食物安全"概念的不同认识。其中最值得注意的是，随着时间的不断推进和社会经济的综合发展，食物安全的概念是不断变化的，食物安全的要求也在不断提升，逐渐由保障基本食物消费转变为以营养、健康和食物偏好为前提的较高水平的食物消费。

众所周知，食物是一切能吃并能提供人体所需营养的各种动植物产品、养料和滋补品等，粮食是食物的一部分。但中国学界讨论粮食与食物问题，一般是将二者相互替代使用，即吃饭问题＝粮食问题。曾经有专家注意到，英文"Food and Agriculture Organization of the United Nations"（FAO）被译为"联合国粮食与农业组织"（简称"联合国粮农组织"）是不准确的，正确翻译应当是"联合国食物与农业组织"。这一字之差的误译，看似无足轻重，其负面影响却十分严重，导致中国的学者常常以"粮食安全"替代"食物安全"，或者将食物问题简化为粮食问题。以粮食问题代替吃饭问题，限制了人们的眼界，对食物的学术和政策研究产生严重的误导，对国内讨论中国粮食政策与食物安全问题带来重大混乱，当出现粮食价格较大幅度地上升或产量有所减少的时候，人们往往认为是食物安全受到威胁，即将出现短缺，事实上却并不一定如此。但是究竟什么是"粮食安全"，未见详细讨论分析，因而对中国粮食安全状况的判断、论点大多缺乏科学的分析基础，得出的结论常常似是而非。在我国刚成立不久，物质文明不发达的时代，居民农业生产以生产口粮为主，粮食可以约等于食物，但是经过二十余年的市场经济建设，物质文明建设已经拥有相当深厚的基础，居民食物的范畴远远高于粮食。因此我国现在所谓的食物安全，应当是指满足人们生活的膳食和喜好的需要。

由于中国耕地资源的稀缺性和世界粮食贸易量的有限性，中国居民的食物安全必须依靠自己，目前许多学者认为秸秆饲料是缓解未来中国农产品供需矛盾和节粮路线的主要方面（林艳兴、罗宇凡，2008；朱晓峰，2002），但是目前该方面的研究只是定性说明，没有定量研究秸秆饲料发展畜牧业的潜力。目前许多学者认为饲料和工业是未来我国农产品需求增加的主要方面，一方面由于饲料用粮在粮食需求中所占比例高，另一方面饲料用粮对农产品的依赖比起工业用粮具有弱替代性。因此本书仅以食物营养为基础，探索我国种植业综合生物量生产潜力对解决我国居民食品消费安全的保障能力。

4.2.2　能值分析理论简介

能值分析理论是由美国著名生态学家、系统能量分析先驱 Odum 教授于 20 世纪 80 年代综合系统生态、能量生态和生态经济原理创立的。能值（Emergy）的英文拼写带有字母"M"与能量不同，是一种新的科学概念和度量单位，其定义为：某种流动或贮存的能量所包含的另一能量的数量，称为该能量的能值，或者说能值就是直接或间接用于形成资源、产品或劳务的某种类型能量之量（杨丙山，2006），通常以太阳能值衡量某一能量或物质的能值，任何能量包含太阳能之量，即为该能量的能值，单位为太阳能焦耳（Solar Emergy），英文缩写为 Sej。

能值理论与分析方法是一种新的环境——经济价值论和系统分析方法，涉及的学科面广，不仅涉及系统生态学、能量学、资源学、环境学、系统学、地球科学等自然科学，同时涉及经济学和社会学等人文学科（沈善瑞等，2004）。能值被认为是联结生态学和经济学的桥梁，在实际应用中，能值分析方法克服了传统经济学与能量分析方法无法在统一尺度上对不同类别、不同等级的资源进行量化计算的缺陷（隋春花等，1999），以同一种能量类别单位来分析系统中能量流动或存储的不同类别，以及在该系统中的贡献，从而分析该系统的运行效率。我国于 20 世纪 90 年代初由留美学者蓝盛芳引入能值理论，开展了国家与地区、农业、自然保护区和城市方面的能值分析和理论方法研究。目前在广州（叶正，2001；隋春花、蓝盛芳，2001）、南京（舒帮荣等，2007）和北京（周连第等，2006）等地的大学和科研单位均进行有关研究。由于农副食品种类的多样性，本书以能量和能值理论为基础分析中国居民食品消费结构的变化对中国农业生产模式转变的需求。

4.2.3　我国居民食品消费变化分析

随着消费品市场的日益繁荣和消费环境的不断改善，中国城乡居民生活质量有了明显的提高，主要表现在高品质、高能量的食品消费增加和膳食营养合理改善。为了统一量化不同类别的食品，本书采用能值分析方法研究 1983 年至 2006 年中国居民食品消费结构的变化趋势。基础数据来源于《2007 中国农业发展报告》和全国农业统计提要，中国居民家庭食品消费总能值依据各种食物的能量换转率（隋春花等，1999）和能值转换率（蓝盛芳等，2002）核算得到，如表 4 - 2 所示。

表 4 - 2　主要农作物能量和能值换转率

食物名称	能量换转率（J·t^{-1}）	能值换转率（Sej·J^{-1}）	食物名称	能量换转率（J·t^{-1}）	能值换转率（Sej·J^{-1}）
粮食	1.62×10^{10}	8.30×10^{4}	猪、牛、羊肉	9.21×10^{9}	2.00×10^{6}
蔬菜	2.46×10^{9}	2.70×10^{4}	家禽	5.50×10^{9}	2.00×10^{6}
水果	2.65×10^{9}	5.30×10^{4}	水产品	5.50×10^{9}	2.00×10^{6}
食油	3.86×10^{10}	6.90×10^{5}	奶类	2.00×10^{9}	1.71×10^{6}

　　按照其计算规则进行换算，由于缺乏地区数据，这里以我国居民食品消费结构趋势反映居民消费结构演变对农业生产结构的影响，1983 年至2006 年中国居民食品消费能值核算结果如表 4 - 3 所示。

表 4 - 3　1983 ~ 2006 年中国居民食品消费能值核算

单位：Sej

年份	粮食	蔬菜	水果	食油	猪、牛、羊肉	家禽	水产品	奶类
1983	3.26×10^{23}	9.47×10^{21}	1.33×10^{21}	1.15×10^{23}	2.30×10^{23}	1.36×10^{22}	3.38×10^{22}	7.59×10^{21}
1984	3.34×10^{23}	9.85×10^{21}	1.38×10^{21}	1.30×10^{23}	2.45×10^{23}	1.59×10^{22}	3.60×10^{22}	8.88×10^{21}
1985	3.25×10^{23}	9.44×10^{21}	1.63×10^{21}	1.25×10^{23}	2.50×10^{23}	1.81×10^{22}	3.41×10^{22}	9.90×10^{21}
1986	3.31×10^{23}	9.82×10^{21}	1.89×10^{21}	1.34×10^{23}	2.81×10^{23}	2.10×10^{22}	4.04×10^{22}	1.14×10^{22}
1987	3.34×10^{23}	9.67×10^{21}	2.34×10^{21}	1.49×10^{23}	2.87×10^{23}	2.07×10^{22}	4.16×10^{22}	1.30×10^{22}
1988	3.41×10^{23}	9.91×10^{21}	2.34×10^{21}	1.55×10^{23}	2.67×10^{23}	2.39×10^{22}	3.96×10^{22}	1.43×10^{22}
1989	3.46×10^{23}	1.02×10^{22}	2.57×10^{21}	1.55×10^{23}	2.79×10^{23}	2.36×10^{22}	4.39×10^{22}	1.49×10^{22}
1990	3.50×10^{23}	1.03×10^{22}	2.63×10^{21}	1.67×10^{23}	2.97×10^{23}	2.30×10^{22}	4.53×10^{22}	1.62×10^{22}
1991	3.44×10^{23}	9.88×10^{21}	3.06×10^{21}	1.85×10^{23}	3.17×10^{23}	2.76×10^{22}	4.81×10^{22}	1.79×10^{22}
1992	3.35×10^{23}	9.96×10^{21}	3.43×10^{21}	1.89×10^{23}	3.12×10^{23}	3.19×10^{22}	5.00×10^{22}	1.93×10^{22}
1993	3.33×10^{23}	8.75×10^{21}	4.23×10^{21}	1.92×10^{23}	3.10×10^{23}	2.87×10^{22}	5.25×10^{22}	1.93×10^{22}
1994	3.44×10^{23}	8.95×10^{21}	4.92×10^{21}	1.99×10^{23}	3.01×10^{23}	3.10×10^{22}	6.02×10^{22}	2.08×10^{22}
1995	3.46×10^{23}	8.74×10^{21}	5.92×10^{21}	2.04×10^{23}	3.07×10^{23}	3.25×10^{22}	6.77×10^{22}	2.30×10^{22}
1996	3.41×10^{23}	8.94×10^{21}	6.53×10^{21}	2.14×10^{23}	3.26×10^{23}	3.98×10^{22}	7.28×10^{22}	2.52×10^{22}
1997	3.31×10^{23}	9.01×10^{21}	7.15×10^{21}	2.20×10^{23}	3.35×10^{23}	5.04×10^{22}	7.18×10^{22}	2.33×10^{22}
1998	3.28×10^{23}	9.16×10^{21}	7.66×10^{21}	2.21×10^{23}	3.49×10^{23}	4.89×10^{22}	7.78×10^{22}	2.55×10^{22}
1999	3.23×10^{23}	9.27×10^{21}	8.76×10^{21}	2.26×10^{23}	3.71×10^{23}	4.61×10^{22}	8.39×10^{22}	2.76×10^{22}
2000	3.22×10^{23}	9.51×10^{21}	8.74×10^{21}	2.53×10^{23}	3.87×10^{23}	6.32×10^{22}	9.38×10^{22}	3.14×10^{22}
2001	3.07×10^{23}	9.48×10^{21}	9.35×10^{21}	2.53×10^{23}	3.82×10^{23}	6.37×10^{22}	1.01×10^{23}	3.84×10^{22}
2002	3.02×10^{23}	9.61×10^{21}	2.02×10^{22}	2.70×10^{23}	4.30×10^{23}	7.58×10^{22}	1.11×10^{23}	4.79×10^{22}
2003	2.86×10^{23}	9.60×10^{21}	2.04×10^{22}	2.57×10^{23}	4.41×10^{23}	8.01×10^{22}	1.17×10^{23}	6.32×10^{22}
2004	2.80×10^{23}	9.77×10^{21}	2.15×10^{22}	2.41×10^{23}	4.35×10^{23}	7.60×10^{22}	1.12×10^{23}	8.10×10^{22}
2005	2.67×10^{23}	9.49×10^{21}	2.26×10^{22}	2.59×10^{23}	4.82×10^{23}	8.60×10^{22}	1.18×10^{23}	9.80×10^{22}
2006	2.63×10^{23}	9.43×10^{21}	2.42×10^{22}	2.59×10^{23}	4.84×10^{23}	8.12×10^{22}	1.23×10^{23}	1.13×10^{23}

　　为了研究中国居民的食品消费及其生产投入结构变化，本书依据生态

学中生物吸取外界物质和能量制造有机物质的来源不同，而将中国居民食品消费总能值划分为来源于动物性消费食品的能值和直接来源于植物性消费食品的能值两类，其中植物性消费食品包括粮食、蔬菜、水果和食油，动物性消费食品包括猪、牛、羊肉，家禽，水产品和奶类，经核算 1983 ~ 2006 年中国居民食品消费来源能值变化如图 4 - 3 所示。

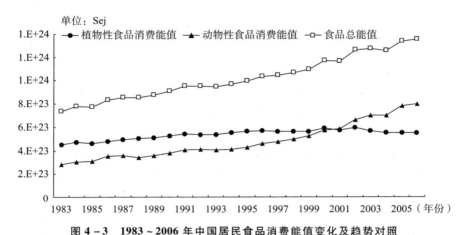

图 4 - 3　1983 ~ 2006 年中国居民食品消费能值变化及趋势对照

注：食品总能值 = 动物性食品能值 + 植物性食品能值，此表是能值表格的规范样式，图中 E 是科学记数法的一种计量方式。

由表 4 - 3 和图 4 - 3 可知，中国居民食品消费能值有以下三个特点。

4.2.3.1　植物性食品消费能值先增加后降低

植物性食品消费的数量受多方面因素的影响，其中收入水平是影响居民食品消费的重要因素。随着居民收入的提高，其消费量会急剧增加。当居民收入达到一定水平后，居民对肉蛋奶食品消费量的增加替代了部分植物性食品导致其消费量下降，特别是口粮消费。据《中国农业发展报告 2006》统计，中国 1983 年农村居民的口粮和蔬菜消费量分别为 260.00 千克/人和 131.00 千克/人，2006 年分别下降至 205.62 千克/人和 100.53 千克/人，消费量分别下降了 54.38 千克/人和 30.47 千克/人，其下降率分别为 20.92% 和 23.26%；1983 年中国城市居民的口粮和蔬菜消费量分别为 144.48 千克/人和 165.00 千克/人，2006 年分别下降至 75.90 千克/人和 117.60 千克/人，消费量分别下降了 68.58 千克/人和 47.40 千克/人，其下降率分别为 47.47% 和 28.73%；2006 年城市居民的口粮和蔬菜消费量的下降率分别是农村居民的

2. 27 倍和 1. 24 倍；植物油消费量有所增长，但是涨幅不大。1983 年至 2006 年中国植物性食品消费能值呈现先增加后降低的趋势，1983 年为 4. 51 × 10^{23} Sej，至 2002 年增长至最高点，其能值为 6. 02 × 10^{23} Sej，之后其能值持续下降，至 2006 年下降至 5. 56 × 10^{23} Sej。虽然近年来中国植物性食品消费能值有减少的趋势，但是其变化趋势比较缓和，由于生活习惯和中国的特殊国情，在相当长的时间内植物性食品消费仍然是中国居民食品消费的重要部分。

4.2.3.2　动物性食品消费能值增加迅速

据《中国统计年鉴 2004》，2003 年人均 GDP 成功跨越 1000 美元大关。国际经验显示，人均 GDP 跨越 1000 美元后，消费结构将急剧变化，吃穿住用行全面升级（吴林海、郭娟，2010）。在吃的方面，更多地关注营养问题，既要吃"饱"（防止营养摄入不足）也要吃"好"（合理膳食，平衡营养）将是食品消费升级的必然趋势，消费者对营养产品的需求将不断增加，营养产业显示出广阔的市场前景和巨大的增长潜力。随着中国经济的发展和物质文明的建设，中国居民的食品结构发生很大变化，居民的动物性食品消费变化更大。据《中国农业发展报告 2006》，1983 年中国农村居民的猪、牛、羊肉，家禽和水产品消费量分别为 9. 97 千克/人、0. 82 千克/人和 1. 57 千克/人，2006 年分别增长至 17. 03 千克/人、3. 51 千克/人和 5. 01 千克/人，其增长率分别为 70. 81%、328. 05% 和 219. 11%；1983 年中国城市居民的猪、牛、羊肉，家禽，水产品消费量分别为 19. 86 千克/人、2. 58 千克/人和 8. 10 千克/人，2006 年其消费量分别增长至 23. 80 千克/人、8. 30 千克/人和 13. 00 千克/人，其增长率分别为 19. 84%、221. 71% 和 60. 49%。而且农村居民的动物性食品消费能值增长更加迅速。中国城乡居民的动物性食品消费差距比较大，2006 年城市居民人均猪、牛、羊肉，家禽，水产品消费量分别是乡村的 1. 40 倍、2. 36 倍、2. 59 倍。中国农村人口数量巨大，因此随着中国经济的发展，中国对动物性食品消费需求将继续增加。中国居民的动物性食品能值消费也由 1983 年的 2. 85 × 10^{23} Sej 增长到 2006 年的 8. 02 × 10^{23} Sej，增长了 1. 81 倍，并且近期其增长趋势更加明显。

4.2.3.3　食品消费总能值呈刚性增长

中国居民食品消费总能值呈刚性增长态势，食品消费能值总量由 1983

年的 7.36×10^{23} Sej 增长到 2006 年的 1.36×10^{24} Sej，23 年间该值在能值数量上增长了 0.85 倍。虽然中国当前城乡居民消费食品结构中植物性食品的数量远远高于动物性食品数量（这里指质量或者能量），但是从能量方面看，中国对动物性食品和植物性食品的消费关系却发生了较大的变化。2001 年之前，中国居民动物性食品能值消费小于植物性食品能值消费，自 2001 年起中国居民动物性食品消费能值已经超过植物性食品消费能值，至 2006 年，动物性食品和植物性食品消费能值分别为 8.02×10^{23} Sej 和 5.56×10^{23} Sej，动物性食品的消费能值是植物性食品的 1.44 倍。就动物性食品内部而言，1983～2006 年猪、牛、羊肉，家禽，水产品和奶类的消费能值分别增加了 2.54×10^{23} Sej、6.76×10^{22} Sej、8.92×10^{22} Sej 和 1.05×10^{23} Sej，各类别食物 2006 年的消费能值分别是 1983 年的 2.10 倍、5.97 倍、3.64 倍和 14.89 倍。说明随着中国居民生活水平的提高，居民食品消费正向高热量、高脂肪和高蛋白质性食品方向转变，中国的农业生产也由过去以口粮生产为主的生产模式向以食物营养为基础的农业生物量生产模式方向转变。

4.3　我国主要作物秸秆资源时空变化规律

基于国际农产品供应能力的限制和中国的经济发展战略，中国必须依靠自己保障其食物安全。中国人地矛盾突出，耕地资源更为有限，人均耕地为 0.093 公顷，不足世界人均耕地面积的 40%（渠俊峰等，2007）。中国中低产田 10047.8 万公顷，约占全国耕地总面积的 71.3%（蒋满元、唐玉斌，2007），而且随着中国城市化和工业化建设步伐的加快，中国的土地供需矛盾将更加突出，当前有限的农业资源面临的形势将更加严峻。2006 年中国粮食进口量为 3186 万吨，是 2000 年的 2.35 倍，当年净进口粮食 2463 万吨，而且随着人口的增加、居民生活水平的提高和经济的发展，中国进口粮食的数量也会逐年增加，据专家估计中国到 2030 年人口数量达到顶峰，粮食净进口将达 4000 万～8000 万吨，占目前商品粮总量的 36%～73%，粮食供需缺口较大。综上所述，在农业生产科学技术一定的情况下，中国耕地资源的禀赋和居民食品消费的刚性增长要求中国农业由过去传统的口粮生产为主保障粮食安全的农业生产模式要向以食物营养为基础的保障居民食物安全的农业生物量综合生产模式转变。中国的纤维素资源非常丰富，每年有 10 亿吨纤维素物质产生（包括秸秆、林业采伐剩余物等），其中农作物秸秆的产量达 7 亿吨（房兴堂等，2007），农作物吸收的养分及光合作用的产物有一半左右存于秸秆中，秸秆和籽粒一样都是具有多种用途的可利用再生资源，目前作物秸秆作为家畜饲料是国内外对其资源化高效利用的重要途径之一。

4.3.1　主要作物秸秆资源的时间变化

根据 2001 年至 2006 年中国主要作物农产品产量、各作物草谷比（张培栋等，2007）和其能量转换率（叶正，2001）计算其秸秆能量，计算结果如表 4-4 所示。

表 4-4　2001~2006 年中国主要农作物秸秆能量核算

单位：J

作物种类	稻谷秸	小麦秸	玉米秸	豆类秸	薯类秸
草谷比	0.623	1.366	2.000	1.500	0.500
能量转换率（J·Kg^{-1}）	1.41×10^7	1.48×10^7	1.44×10^7	1.51×10^7	1.41×10^7
2001 年	1.55×10^{18}	1.89×10^{18}	3.28×10^{18}	4.64×10^{17}	2.51×10^{17}
2002 年	1.53×10^{18}	1.82×10^{18}	3.48×10^{18}	5.07×10^{17}	2.58×10^{17}
2003 年	1.41×10^{18}	1.75×10^{18}	3.33×10^{18}	4.81×10^{17}	2.47×10^{17}
2004 年	1.57×10^{18}	1.86×10^{18}	3.74×10^{18}	5.05×10^{17}	2.51×10^{17}
2005 年	1.58×10^{18}	1.97×10^{18}	4.00×10^{18}	4.88×10^{17}	2.44×10^{17}
2006 年	1.60×10^{18}	2.11×10^{18}	4.18×10^{18}	4.76×10^{17}	2.40×10^{17}
作物种类	其他粮食秸	棉花秸	油料秸	甘蔗秸	甜菜秸
草谷比	1.500	3.000	2.000	0.100	0.100
能量转换率（J·Kg^{-1}）	1.45×10^7	1.45×10^7	1.41×10^7	2.80×10^6	2.80×10^6
2001 年	2.38×10^{17}	2.32×10^{17}	8.10×10^{17}	2.12×10^{16}	3.05×10^{15}
2002 年	2.58×10^{17}	2.14×10^{17}	8.19×10^{17}	2.52×10^{16}	3.59×10^{15}
2003 年	2.46×10^{17}	2.12×10^{17}	7.95×10^{17}	2.52×10^{16}	1.73×10^{15}
2004 年	2.23×10^{17}	2.75×10^{17}	8.67×10^{17}	2.51×10^{16}	1.64×10^{15}
2005 年	2.26×10^{17}	2.49×10^{17}	8.70×10^{17}	2.42×10^{16}	2.20×10^{15}
2006 年	2.14×10^{17}	2.94×10^{17}	8.65×10^{17}	2.79×10^{16}	2.95×10^{15}

经表 4-4 核算可知我国秸秆不仅资源能量丰富而且增速较快，2001年我国秸秆资源能量为 8.74×10^{18} J，如果按照粮食的能量转换率为 1.38×10^7 J/kg 进行计算，其秸秆能量相当于 63333.33 万吨粮食，是同年全国粮

食产量的 1.40 倍，2001 年我国粮食的单位面积产量为 4266.93kg/公顷，以此数据进行计算，可以发现当年全国的秸秆能量相当于增加了 14843 万公顷耕地；及至 2006 年，秸秆资源总能量增长到 1.00×10^9 J，其能量相当于 72463.77 万吨粮食，是 2001 年的 1.14 倍，是当年全国粮食产量的 1.50 倍，可以得出我国的秸秆资源不仅数量巨大，而且其增长潜力也有很大的空间。就秸秆资源的内部结构而言，在各种秸秆资源中，稻谷秸秆、小麦秸秆和玉米秸秆占秸秆能量利用潜力总量的大部分，从 2001～2006 年，维持在 76.89%～78.82%，其能量相当于 48695.65 万～57173.91 万吨粮食，相当于同时期全国粮食产量的 1.08～1.15 倍。在对以后秸秆资源进行加工利用的过程中，对这几种秸秆应加大开发的力度，以充分发挥其节粮潜力。2003 年之前，农产品市场价格的低迷，导致农民从事农业生产的积极性降低，秸秆资源能量增幅缓慢，2003～2004 年个别秸秆能量甚至出现下降现象，如甘蔗秸、甜菜秸和其他粮食秸分别下降了 1×10^{14} J、9×10^{13} J 和 2.3×10^{16} J。但自 2004 年以后，由于国家实施一系列惠农利农政策，如粮食直补、农资综合直补、良种补贴和农机具购置补贴等措施，通过惠农利农政策的实施大幅度提高了农民从事农业生产活动的积极性，秸秆资源总量得到迅速的提升。从 2004 年至 2006 年，三年时间，秸秆资源总量增加 6.92×10^{17} J，相当于增加了 5015.29 万吨粮食。就其时间变化整体趋势而言，其作物秸秆能量利用潜力整体上表现出逐年上升趋势。至 2006 年，我国作物秸秆能量利用潜力达到最近几年的峰值，其数值为 1.00×10^{19} J。2001 年至 2006 年我国主要农作物秸秆稳定在 8.74×10^{18} 和 1.00×10^{19} J 之间，提高我国作物秸秆综合利用效率对于节约粮食和保障粮食安全具有重大的研究意义。

4.3.2 主要作物秸秆时空分布

虽然中国各地主要农作物的秸秆产量与其种植制度、气候和耕地资源等多种因素有关，但是农作物的秸秆产量与其农产品产出有着密切的联系。将中国各地主要农作物的秸秆产量与其粮食进行相关分析，经过计算分析出其线性相关系数为 0.88，说明各地农作物的产量与其秸秆资源具有显著的正相关性，即农作物产量比较高的地区其秸秆资源也比较丰富。

由于区域种植制度、气候资源和耕地资源等多种因素影响，中国秸秆资源在空间上呈现区域分布的不均衡性，具有地域性的特点，形成东西和南北差异，整体上看中国东北部地区秸秆资源比较丰富，秸秆资源数量比较大的地区有河北省、内蒙古自治区、辽宁省、吉林省、黑龙江省、江苏省、安徽省、山东省、河南省和四川省等 10 个省份。北京市和天津市的秸秆资源之所以比较贫乏是因为两直辖市的区域面积比较狭小，就其农业生产条件而言，与黄淮海地区的河北和山东北部相似，作物秸秆资源的数量一方面与其耕地资源丰富有关，另一方面与区域的种植制度有关。

4.4　黄淮海地区主要作物秸秆利用潜力分析

黄淮海地区地势平坦，耕地资源丰富，而且种植制度中以玉米和小麦为主，因此作物的草谷比较高。为了区别各种作物秸秆的生物储存能的差异，文中以能量的形式计量秸秆利用潜力，其数值可通过重量形态的秸秆利用潜力与其能量转换率的乘积获得，秸秆能量利用潜力的计算公式如（4-1）所示。

$$Q = \sum_{i=1}^{n} Q_i = \sum_{i=1}^{n} P_i \times C_i = \sum_{i=1}^{n} O_i \times B_i \times C_i = \sum_{i=1}^{n} X_i \times A_i \times B_i \times C_i \quad (4-1)$$

公式（4-1）中：Q 为黄淮海地区作物秸秆能量利用潜力总量，Q_i 为黄淮海地区某种农作物 i 秸秆的能量利用潜力；C_i 为某种作物秸秆的能量转换率；O_i 和 P_i 分别表示黄淮海地区某农作物 i 秸秆的理论资源量和可收集量；A_i 和 B_i 分别表示某农作物 i 秸秆的草谷比系数和可收集系数；X_i 表示黄淮海地区秸秆适宜饲料加工的某农作物 i 农产品的年产量；n 为统计作物类型个数，这里 n 为 10。

文中以粮食标准形态反映秸秆养畜能量利用价值，其数值可通过秸秆能量利用潜力与粮食能量转化率之商获得，秸秆饲料化节粮潜力计算公式如（4-2）所示。

$$M = \frac{Q}{E_{粮}} = \frac{\sum_{i=1}^{n} Q_i}{E_{粮}} = \frac{\sum_{i=1}^{n} X_i \times A_i \times B_i \times C_i}{E_{粮}} \quad (4-2)$$

公式（4-2）中：M 为黄淮海地区秸秆饲料化节粮潜力；$E_{粮}$ 为粮食的能量转换率，其值为 1.62×10^9 J/t。

Yotopoulos（2001）提出以谷物当量标准形态衡量居民食物在生产过程中的直接和间接的耗粮量，可根据谷物当量和秸秆饲料化节粮潜力估算其养畜潜力，秸秆养畜生产潜力的计算公式如（4-3）所示。

$$N = \frac{M}{F_{畜}} = \frac{\sum_{i=1}^{n} Qi}{F_{畜} \times E_{粮}} = \frac{\sum_{i=1}^{n} X_i \times A_i \times B_i \times C_i}{F_{畜} \times E_{粮}} \qquad (4-3)$$

公式（4-3）中：N 为黄淮海地区秸秆养畜生产利用潜力；$F_{畜}$ 为畜产品的谷物当量比值。

下面根据各种农作物的草谷比和能量转换率核算黄淮海地区主要作物秸秆资源能量如表4-5所示。

表4-5　2006年黄淮海地区主要作物秸秆资源能量核算

单位：J

地区	稻谷	小麦	玉米	豆类	薯类
北京市	3.77×10^{13}	6.06×10^{15}	2.10×10^{16}	6.07×10^{14}	1.82×10^{14}
天津市	1.09×10^{15}	1.05×10^{16}	2.18×10^{16}	6.02×10^{14}	2.47×10^{13}
河北省部分	5.06×10^{15}	2.55×10^{17}	4.25×10^{17}	1.31×10^{16}	6.91×10^{15}
江苏省部分	8.04×10^{16}	1.10×10^{17}	4.20×10^{16}	1.09×10^{16}	2.63×10^{15}
安徽省部分	3.67×10^{16}	1.85×10^{17}	9.61×10^{16}	3.65×10^{16}	6.92×10^{15}
河南省部分	3.89×10^{16}	4.38×10^{17}	3.22×10^{17}	1.72×10^{16}	1.09×10^{16}
山东省部分	9.37×10^{15}	4.64×10^{17}	5.63×10^{17}	1.51×10^{16}	1.35×10^{16}
黄淮海53市	1.72×10^{17}	1.47×10^{18}	1.49×10^{18}	9.41×10^{16}	4.10×10^{16}
北京市	1.22×10^{14}	9.76×10^{13}	6.13×10^{14}	—	2.87×10^{16}
天津市	6.75×10^{13}	4.74×10^{15}	3.40×10^{14}	—	3.91×10^{16}
河北省部分	1.24×10^{16}	3.18×10^{16}	3.91×10^{16}	3.25×10^{12}	7.88×10^{17}
江苏省部分	1.43×10^{16}	1.23×10^{16}	2.73×10^{16}	3.12×10^{12}	3.00×10^{17}
安徽省部分	4.52×10^{15}	1.47×10^{16}	3.10×10^{16}	1.65×10^{13}	4.11×10^{17}
河南省部分	8.23×10^{15}	2.69×10^{16}	9.50×10^{16}	5.74×10^{13}	9.58×10^{17}
山东省部分	3.55×10^{15}	5.01×10^{16}	1.01×10^{17}	4.51×10^{10}	1.22×10^{18}
黄淮海53市	4.31×10^{16}	1.41×10^{17}	2.95×10^{17}	8.04×10^{13}	3.75×10^{18}

黄淮海地区53市的土地面积为5035.15万公顷，约占全国土地面积的5.30%，而2006年黄淮海地区主要作物秸秆能量为 3.75×10^{18} J，占全国主要作物秸秆能量的37.40%，说明黄淮海地区主要作物秸秆的资源存量不仅数量大，而且比较密集，具有相对比较高的利用价值。中国农作物秸

秆资源丰富，但是目前秸秆饲料的平均比率仅为 0.275，除秸秆还田外，燃烧和废弃等未被充分利用的秸秆资源比率为 0.548（周英峰、杨进欣，2008），按照这个利用水平，黄淮海地区已经被利用为饲料的主要作物秸秆为 1.03×10^{18} J，利用能量潜力为 2.05×10^{18} J。2006 年中国粮食产量为 49747.89 万吨，根据粮食的能量转换率（1.38×10^7 J/kg）计算得出中国粮食总能量值为 6.87×10^{18} J，2006 年黄淮海地区已利用和未被充分合理利用的主要农作物秸秆能量值分别相当于 2006 年粮食总能量值的 15.00% 和 29.89%。据预测至 2015 年中国秸秆资源综合利用率有望超过 80%，黄淮海地区 53 市主要作物秸秆可以转化增加的能量为 1.97×10^{18} J，是 2006 年全国粮食总能量值的 28.64%，按照 2006 年粮食单产水平计算，至 2015 年秸秆综合利用相当于增加粮食播种面积 3021.14 万公顷，相当于 2006 年粮食播种面积的 28.64%。

随着我国经济的繁荣发展和居民生活水平的提高，我国居民食品消费中肉类食品消费越来越多，因此居民食品消费的变化对粮食需求的压力会更大。美国生态学家 Lindeman 著名的"百分之十定律"：能量沿食物链流动时，能流越来越小，通常后一营养级所获得的能量大约为前一营养级的 10%，在能流过程中大约损失 90% 的能量（白红女等，2008）。按照能量"百分之十定律"和肉类食品能量换转率 9.21×10^9 J/t 折算，2006 年黄淮海地区 53 市未被充分利用的秸秆可以转化为肉类 2228.33 万吨，相当于中国 2006 年肉类产量的 27.68%。由此可见，黄淮海地区农业的综合利用潜力是十分巨大的，在一定时期内对于缓解我国粮食供需矛盾和提高农地利用效率等方面具有积极重要意义。

4.5　小结

近年来全球粮食需求旺盛，粮食价格飙升，居民膳食营养改善加剧了区域农地资源供需矛盾。本书正是基于这种宏观背景利用能量和能值分析方法研究黄淮海地区产业结构优化调整对农地效率提高的影响，主要结论如下。

（1）随着中国居民生活水平的提高，居民消费食物的范畴远远超越粮食，居民食品消费正向高热量、高脂肪和高蛋白质性食品方向转变，居民食品消费需求总量的刚性和食品消费结构的变化要求其农业生产模式由过去满足口粮消费的传统籽粒生产模式向以食物营养为基础的农业生物量综合生产模式方向转变。

（2）由于区域种植制度、气候资源和耕地资源等多种因素影响，中国秸秆资源在空间上呈现区域分布的不均衡性，黄淮海地区是我国主要作物秸秆资源分布比较集中和丰富的集聚发展地区，中国秸秆资源丰富且产量稳定，但多半秸秆资源未被充分利用，农业产出未充分利用实际上造成农地产出效率的损失。

（3）经核算黄淮海地区 53 市的主要农作物秸秆能量数量非常大，2006 年黄淮海地区已利用和未被充分合理利用的主要农作物秸秆能量值分别相当于 2006 年粮食总能量值的 15.00% 和 29.89%。据预测至 2015 年中国秸秆资源综合利用率有望超过 80%，黄淮海地区 53 市主要作物秸秆可以转化增加的能量为 1.97×10^{18} J，是 2006 年全国粮食总能量值的 28.64%，按照 2006 年粮食单产水平计算，至 2015 年秸秆综合利用相当于增加粮食播种面积 30211.43 千公顷，相当于 2006 年粮食播种面积的 28.64%。如转化为动物性食品，未被充分利用的秸秆可以转化为肉类 2228.33 万吨，相当于中国 2006 年肉类产量的 27.68%。由此可见，黄淮海地区农业结构优化调整有利于农地产出效率的大幅度提高，在一定时期内对于缓解我国粮食供需矛盾和提高农地利用效率等具有积极意义。

第五章　黄淮海地区农业生产投入产出效率分析

农业是国民经济的基础，同时还承担着国家粮食安全、生态安全和社会稳定的重任。随着我国工业化建设的深入，耕地减少的数量还会不断增加，土地需求激增和耕地数量不断减少局面将会在相当长时期内存在（张琦等，2007）。我国农业长期以来面临着人口持续增长和土地资源短缺的制约，如何在有限的资源约束条件下提高农业的生产效率、保持农业的长期稳定发展一直是众多学者关注的问题，同时农业生产效率的提高也是增加农户经济收入的重要手段。因此，在我国地少人多的国情下，研究农业生产效率对于保障国家粮食安全和农民增产增收等具有重要的现实意义。在市场经济条件下，农业生产本身是一项经济活动，其生产遵守规模报酬递减规律，农业投入也并不是越多越好，例如化肥和农药的过度使用不仅浪费资源，而且会造成污染，因此农业生产要素的投入要控制在合理的范围内。近年来，众多学者广泛采用数据包络分析（DEA）模型对农业生产效率进行综合评价，该方法用在中国西部地区（李周等，2005）等农业领域的生产效率分析研究。目前国内研究大多利用普通 DEA 模型分析农业生产相对效率，但是普通 DEA 模型无法对得到的有效评价单元进行深一步的分析研究，因此本书引入超效率 DEA 法对黄淮海地区的粮食生产效率进行分析，从宏观和微观两个层面探讨 1999～2006 年黄淮海地区粮食生产效率发展的趋势、原因及提高途径。

5.1　黄淮海地区农业生产投入分析

黄淮海地区是我国农业集约化程度最高的地区之一，农业现代化水平在全国处于领先地位。2006 年黄淮海地区主要农业投入产出情况如下：单位农作物播种面积农业机械总动力和化肥使用量（折纯量）为 7.77 千瓦/公顷和

401. 85 千克/公顷，单位粮食作物播种面积粮食产量为 5838.02 千克/公顷，分别是全国平均水平的 1.59 倍、1.23 倍和 1.24 倍，从以上数据可以看出黄淮海地区农业投入水平整体上较高，高于全国平均水平。说明其农业生产的基础优势地位，同时说明其农业的高产出是建立在农业生产要素的高消耗状态上。同时黄淮海地区单位面积的农业投入近年来呈现不断增长趋势，2000 年至 2006 年农业机械总动力和化肥使用量（折纯量）增长率分别为 1.30 和 1.13。虽然黄淮海地区农业产出率并不低，但是完全依赖于化学能投入维持的模式，不仅加大了农业生产的成本，而且农业生产自身形成的污染已在许多地区显现，比如化肥投入。化肥是极其重要的农业生产资料，是保障国家粮食安全的重要物质基础，但是也不易过量施用，一方面，过量的化肥会造成一系列环境问题；另一方面，也会增加农业生产成本，进而影响农业生产效率的提高。

5.2 黄淮海地区农业生产相对效率研究

5.2.1 DEA（数据包络模型）简介

5.2.1.1 传统 DEA（数据包络模型）

数据包络分析（DEA）是运筹学、管理科学和数理经济学交叉研究的一个新的领域。数据包络分析法起源于 Farrell（1957）提出的"生产边界"概念，即以产出除以投入来求出效率值，是建立在帕累托最优状态概念上的一种效率评估方法，其最大的特点是在研究分析时，无须预先设定边界函数形式，可以同时处理多投入、多产出的问题，并且不必转换各种不同投入产出项的单位，也无须赋予主观的权数，在使用上比较客观和便利。数据包络分析法的原理主要是通过保持决策单元（Decision Making Units，DMU）的输出或者输入不变，借助于数学规划方法确定相对有效的生产前沿面，将各个决策单元投影到 DEA 的生产前沿面上，并通过比较决策单元偏离 DEA 前沿面的程度来评价它们的相对有效性（吴德胜，2006）。

随着 DEA 应用领域的不断拓展，DEA 模型也不断扩充和完善，DEA 的基本模型包括 C^2R、BC^2、FG 和 ST 模型，其中 C^2R 模型是 DEA 的基本模型，由于该模型是由著名运筹学家 Charnes 和 Cooper 等人最早提出的，

因此此模型以发表该模型的三位作者名字的首字母作为简写，又称为 CCR
模型。假定一组被考察单元的个数为 n 个，每个被考察单元都有 s 个输出
变量和 m 个输入变量。Y_{jk} 表示第 k 个被考察单元的第 j 个输出变量，X_{jk} 是
第 k 个单元的第 j 个输入变量。第 k 个决策单元总效率计算问题可以转化
成如模型（5 - 1）的线性规划问题。

$$\min \theta$$

$$\text{s. t.} \begin{cases} \sum_{j=1}^{n} \lambda_j X_j + S^- = \theta X_k \\ \sum_{j=1}^{n} \lambda_j X_j - S^+ = Y_k \\ \lambda_j \geq 0, j = 1, 2, \cdots, n \\ S^- \geq 0, S^+ \geq 0 \end{cases} \quad (5-1)$$

模型公式（5 - 1）中 $X_k = (X_{1k}, X_{2k}, \cdots, X_{mk})$，$Y_k = (Y_{1k}, Y_{2k}, \cdots, Y_{sk})$。
此模型称为 CCR 模型，是在规模收益不变假设下得到的。这里的 θ 即是第
k 个被考察决策单元的总效率值，其值满足 $0 \leq \theta \leq 1$，其值越小，该单元效
率越低。其经济含义为：在某一决策单元产出 Y 可由所有 k 个决策单元产
出线性组合替代的情况下，它的投入 X 的可压缩程度、压缩比例的大小为
θ，θ 也称为效率测度值。DEA 模型将决策单元分为两类：有效和无效。当
$\theta = 1$ 时，表示该被考察单元是效率前沿面上的点，因而处于有效状态，如
图 5 - 1 中的 A、B、C、D 点的总效率都处于有效状态；当 $\theta < 1$ 时，表示
该被考察单元是效率前沿面之外的点，因而处于无效状态，如图 5 - 1 中的
E 点则处于无效状态。$1 - \theta$ 就是第 k 个被考察单元多投入的比例，也就是
可以减少（或称浪费）投入的最大比例（王金祥，2008）。

由于 DEA 方法不需要预先估计参数，在避免主观因素影响和简化运
算、减少误差等方面有优越性（袁晓玲等，2008），该方法近年来被广泛
运用到土地利用结构效率、区域投资效率、城市效率等各个领域进行有效
性分析，从而进行评价决策，但是 DEA 模型无法对多个同时有效的决策单
元做出进一步的评价与比较。

5.2.1.2　超效率 DEA 介绍

在 DEA 效率分析中，不论是 CCR 模型还是 BCC 模型有时往往会产生
存在多个 DMU 有效率的情况，在众多 DMU 的效率值均为 1 的情形下，数

据包络分析法无法直接对这些有效率的决策单元之间的效率高低进行比较，即出现了数据包络分析法判断力不足的问题，若程度严重，还会造成参考集合和绩效评估的错误。有鉴于此，Andersen 和 Petersen（1993）提出了一种 DEA 的超效率（Super-Efficiency）模型（李周、于法稳，2005），是上述 DEA 的改进模型，使有效决策单元之间的效率值能进行效率高低的比较，第 k 个决策单元的效率计算问题可以转化成如下的线性规划问题（Peter 等，2004）。

两种模型的差异在于：计算第 k 个决策单元的效率值时，超效率 DEA 模型要用将第 k 个决策单元排除在外的所有决策单元的投入和产出的线性组合代替第 k 个决策单元的投入和产出，而 DEA 基本模型将第 k 个决策单元包括在模型内，因此其值可以大于 1。

在超效率 DEA 模型中，将某个决策单元能增加其投入而仍保持相对有效的最大比例值时 $\theta > 1$，则称为该决策单元的超效率值。超效率 DEA 模型中各数学符号的经济含义与 DEA 模型基本一致，θ 仍为效率测度值，并用此来区分相对有效的决策单元的效率高低，将这一思路反映在模型上，其对偶规则也由 DEA 模型公式（5 - 1）转为公式（5 - 2）（Joe Zhu，2001）。

$$\min\theta$$

$$\text{s. t.} \begin{cases} \sum\limits_{\substack{j=1 \\ j \neq j_k}}^{n} \lambda_j X_j + S^- = \theta X_k \\ \sum\limits_{\substack{j=1 \\ j \neq j_k}}^{n} \lambda_j X_j - S^+ = Y_k \\ \lambda_j \geq 0, j = 1, 2, \cdots, n \\ S^- \geq 0, S^+ \geq 0 \end{cases} \quad (5-2)$$

如图 5 - 1 所示：假设有 A、B、C、D、E 共五个两种投入一种产出的决策单元，其中 A、B、C、D 均为 DEA 有效率的决策单元，它们所构成的效率前沿边界为折线 $ABCD$，C 点处在有效生产前沿面，其 DEA 的 C^2R 模型下 DMU 的效率值为 1；E 点被效率前沿边界 $ABCD$ 所包络，其 DEA 的 C^2R 模型下 DMU 的效率值小于 1，所以 E 点是无效率的（Kaoru Tone，2001）。按照超效率模型的思路，在计算 DMU 的效率值时，C 点应排除在决策单元的参考集合之外，于是生产前沿面就由 $ABCD$ 变为了 ABD，此时 C 决策单元的超效率值 $TEC = OC'/OC > 1$。而对于在 CCR 模型中本来就是 DEA 无效率的决策单元 E，在超效率模型中其所面临的效率前沿边界仍旧是 $ABCD$，其效率值与在 CCR 模型下得到的超效率值一致，仍为 $TEE = OE'/OE < 1$。

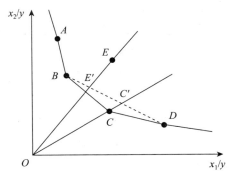

图 5 – 1 超效率 DEA 模型

5.2.1.3 超效率 DEA 综合评价方法的优越性

与其他的综合评价方法相比，DEA 方法处理多输入输出特别是多输出的问题的能力具有绝对优势。研究人员曾经把 DEA 方法与其他评价方法进行比较，DEA 方法显示出引人注目的优越性，它根据决策单元的一组输入、输出数据来估计有效生产前沿面，而在经济学和计量经济学中，估计有效生产前沿面通常使用统计回归及其他一些统计分析方法，估计出的生产函数并没有真正表现出实际的前沿面，因为这种估计是将有效与非有效决策单元混为一谈得出的。使用 DEA 有效性评价方法，不仅能对每个决策单元的相对效率进行综合评价，而且可以得到许多在经济学中具有深刻经济含义和背景的管理信息，用于指导决策单元输入、输出指标的改进和修正。DEA 分析是纯技术性的，DMU 的相对有效性评价结果与输入、输出指标的量纲选取无关。DEA 的优点吸引了众多的应用者，其应用领域正在不断地扩大，特别是在国民经济生产部门的相对有效性评价、资源配置效率的评价等问题中都有成功的应用。本书将该方法引入农业产业结构调整的研究中，利用优化模型计算出的多个方案的输入、输出指标数据，对其相对有效性做出综合评价，应用相关管理信息探寻进一步改进方案的方法与途径，并采用新的决策单元排序 DEA 模型，优选出相对最优方案。

5.2.2 黄淮海地区农业生产相对效率分析

农业生产的投入指标可以用土地、资本和劳动力投入要素的数量来表征。在对影响粮食生产各因素的定性判断及前人研究的基础上（石森昌等，2003；朱再清等，2006），鉴于数据的可获得性，本书选用农作物播种面积来表示土地的投入，资本的投入用农田化肥施用量和农业机械总动力来表示，劳动力投入用生产中的乡村从业人员数来表示，其四个影响粮食生产的主要投入因子有：$X_1(k)$——乡村从业人员数（万人），$X_2(k)$——农机总动力（万千瓦），$X_3(k)$——化肥施用量（折纯量，万吨），$X_4(k)$——粮食播种面积（万公顷）；农业生产产出指标为：$Y_1(k)$——第一产业增加值（万元）。相应的数据来源于 2000～2007 年《中国农村统计年鉴》和《中国县（市）社会经济统计概要》，黄淮海地区 1999 年至 2006 年粮食生产投入产出统计情况如表 5－1 所示。

表 5－1　1999～2006 年黄淮海地区粮食生产投入产出统计

年份	$Y_1(k)$	$X_1(k)$	$X_2(k)$	$X_3(k)$	$X_4(k)$
1999	3357.50	10052.33	17224.00	1118.81	31491.08
2000	3357.50	10052.30	18902.90	1123.90	31670.90
2001	3517.70	10084.10	19947.00	1149.10	31537.80
2002	3650.50	10123.70	20959.60	1182.30	31303.40
2003	3670.13	10156.19	22041.30	1198.00	31045.00
2004	4482.93	10180.97	22486.00	1231.50	31036.10
2005	4925.28	10274.61	24233.00	1276.00	32139.00
2006	5305.58	10361.10	25257.50	1306.42	32510.00

5.2.3　黄淮海地区粮食生产效率评价

根据 DEA 和超效率理论，利用 MaxDEA 软件计算得出 1999～2006 年黄淮海地区农业生产的综合效率和超效率值，计算结果如表 5－2 所示。

表 5－2　1999～2006 年黄淮海地区农业生产的综合效率和超效率值

	1999 年	2000 年	2001 年	2002 年	2003 年	2004 年	2005 年	2006 年
综合效率	1.000	0.992	0.972	0.895	0.797	0.950	0.968	1.000
超效率	1.097	0.992	0.972	0.895	0.797	0.950	0.968	1.089

（1）利用 DEA 计算的 1999 年至 2006 年黄淮海地区农业生产的综合效率中 1999 年和 2006 年的综合效率都为 1，而其超效率值大于 1，而且使得

1999 年和 2006 年相互之间的农业生产效率可以比较，显示了超效率方法在研究农业生产效率方面的优越性。

（2）利用超效率计算的 2000 年至 2005 年粮食生产的综合效率和超效率小于 1，说明此间的农业生产效率未达到理想状态，农业投入的增加没有获得农业产出相应的增加，部分生产要素处于投入过剩状态。自 2000 年以来，由于粮价一直低迷而生产资料价格却一路走高，因此种粮的经济收益并不高，严重打击了农民农业生产的积极性，至 2003 年农业生产效率降到近年来的最低。自 2004 年以来我国实施了粮食直补、农资综合直补、良种补贴和农机具购置补贴等一系列刺激农业生产效率提高的政策措施，使得其农业生产效率有所增长，但是 2006 年黄淮海农业生产的超效率值仍未达到 1999 年的农业生产效率的水平。

5.3　黄淮海地区农业生产效率主要影响因素分析

5.3.1　通径分析简介

由于利用相关分析或多元回归分析问题时有一个基本假定：因变量（被解释变量）和自变量（解释变量）之间的相关关系，即只有在各自变量都相互独立时，方能直接反映其对因变量的影响程度。实际上，在自然、经济及社会活动中，各自变量往往是相互影响的，从相关系数中很难度量某个自变量对因变量的影响程度。因此多元回归与相关分析方法自身存在明显的缺陷和局限，而在多因素之间存在线性相关时，采用通径分析方法则能克服、弥补多元回归与相关分析存在的缺陷与不足，与其他一般方法相比通径分析具有以下优点。

（1）通径分析较好地处理了因素之间的相互关系，分析中的相关系数不仅描述了自变量因素对因变量之间的相关程度，而且还能判断变量之间的交互作用程度对因变量的影响。

（2）通径分析过程中的方程组经标准化处理，因此计算结果可以不受各相关自变量单位差异的影响，计算更为精确。

（3）进一步地将统计量剖分为直接通径系数和间接通径系数，不仅可以明确各自变量对因变量直接作用的方向与大小，而且还能明确两两相关自变量共同对因变量作用的方向与大小。

（4）通径系数是标准化的偏回归系数，不带单位，因而具有相关系数的性质；通径系数又具有从原因到结果的方向性，因而又有回归系数的性质，是介于相关系数和回归系数之间，兼有两者特性的一个统计量。通径系数的值可以大于1，也可小于零。

（5）通径系数分析法能够定量检验出所分析模型是否已经包括了影响因变量的主要影响因素和统计误差或错误。

通径分析不仅具有回归与相关分析的作用，且可进一步揭示影响现象变异的主要因素所产生的直接和间接作用，为研究和分析的问题提供更全面、更完善的决策依据（赵益新等，2003）。由于通径分析方法具有以上优点，已经不仅是动植物遗传育种工作者研究多个相关变量间关系的有力统计工具，而且已扩展到农业科学各学科，甚至环境、医药、卫生、人文、经济和能源等各个研究领域。通径分析是简单相关分析的继续，在多元回归的基础上将相关系数加以分解。通过直接通径、间接通径及总通径系数分别表示某一变量对因变量的直接作用效果、间接作用效果和综合作用效果。对于一般的多元线性回归分析，设有自变量 X_1，X_2，X_3，$\cdots$，X_k 和因变量 Y，有了 n 组观察数据或者数据资料后，便可以通过最小二乘法得到其回归方程（5-3）：

$$Y = \beta_0 + \beta_1 X_1 + \beta_2 X_2 + \cdots + \beta_k X_k \qquad (5-3)$$

将 n 组方程相加后同除以方程组数 n，求其平均值的回归方程（5-4）：

$$\overline{Y} = \beta_0 + \beta_1 \overline{X}_1 + \beta_2 \overline{X}_2 + \cdots + \beta_k \overline{X}_k \qquad (5-4)$$

将（5-3）-（5-4）得回归方程（5-5）：

$$Y - \overline{Y} = \beta_1 (X_1 - \overline{X}_1) + \beta_2 (X_2 - \overline{X}_2) + \cdots + \beta_k (X_k - \overline{X}_k) \qquad (5-5)$$

将（5-5）式两边同时除以被解释变量 Y 的标准差 σ_Y，求其标准值的回归方程（5-6）：

$$\frac{Y - \overline{Y}}{\sigma_Y} = \frac{\beta_1 (X_1 - \overline{X}_1)}{\sigma_Y} + \frac{\beta_2 (X_2 - \overline{X}_2)}{\sigma_Y} + \cdots + \frac{\beta_k (X_k - \overline{X}_k)}{\sigma_Y} \qquad (5-6)$$

（5-6）式可以进行变换得到方程（5-7）：

$$\beta_1 \times \frac{\sigma_{X_1}}{\sigma_Y} \times \frac{(X_1 - \overline{X}_1)}{\sigma_{X_1}} + \beta_2 \times \frac{\sigma_{X_2}}{\sigma_Y} \times \frac{(X_2 - \overline{X}_2)}{\sigma_{X_2}} + \cdots + \beta_k \times \frac{\sigma_{X_k}}{\sigma_Y} \times \frac{(X_k - \overline{X}_k)}{\sigma_{X_k}} = \frac{Y - \overline{Y}}{\sigma_Y}$$

$$(5-7)$$

将自变量 X_i 的标准差与因变量 Y 的标准差之比称为 X_i 到 Y 的通径系数，记作（5-8）：

$$\beta_i \times \frac{\sigma_{X_i}}{\sigma_Y} = P_{iY} \tag{5-8}$$

利用最小二乘法求出（5-7）式自变量线性回归系数的求解模型，在此基础上进行一定的数量变换则可得出相关系数的分解方程（5-9）：

$$\begin{cases} P_{1Y} + r_{12} \times P_{2Y} + r_{13} \times P_{3Y} + \cdots + r_{1k} \times P_{kY} = r_{1Y} \\ r_{21} \times P_{1Y} + P_{2Y} + r_{23} \times P_{3Y} + \cdots + r_{2k} \times P_{kY} = r_{2Y} \\ \vdots \\ r_{k1} \times P_{1Y} + r_{k2} \times P_{kY} + r_{k3} \times P_{3Y} + \cdots + P_{kY} = r_{kY} \end{cases} \tag{5-9}$$

下面利用矩阵方程求解其通径系数，表示如公式（5-10）所示：

$$A \cdot P = B \tag{5-10}$$

其中 A 为 $\begin{vmatrix} 1 & r_{21} & r_{31} & \cdots & r_{k1} \\ r_{21} & 1 & r_{32} & \cdots & r_{k2} \\ r_{31} & r_{32} & 1 & \cdots & k_{k3} \\ \vdots & \vdots & \vdots & \vdots & \vdots \\ r_{k1} & r_{k2} & r_{k3} & \cdots & 1 \end{vmatrix}$, P 为 $\begin{vmatrix} P_{1Y} \\ P_{2Y} \\ P_{3Y} \\ \vdots \\ P_{kY} \end{vmatrix}$, B 为 $\begin{vmatrix} r_{1Y} \\ r_{2Y} \\ r_{3Y} \\ \vdots \\ r_{kY} \end{vmatrix}$

对矩阵方程（5-10）进行求解得公式（5-11），通径模型分析见图5-2。

$$P = A^{-1} \times B \tag{5-11}$$

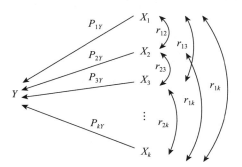

图5-2　通径模型分析

方程组（5-9）是通径分析的基本模型，其中 $r_{ij}(1 < i < k, 1 < j < k)$ 表示 X_i 与 X_j 的简单相关系数，X_i 与 Y 的相关系数可分解为两部分，r_{iY} 表示 X_i 与 Y 的简单相关系数，P_{iY} 为直接通径系数，表示 X_i 对 Y 的直接影响效应；$r_{ij} \times P_{jY}$ 为间接通径系数，表示变量 X_j 通过其余变量 X_i 对 Y 的间接影响效用；$\sum_{j=1, i \neq j}^{k} r_{ij} \times P_{jY}$ 表示变量 X_j 通过其余变量 X_i 对 Y 的间接影响总效用。

由于经济现象之间的相互影响关系错综复杂，人们对于经济现象认识的局限，在设定模型时不可能把所有影响变量考虑进去，所以要进一步合算其他遗漏变量和误差对因变量 Y 的通径系数，这里叫作剩余通径效应系数 P_{uY}（熊吉峰等，2005），其计算公式如公式（5-12）所示。

$$P_{uY} = \sqrt{1 - (r_{1Y} \times P_{1Y} + r_{2Y} \times P_{2Y} + r_{3Y} \times P_{3Y} + \cdots + r_{kY} \times P_{kY})} \qquad (5-12)$$

若剩余通径效应系数 P_{uY} 比较小，说明模型已经分析了相应因变量 Y 的主要影响因素；若剩余通径效应系数较大，说明构造的模型可能遗漏了某些主要的影响因素。

通径系数分析法的基本思路是将简单相关系数分解为许多部分，以显示某一个变量对因变量的直接作用效果和间接作用效果。在农业领域及其影响因素的一些相关性研究中得到了广泛应用（袁志发等，2002），但是，对农业生产效率及其影响因素的相关性研究方面应用得还比较少。为了进一步探讨影响因素对农业生产效率变化作用的程度与方向，本书在介绍通径分析原理的基础上，运用通径分析方法对黄淮海地区农业生产效率变化的影响因素进行了通径相关性研究。

5.3.2 黄淮海地区农业生产效率相关分析

本书利用多元线性回归模型作为分析工具，进而以利用超效率 DEA 模型求出的技术效率值作为被解释变量，以可能会影响黄淮海地区粮食生产效率的若干重要因素作为解释变量，探讨这些因素与技术效率值之间的关系。模型设定如公式（5-13）所示。

$$TE = \beta_0 + \sum_{i=1}^{n} \beta_i X_i \qquad (5-13)$$

其中：TE 为超效率数值；β_0 为常数项；β_i 为第 i 个解释变量的系数估计值（$i = 1, 2, 3, \cdots, n$）；X_i 为第 i 个解释变量。

农业生产系统是由自然资源、生物物种资源、农业生产资料、科学技术管理和政策等因素构成的开放系统，就农业生产效率而言，其影响因素是十分复杂的，农业生产效率主要受自然条件、耕地资源禀赋、农业生产设施条件、经济发展水平等因素的影响。综合先前已有的研究成果，并结合黄淮海地区的实际，本书将 Y 表示超效率数值并选出五个影响粮食生产效率的主要因子：X_1——单位农作物播种面积产业增加值（万元/公顷），X_2——单位农作物播种面积农林牧渔业人员（人/公顷），X_3——人均城乡居民储蓄存款余额（元/公顷），X_4——人均粮食产量（千克/人），X_5——规模以上工业总产值（亿元）。由于各统计量的单位不同，因此在进行多元线性回归模型分析前进行标准化，标准化后黄淮海地区 1999~2005 年农业生产超效率及各影响因子多元线性回归的具体情况如表 5-3 所示。

表 5-3　多元线性回归模型的参数估计

	Coefficients	Standard deviation	t Stat	P-Value
C	-2.75	2.48	-1.11	0.38
X_1	2.15	0.73	2.96	0.10*
X_2	4.38	2.33	1.88	0.20
X_3	-2.01	0.79	-2.53	0.13
X_4	-1.37	0.74	-1.85	0.21
X_5	0.58	0.20	2.88	0.10*
R-squared	0.98			
Adjusted R Square	0.92			
F	17.61			
Prob (F-statistic)	0.05			

注：* 表示在 10% 的水平上显著。

通过分析模型调整后的拟合系数为 0.92，F = 17.61，F-statistic = 0.05，而且检验结果显示达到了显著水平，各偏回归系数显著性检验为 X_1 和 X_5，达到显著水平，因此可认为所求得的线性回归方程成立，以下做 Y 关于 $X_1 \sim X_5$ 的通径分析是有意义的。为了进行通径分析，下面对经济模型中变量之间的简单相关系数进行计算，其简单相关系数矩阵如表 5-4 所示。

表 5 - 4　模型变量之间的简单相关系数矩阵

变量	Y	X_1	X_2	X_3	X_4	X_5
Y	1.00	0.82	-0.80	0.75	0.87	0.83
X_1	0.82	1.00	-0.98	0.98	0.61	0.97
X_2	-0.80	-0.98	1.00	-0.99	-0.60	-0.99
X_3	0.75	0.98	-0.99	1.00	0.52	0.98
X_4	0.87	0.61	-0.60	0.52	1.00	0.65
X_5	0.83	0.97	-0.99	0.98	0.65	1.00

通径分析是简单相关分析的继续,它在分析某一因素对某一目标的作用时,不仅研究其直接效应,而且还研究其通过其他因素间接产生的影响。具体而言,通径分析把某个自变量 X 与因变量 Y 的通径系数 TE (总效应) 分解成自变量 X 与因变量 Y 的直接通径系数 DE (直接效应) 和 X 通过其他自变量 X_k 对 Y 的间接通径系数 IE (间接效应)。1999 年至 2006 年黄淮海地区农业产值对影响因素进行通径分析,其通径系数如表 5 - 5 所示。

表 5 - 5　自变量对因变量直接和间接作用的通径系数

变量	X_1	X_2	X_3	X_4	X_5	IE	DE	TE
X_1	—	-3.15	-7.92	-0.78	8.05	-3.79	4.61	0.82
X_2	-4.54	—	8.01	0.76	-8.23	-3.99	3.20	-0.80
X_3	4.52	-3.17	—	-0.66	8.13	8.82	-8.08	0.75
X_4	2.82	-1.91	-4.16	—	5.40	2.14	-1.27	0.87
X_5	4.48	-3.18	-7.93	-0.83	—	-7.45	8.29	0.83

表 5 - 5 中总效应 TE 显示模型中各自变量与因变量之间的综合相关关系绝对值的大小排列顺序是 $X_4 > X_5 > X_1 > X_2 > X_3$,分析出五个影响因素与黄淮海的产出之间的综合影响都比较强,其中 X_4、X_5 和 X_1 是影响 Y 比较显著的正相关的影响因素,X_2 是影响 Y 比较显著的负相关的影响因素。同时通过通径分析结构表 5 - 5 中直接通径系数 DE 的数值看,各影响因素对 Y 的直接影响强度排列顺序为 $X_5 > X_3 > X_1 > X_2 > X_4$,其中 X_5、X_1 和 X_2 是影响 Y 比较显著的正相关的直接影响因素,X_3 和 X_4 是影响 Y 比较显著的负相关的直接影响因素。虽然 X_3 和 X_4 对 Y 的直接影响因素为负,但是自身以外的其他影响因素对 Y 的间接影响,使得自变量 X_3 和 X_4 对 Y 的综合通径系数

为正值；自变量 X_1、X_2 和 X_5 对 Y 的间接影响系数为负值，使得其通径总效应系数 TE 减小，其中 X_2 对 Y 的间接影响系数的负值大于其直接通径系数，使得其综合通径系数为负值。

单位农作物播种面积产业增加值 X_1 的直接通径系数为正值说明农业生产经济效益的提高有利于农业生产效率的提高。单位农作物播种面积的收益越高，越能调动农民种地的积极性，根据强化理论，当农业在耕地上获得了更多的收益以后，他就会采取多种措施去保证这种情况的重复出现，土地的单位面积产值增加，农民会增加耕地面积或者提高耕地水平去获得更多的收益，尤其是耕地技术水平的提升，增加了土地的单位面积收益，有助于农业生产效率的提高。单位农作物播种面积农林牧渔业人员 X_2 的直接通径系数为正值说明增加农业生产人员投入有利于农业产值的增加，但是由于农业生产收益的低效性和农业现代化建设的推进，X_2 通过其他影响因素的作用，使得增加 X_2 致使黄淮海地区生产效率降低。人均城乡居民储蓄存款余额 X_3 的直接通径系数为负值，但是在其他间接因素的影响下，其总效应为正值，说明城乡居民消费的增加，扩大了对农产品的需求，有利于区域农业生产效率的提高，居民用更多的收入在市场上购买农产品，就会使市场上农产品需求的增加，在供给一定的情况下，需求的增加会使种地人的收益增加，从而有更多的资金对土地进行投入去促进农业生产效率的提高。人均粮食产量 X_4 的直接通径系数为负值，但是在其他间接因素的影响下，其总效应为正值，说明居民食品消费的变化促进农业产业结构的优化，有利于区域农业生产效率的提高。规模以上工业总产值 X_5 直接通径系数为正值，说明工业化有助于农业生产效率的提高，黄淮海地区工业化建设不可避免地侵占耕地，虽然会导致农业生产面积的减少，但是同时工业的发展也会促进农业生产效率的提高，特别是近年来黄淮海地区加强对农业的投入使得其农业生产效率不断提高。通过以上分析可知，提高单位面积农业生产经济收入水平、加强农业剩余劳动力的转移、提升城乡居民消费水平、促进区域农业产业结构优化和加强工业对农业的反哺，有利于黄淮海地区农业生产效率的提高，其中刺激城乡居民消费水平和加强工业对农业的反哺对于提高黄淮海地区农业生产效率的影响最大。

由于经济现象之间的相互影响，实际工作中不可能把所有因变量的所有影响因素都包括在内，所以应进一步计算未研究的自变量和误差对因变量 Y 的通径效应系数以检验模型的优劣。如果剩余通径系数小，说明已找出了主要变量；如果剩余通径系数较大，则表明误差较大或者还有更重要的因素未考虑在内。根据其计算公式本书计算中国居民食品消费总能值影响因素的剩余项的通径系数为 0.15，小于 0.20，说明影响中国居民食品消费总能值的主要因素在本书中已经基本包括在内。

5.4 小结

本书利用超效率 DEA 模型对黄淮海地区农业生产效率进行评价，并利用通径分析法研究黄淮海地区农业生产效率的主要直接因素，主要结论如下。

（1）利用超效率 DEA 模型计算的 2000 年至 2005 年粮食生产的综合效率和超效率值小于 1，说明该时期的部分农业生产要素处于投入过剩状态。自 2000 年以来黄淮海地区农业生产效率不断减少，至 2003 年区域农业生产效率降到近年来的最低点，自 2004 年以来黄淮海地区农业生产效率不断提升，虽然 2006 年黄淮海地区农业生产的超效率值处于有效状态，但是仍未达到 1999 年的水平。

（2）本书利用通径分析模型研究黄淮海地区农业生产效率的主要影响因素，结果表明提高单位面积农业生产经济收入水平、加强农业剩余劳动力的转移、提升城乡居民消费水平、促进区域农业产业结构优化和加强工业对农业的反哺，有利于黄淮海地区农业生产效率的提高，其中刺激城乡居民消费水平和加强工业对农业的反哺对于提高黄淮海地区农业生产效率的影响最大。

第六章　农业生产效率提高对策研究

黄淮海地区区域经济条件优越，区域非农经济发达，而且有北京和天津等特大城市的带动，其非农经济建设越来越引起中国乃至整个世界的瞩目；同时黄淮海地区地势平坦，农业生产条件优越，黄淮海地区是我国的主要粮棉油生产区，粮食生产效率直接影响着粮食产量的稳定性，因此该地区面临着非农经济建设和农业生产的两大任务。根据上述，下文将阐述促进黄淮海地区粮食生产效率提高的主要途径。

6.1　加强区域用地分工与协作

分工有按性别和年龄形成的自然分工，有按社会不同部门之间和各部门内部形成的社会分工，有按企业内部在劳动过程中形成的不同工种间的个别分工等。分工是历史的产物，社会分工的产生，不断分离出新的生产部门和新的工种，使生产日趋专业化，从而能够极大地提高劳动生产率。因此，一般地说，分工越精细，生产的专业化程度越高，社会生产力也越高。协作是许多人在同一生产过程中或在不同的但相互联系的生产过程中，有计划地一起协同劳动。协作是建立在分工基础上的协同劳动，它是把制造产品的各种操作分解开来，分别由一部分人去做，每人只负责一种操作，全部操作由许多劳动者协同完成。协作使劳动专业化、工具专门化、劳动熟练程度更为增强，从而推动了技术革新和劳动组织、劳动方式的变革，有利于提高社会生产力。分工与协作是有密切联系的，分工使各部门之间互相依赖，使各企业内部从事各种局部操作的劳动者之间互相联系，因而必然在客观上要求各部门之间进行协作，要求各部门和地区内部从事各种局部操作的劳动者之间保持一种协作关系。积极参与黄淮海地区区域分工与协作，加快中部崛起步伐，要从战略和全局的高度，切实增强紧迫感和责任感，结合各自实际，加强组织领导，重视理论学习和政策研究，不断提高黄淮海地区分工与合作的协同创新能力。各地区产业发展有关部门要抓紧制定完善与黄淮海地区协同发展对接融合的政策，在规划、交通、产业、市场、资本和人才等方面研究出参与黄淮海地区区域分工与协作的具体实施方案，突出创新性，提高执行力，形成齐抓共管的强大合力。

农业产销区之间日益加剧的利益摩擦，说明建立在等价交换基础上的农业区域合作机制还远没有真正形成，而不协调的产销区关系对粮食的区域平衡进而对国家的粮食安全无疑会构成巨大的威胁。在发达地区经济发展水平已经大大领先，市场经济的基本原则已经确立的情况下，努力在粮食产销区之间建立起平等互利的分工与协作机制，应该成为一项刻不容缓的政策选择。在非农建设与农业集聚区之间建立起长期稳定的、法制化的区域合作机制。随着农业专业化和区域化的发展，区域之间的互通将会越来越密切。对我国绝大多数粮食的销区来说，其粮食需求将主要依靠产区来供给。粮食的特殊性质决定了产销区之间的经济合作尤为重要。作为一种新型的区域合作关系，非农建设与农业集聚区之间的经济交往首先应该体现互惠互利的一面。农业生产集聚区应当继续发挥粮食生产的比较优势，向非农建设集聚区提供更多的商品粮，但商品粮价格要大体上体现其价值，即生产成本加流通费用加平均利润，使农业生产集聚区的经济利益不再通过调出而流失。考虑到粮食生产和市场的不稳定性，区域间的大宗粮食交易应通过长期稳定的购销合同制度确定下来。为提高合同的履约率，要完善粮食区际流通方面的法律法规，规范交易双方的行为，维护合同的严肃性，同时，地方政府是加速农地非农化的重要主体，因此必须对区域不同地区加强差异性行政政绩考核机制。

同时，目前我国非农建设空间的分散性导致区域企业及其污染空间分布也具有分散性的特点，由于单个企业处理废弃物和污染物成本比较高，按照"谁污染谁付费"的原则，许多企业不愿承担其排污费用，特别是大部分中小企业资金不多、技术水平低、场地小等原因，使得其无力承担污染费用。许多污染物由于具有公共物品的性质和累积效应，严重威胁区域生态环境的健康发展。在非农建设空间上集聚发展，一方面不仅有利于区域非农生产废弃物或污染物转废为宝，而且区域经济的发展，使得区域拥有更多的资金投资环境建设；另一方面区域非农建设和农业生态用地的空间分离，使得非农建设的废水、废气、固体废物等污染物更加集中，有害废物的处理设施正向大型化、集中化方向发展，集中有限的资金，采用相对先进的技术和标准，集中治理污染，就有可能取得较大的综合效益。

分工与协作是区域经济发展的重要手段，各个区域依据不同的区域优势，通过彼此之间的合作与分工，促进资源的优化利用，降低相互之间的生产成本，同时也可以避免彼此之间不合理的竞争所造成的产业结构趋同、资源浪费严重等现象的出现；通过分工实现各个区域的专业化生产，然后通过彼此之间的贸易促进双方经济发展水平的提高。不同的地区乃至不同的国家，在经济发展的过程中，都要依据比较优势的原理，对土地的利用方式进行分工与协作以促进资源的合理配置和经济的快速发展。通过对区域用地分工和协作的加强，可以把土地分为农业用地和非农业用地两个部分，针对不同的部分投入不同的资源，有针对性的资源投入，不仅可以提高资源的利用效率，而且可以提高农地的产出率。黄淮海内部的经济集聚区，在某种形式上把整个区域分解成了农业和非农业两个部分，集聚区主要进行非农业的经济建设，其他地区从事农业的生产和发展，这样农业生产就可以进行合理的布局，而不用担心建设用地的突然征用对农地布局的破坏，同时集聚区也可以充分利用自己的土地资源，大力发展非农产业，为经济的发展注入强劲的活力。土地的灵活分工，使不同的土地承担不同的经济职能；通过农业和非农业之间的协作，又可以使这些经济职能紧密地结合在一起，从而通过各个子系统的结合，促进整个黄淮海地区土地利用结构的优化以及土地产出效率的提高。通过不同区域的分工与协作，黄淮海地区经济得到了飞速的发展，土地的利用效率得到了大幅度的提高，以黄淮海地区的郑州市为例，其地区生产总值由2001年的828.20亿元增加到2010年的4040.90亿元，增加了3.88倍。以全国作为一个超级系统，各个子系统如珠江三角洲、长江三角洲和黄淮海地区，通过各自之间的相互比较，可以充分发挥各个地区的比较优势，在各个区域之间对土地资源的使用途径进行合理的规划，提高土地的产出效率和利用效率，促进本地区经济的发展和产业结构的优化布局，同时，如上文所述，通过分工与协作，可以对非农产业的废水、废气、固体废弃物等污染物进行集中的处理，减少其对环境的危害，促进生态环境的改善。

6.2　发展农业循环经济

我国居民食品结构中对动物性食品消费的数量不断增加，而且随着我国经济发展水平的提高和居民生活水平的改善，在一段时间内我国居民对肉蛋奶等动物性食品消费的需求还会继续增加，这样我国的人地矛盾就会更加突出。作物秸秆不是农业生产的副产品，更不是"累赘"，而是和籽粒一样都是农业生产的重要的生物质资源，通过合理的利用能够创造出巨大的财富，同时也是发展农业循环经济的重要途径。秸秆和籽粒是农作物的共生体，有什么样的农作物结构就有什么样的秸秆结构，在优化农作物的种植结构过程中，要充分考虑各类农产品的综合产出，根据本书的分析，我国东北部地区秸秆资源比较丰富，因此加强和重视该地区发展秸秆过腹还田生产，对于提高农业生产利用效率，增加农民收入，吸纳农业剩余劳动力和保障我国食物安全等具有重要意义。如研究发现河北省无极县通过秸秆养牛减少了粮食的消耗，使全县养牛每年通过青贮、氨化消化秸秆 1.2 亿千克，共节约粮食 2.4 万吨，增加效益 1565.5 万元，同时秸秆发展畜牧业促进农业生产持续循环利用和相关产业的发展，全县养牛、养羊每年过腹还田有机肥70 多万吨，6 年间土壤有机质含量增加了 0.16%（李霄等，2001），同时养牛业发展带动了皮革加工等其他相关行业的发展。

由于秸秆空间收集、利用技术和运输成本等原因，目前中国秸秆资源利用简单，综合利用经济性差、商品化和产业化程度低，大部分秸秆直接燃烧或者废弃，造成资源的重大浪费（王激清等，2008），利用农作物秸秆饲养牲畜过腹还田、生产沼气、制作固型燃料以及发电是秸秆资源利用的有效方式，其中秸秆畜牧业是一种节粮、保护环境和扩大农业就业的有效方法，通过过腹还田、沼气发酵和肥料还田等途径，提高秸秆的综合利用效率，完成农业生态系统内的物质循环利用，可取得可观的经济效益、社会效益和生态效益，实现作物秸秆资源利用。

农作物秸秆作为家畜的一种粗饲料，其中粗纤维含量较高不易被家畜消化吸收，因此直接用作饲料的有效能量、消化率、采食量均较低，饲料营养价值很低，适口性也差。我国采用的秸秆加工技术方法简单，生产中很多养殖户由于缺乏对秸秆饲料调制的认识及技术掌握不熟练，除采用切短和揉碎等物理途径外，仍习惯于直接饲用，这不仅造成浪费，也影响家畜生长发育，而且我国秸秆饲料加工机械化水平也比较低下，与国外发达国家相比还存在相当大的差距（王激清等，2008）。目前提高秸秆饲料利用率的途径很多，很多加工技术方法已经相当成熟，而且加工后的秸秆营养价值大大提升，口感性也更好。如氨化后秸秆的消化率可提高 20%，秸秆总的营养价值可提高 1 倍，即 1 千克氨化秸秆相当于 0.4 ~ 0.5 千克燕麦的营养价值（何必，2006）。技术问题也是秸秆资源能否合理利用的重要影响因素，因此今后我国对农业进行补贴和制定扶植等政策时，要强化秸秆饲料化技术的研究与推广力度，提高秸秆饲料加工的装备水平，进一步加强秸秆饲料加工技术集成和配套以及完善综合利用技术体系，促进作物秸秆资源集约高效利用。

粮食是居民消费的必需品，我国粮食生产在一定程度上具有自给自足的小农思想，大多商品粮是在满足农民自身消费后进行流通的，因此虽然我国的粮食生产量很大，但商品粮所占的比例并不高，秸秆相对粮食而言，其流通交易的可能性要远远高于粮食。秸秆资源具有空间分布零散、收获季节性强和收集与储存困难等特点，那么在市场经济的条件下必须依靠经济手段建立秸秆资源交易市场，以促进交易便于进行。由于农业生产经济收益的低效性等其他因素，在经济利益的驱动下许多农民进城务工而放弃农业生产，因此政府对秸秆发展畜牧业不仅要在技术上给予支持和推广，而且在经济上要给予一定的扶持，制定合理的秸秆收购利用政策，使农民从中获得合理的收益，调动和保护农民利用秸秆的积极性，促进秸秆交易畅通，实现秸秆利用空间上的集聚。

土地资源的稀缺性使耕地资源有限，快速的城市化进程又对土地的需求大幅度增加，同时人口数量的增加和食物消费结构优化升级等多方面原因都使农产品的市场需求量急剧增加，各个方面存在的问题都要求我们放弃以往的土地粗放利用方式，对土地进行集约利用，在有限的土地资源上获得更多的产出，满足人们对土地的不同需求，走农业循环经济的发展之路。促进农业循环经济的发展，遵守循环经济发展的原则，对于生态环境的改善、"三农"问题的解决和缓解农产品供需之间的矛盾，具有重要的作用。经济的快速发展以及对资源利用方式不当问题的存在，致使我国的生态环境恶化情况日趋严重，资源的数量持续减少，在农业生产的过程中，农药、化肥的大量不合理使用，造成我国的农业资源遭到持续破坏，土壤肥力下降、盐碱化问题得不到缓解。部分地区大水漫灌的浇地方式也造成了水资源的大量浪费，2006 年我国居民的人均占有水量仅为 1932.09 立方米，而我国的农业发展又需要大量的水资源予以支持，降水量的南北差异和年际差异过大以及农业用水量的持续增加，使我国重要的粮食主产区水资源严重匮乏。恶化的生态环境已经不允许农业生产方式按照以往的粗放型耕作方式继续进行，过去以牺牲环境和浪费资源为代价获得经济效益的增长方式已经不符合当今社会的发展规律，可持续发展的理念要求农业循环经济的发展势在必行。在农业资源的开发过程中，要坚持以保护我国的生态平衡为原则，兼顾我国的经济、社会和生态效应，对农业资源的利用要因地制宜，进行合理的配置，在配置的过程中对资源的利用要坚持综合利用的原则。

我国全面建成小康社会的重难点之一是"三农"问题，而其中如何增加农村居民的收入又是重难点之中的核心问题。农业循环经济作为循环经济的一个分支，其本质就是一种可持续发展的经济运行模式。这种经济运行模式，可以帮助我们通过最大限度地循环利用自然资源来换取经济效益。比如可以通过秸秆还田的方式，增加土壤的生物性，减少化肥、农药的使用量；也可以对秸秆资源进行化学处理，利用秸秆喂养牲畜，减少饲料的投入，降低农民的养殖成本，保障我国的食物安全；同时还可以采取立体种植的方式，增加土地的利用效率，提高耕地的单位面积产量。在农业循环经济的模式下，可以采用多种方式来提高资源的利用率，降低农民的生产成本，从而间接提高其经济收益。

农产品有很强的季节性，在农产品成熟集中上市以后，全国大范围短时间内急剧增加的供给力度往往形成供过于求的局面，致使农产品价格下降，农民增产不增收的现象普遍存在，但个体农民的产量对于市场的变化无能为力。伴随着我国经济的增长以及人民生活水平的提高，农产品供需之间的矛盾日趋尖锐。在这种情况下，我国应借助循环经济的理论、方法和实践经验，促进农产品的深加工，扩大农产品的产业链，完善农产品的市场运营机制，同时制定相应的国家政策，政府和市场进行有机的结合，大力推进农业循环经济的发展进程，走出一条科技含量高、经济效益好、资源消耗低、环境污染少、人力资源优势得到充分发挥的新型农业循环经济之路。只有发展农业循环经济，才能缓解农产品供需之间的矛盾，缓解粗放型农业生产方式对生态环境产生的不利影响，同时农业循环经济的发展，可以使单位面积土地的产出值增加，提高了农地的产出效率，有利于农民经济效益的提高。发展农业循环经济，要以"减量化""再利用""再循环""可控化"四个方面为原则，减少农业在生产过程中消耗的资源数量，加大资源的节约力度，同时减少农业生产过程中污染物的排放，保护环境安全。提高产品的利用效率，避免出现一次性用品的污染，提高农产品的科技含量，通过合理的设计，形成循环链条，上一级的农业废弃物可以为下一级的农业生产提供原材料，达到循环利用的效果。借鉴学者们的研究理论以及国内外成功的实践经验，结合我国的实际情况，促使农业循环经济之路的快速健康发展。

6.3 加强农业基础设施投入

　　世界上有不少国家在推进工业化、城市化进程中，曾一度因为忽视农业而导致农业衰退，为此付出了沉重代价。这些教训值得我们认真汲取。黄淮海地区是我国重要的粮棉油生产基地，对稳定我国粮食生产起着至关重要的作用，但是黄淮海地区农业基础薄弱、农村发展滞后的局面尚未改变。从当前来看，黄淮海地区农村人口仍占多数，农业、农村、农民问题，始终关系着整个区域经济发展的稳定和全面建成小康社会的大局。因此应进一步加强和稳固农业基础地位，着力稳定提高农业可持续发展能力，加大农业基础设施建设，积极推进农业现代化进程，继续加强粮食直补、良种补贴、农机购机补贴、测土配方施肥补贴以及取消农业税等一系列支农惠农政策，稳定和发展区域粮食生产。

　　我国黄淮海地区的耕地面积占全国的 26.1%，而水资源仅占全国的 7.7%（陈柳钦，2008），黄淮海地区缺水的严重性居全国之首，人均水资源量仅占全国的 1/5。自 20 世纪 80 年代以来，华北地区持续偏旱，缺水形势日益严重，由于降水偏少，气温偏高，地面蒸发损失加大，黄河断流频繁，作物种植由"两年三熟制"改为"一年两熟制"，农业用水需求量急增。黄淮海地区大城市集中，产业发达，近年来由于工业生产用水和生态用水等非农用水的不断增加，一般河流水资源的开发利用率超过 60%，最高超过 90%。据分析论证，黄淮海流域现缺水量为 145 亿~210 亿立方米，预计 2010 年为 210 亿~280 亿立方米，2030 年为 320 亿~395 亿立方米（叶兴庆，2004），粮食主产区缺水情况十分突出。因此应大力建设稳产高产、旱涝保收、节水高效的高标准基本农田，采用科学合理的节水模式，最大限度地提高水资源的利用效率。集中部分资金进行中型灌区节水配套改造，解决项目区水利上的"瓶颈"。因此应努力增加有效灌溉面积，加强农业基础设施建设，积极稳定促进黄淮海地区农业生产效率的提高。

　　农业基础设施是农村生产力发展的重要基础，农业基础设施建设滞后是制约农业结构调整的重要因素，同时也严重影响着农业投资效益的提高和农民生产生活条件的改善，所以应根据调整农业结构的要求，进一步加大投入力度，不断改善农业基础设施。而且按照社会发展的规律，社会发展到一定的阶段就要工业"反哺"农业，以支持农业的发展，按照我们国家现在的经济发展水平，已经初步具备了工业"反哺"农业的条件。现在党和国家已经认识到了这一点，党的十六届三中全会提出了统筹城乡发展的战略，并采取了一些有利于农民和农业的措施，比如提高粮食价格、增加粮食的直接补贴、逐步取消农业税等。但现阶段我国农产品的价格和对农业的补贴仍然很低，财政实际补贴的比率是2%～3%，对农业的支持和保护程度还较低，"反哺"农业主要是通过提高农产品价格、加大对农产品的补贴和加大农业基础设施建设来实现。

同时要加强农业生产性服务建设，农业生产性服务有十分广泛的内容，包括金融、保险、法律、工程和产品维修等，随着社会经济的发展，农业生产性服务的范围不断扩展。例如：近年来，农村外出务工人员增多，不少农民长年在外打工、做生意，农忙时无法回家抢收抢种，需要雇人帮忙，不少头脑灵活、善于经营的农户，看好"钟点工"走俏的商机，买大中型收割机、插秧机、开沟机等农业机械，专门从事代耕、代种、代管等事务，从而减少耕地撂荒现象的发生。农业生产性服务投入较低是我国农业生产效率难以提高的一个原因，因此在以后相当长的时间内应不断地拓宽并加强农业生产性服务体系建设，从政策上促进农村产业分工和专业化，提高农业生产的社会化和专业化程度，增加农业生产性服务投入，在促进生产性服务业发展的政策下使农业生产的专业化、社会化、市场化统一起来，为农业发展找到完整的政策措施，提高农业生产效率。

还要加强农业生活性基础设施建设，完善农村的交通设施，"要想富先修路"，这句话可从侧面反映出交通设施对农村经济的发展以及农民收益增加的重要性。农村交通设施的滞后严重阻碍了农产品在市场上的流通，不利于农民经济效益的增加，也不利于农产品市场的完善。黄淮海地区虽然基本实现了公路村村通，但是公路质量较差，平时的管理维护也不到位，公路道路狭窄，排水设施不完善，下雨时公路积水严重，农忙季节公路成了农民存放农作物的储蓄场，使原本狭窄的公路可利用空间大幅度减少，而且日常的生活垃圾扔在公路上，给出行、交通和环境都带来了极大的不便。加快农村自来水建设工程，保证村民家家户户都能喝上干净的水。黄淮海地区地下水的过度开采，已经造成了大面积的地下漏斗区域；还会造成耕地的盐碱化，使地面塌陷、下沉；造成水土流失，不利于植被的保护，对人民的生产、生活和土壤肥力的保持都带来了巨大的危害。自来水工程的建设，在保证居民饮水清洁的同时，可以通过宏观调控对水资源的利用，有利于水资源的可持续利用，为农业用水提供持续的支撑力度。完善农村的电力基础设施，保证居民用电的正常供应，尤其是在用电高峰季节，黄淮海地区内部不同区域用电量存在巨大差别。以河南省、山东省和江苏省为例，2006 年河南省、山东省与江苏省的年常住总人口分别为 9293 万人、9309 万人和 7656 万人，河南省的人口数量分别是山东省和江苏省的 1.01 倍和 1.23 倍，同年河南省、山东省和江苏省三个省份的发电量分别为 1600.50 亿千瓦时、2314.53 亿千瓦时和 2535.52 亿千瓦时，河南省的发电量分别只占山东省和江苏省的 69.15% 和 63.12%，人口数量较多而发电量较少。据国家统计局官网的数据，在满足了城市的用电量以后，农村居民的用电量就只剩余 7.16 亿千瓦时，在用电高峰期，经常出现农村地区局部或整体停电的情况，给人民的生活带来了极大的不便。应加大对农村地区科教文卫的财政投入。科学技术是第一生产力，农村居民的科学技术水平相对较低，不利于农业生产效率的提高及资源的可持续利用；思想和认识的低下，对农业循环经济的发展和其他资源的可持续利用都产生较大的阻力。应加强对农村基础教育的投入。通过教育可以提升农村居民的整体素质，可以使人民更容易接受新技术、新知识，有利于新技术的使用和农业循环经济观念的推广和接受。同时也要激励农村科研机构研发创新，提供高品质的种子和技术，为单位面积土地的增产和农业新技术的使用贡献力量，使农民能够迅速使用科技含量较高的农业生产技术，提高土地单位面积的产量，从而增加自己的经济收益。完善农村的医疗设施，提高医疗人员的专业技能，增强应对公共疫情的能力和技术，黄淮海内部各省份在农村医疗基础设施方面也存在一定的差距需要改进。以河南省、山东省和江苏省为例，2010 年三个省份每万人拥有农村技术人员的数量分别为 25 人、40 人和 33 人。河南省 2010 年的农村人口分别是山东省和江苏省的 1.20 倍和 1.85 倍，但农村医疗人员的数量最少，因此，黄淮海地区内部各省份农村的医疗设施水平应加大措施进行改善，尤其是设施水平落后的地区应加快改进力度，保障居民的身体健康。

农村基础设施建设具有公共物品性质，基于"理性经济人"假设，企业及个人无力也不愿意承担农村基础设施的建设，因此在建设过程中需要国家财政予以资金方面的支持，采取一定的激励措施，提高农村居民参与农田水利设施建设的积极性。在加快农业基础设施建设的过程中，要以农村农业基础设施的建设作为重点，继续增加对"三农"的投入力度，这样一方面可以改善农民的生活水平，另一方面也会带来更大的消费需求和投资；要以农产品的主要生产区为建设重点，加强农业综合生产能力建设；要以农田水利的建设为重点，完善农业基础设施的建设，旱涝灾害问题，一直是制约我国农业发展的重大障碍，应该进行大规模的农田水利设施的建设，提高农业生产防灾减灾的能力；要以育种培育作为建设的重点，加强农业科学技术的创新能力以及农业高科技的推广能力。根据现代农业的发展要求，明确农业科技创新方向和重点，加大资金投入，整合科研力量，力争在关键领域和核心技术上实现重大突破。

通过加强农业生产性、生活性基础设施的建设，农业生产条件得到了充足的保障，既有素质较高的农业生产人员和完善的农田水利设施，又有便利的交通设施与科技含量较高的大型机械以及大面积的土地耕种。通过这些基础设施的保障，农地的单位面积产出增加，农产品市场不断完善，物品的流通顺畅速度加快，大规模、机械化的农业生产方式提高了农业生产效率，促进了农民经济效益的提高以及生态环境的改善。

6.4 转移农业剩余劳动力

按照古典经济学理论，我国农户在市场经济条件下的从业行为以追求最大利润为目的，选择是否务农取决于务农可能取得的农业收入与同期务工收入间的比较。劳动和社会保障部最近组织的问卷调查显示，2006 年进城农民工月平均工资大体在 800 ~ 1100 元，工资收入目前已占大多数农民家庭总收入的 80% 以上（陈善毅，2007），成为农民增收的主要途径。由于我国自然和社会经济环境的限制性，耕地农业生产经济效益低下，严重挫伤农户农业生产积极性。第五次人口普查表明，我国当前约有 1.2 亿名农民进城务工（刘声，2004），2005 年黄淮海地区乡村人口 1.87 亿人，占全国乡村人口的 25.15%，黄淮海地区的农村劳动力向城市转移对全国非农化建设有重要意义。二元结构论的核心是通过农村剩余劳动力的转移促进城乡经济建设协调发展，但是我国城乡二元结构的具体实践，要求农业剩余劳动力的转移应多渠道、多层次地推进。具体而言，黄淮海地区应主要从农业结构调整和非农经济建设等方面来实现农业剩余劳动力的有效转移。

"弃耕务工"不仅仅是因为农业生产劳动辛苦，随着社会经济发展，农业生产所需要的时间和强度也在减少，更重要的是农业生产的经济低效性，特别是我国人均耕地面积十分有限，2005年土地利用变更调查结果显示我国人均耕地面积减少到 1.4 亩，因此农民对农业生产缺乏积极性，所以要加强农地流转使农民从农业生产中解脱出来。农地流转不仅有利于将农村剩余劳动力解放出来加快我国城镇化的步伐，而且有利于实现土地的集约化和规模化经营，提高生产效益。各地也尝试了不同形式的农地流转，但农地还是没有由点到面真正地流转起来。笔者认为目前有两大障碍因素影响我国有序进行农地流转：一方面农村土地产权制度的不完备性，我国现行农民使用权的主体是虚置的，而这种虚置的土地所有权归属关系就决定了乡、镇或者是其他基层组织有机会在农地流转中充当主体角色，从而剥夺了农民主动参与农地流转的处置权，实质上增大了农地流转的交易成本从而阻碍农地流转；另一方面农地流转信息的缺乏，农地流转现在仅限于局部流转。所以各地要继续按照规范、有序、自愿、有偿的原则，有序引导耕地向种粮大户集中，协调好生产者、经营者、集体及国家之间的关系，重点维护好土地承包者的利益，加速推动耕地流转，发展壮大种粮大户，促进粮食规模经营，提高粮食生产效益。

农业剩余劳动力向非农产业转移是世界非农经济发展和城市化建设的一个普遍规律。目前，我国城镇化建设中普遍存在布局分散、起点低、规模小等问题。全国建制镇区平均面积为 2.2 平方千米，平均户数为 1221.1 户，平均人数为 4519 人。因此我国通过城镇化来解决数以亿计的剩余劳动力转移问题还存在着很大的难度（曾美芬，2008），必须将人口转移到土地利用效率比较高的大城市。随着农村剩余劳动力向非农产业的转移，留在农村务农的劳动力就能获得更多的农业资源，因此农业的生产效率会显著提高，而且随着农业现代化的提高，农村剩余劳动力向非农产业转移的数量也会越来越大。由于我国当前非农劳动者的劳动收入远远高于农业生产的经济收益，因此转移出的农业剩余劳动力进行非农建设可以创造更大的经济价值，这对于我国的非农经济建设和提高居民收入水平是大有益处的。同时农业剩余劳动力的转移也影响着农产品的供求关系，转移的农业劳动力也由原来的农产品供给者变为农产品的需求者，农产品相对稀缺性增加了农业劳动者的收入，这样可以调动农业劳动力对农业生产的积极性，也有利于稳定区域农业生产水平和城乡建设的协调发展。

黄淮海地区乡村从业人口基数如此巨大，相当长的时间内其城市化无法完成农业剩余劳动力的全部转移，因此提高区域农业对剩余劳动力的吸收能力也是至关重要的。近年来，随着种植业生产能力的稳步提高以及人们消费档次的逐步提升，农产品逐渐出现了供需结构失衡的矛盾。要解决这个问题，必须把劳动力从种植业转移出来，大力发展畜牧业、经济林果等非种植业。黄淮海地区耕地资源丰富，种植业相当发达，但是种植业与林业、畜牧业、渔业等副业产业的结合不是十分紧密，因此需加快农业经济结构的调整，加大种植业生产链条，调整种植业、林业、畜牧业、渔业等各业结构，使大农业内部生产横向发展，提高农业产品的综合利用率，提高农业自身对农业剩余劳动力的吸收容纳能力。另外，随着农村土地产权制度的完善、农业金融体系的建立和农产品市场的逐步健全，走农业产业化道路也是消化剩余劳动力的一个重要途径。农村土地产权制度的完善，可以加快土地的流转，使种田能手拥有更多的土地进行生产，同时采用大面积的耕种方式，提高土地的效率，增加单位面积的产值；农村金融体系的建立，可以为大型农业机械设备的购买提供资金支持，促进农业技术的推广利用，提高农地种植收获的效率；农产品市场的逐步健全，可以确保农地产品在市场上获得相应的价值，提高种地农民的收益。农业产业化道路的本质就是以某一种农产品为连接点，促使第一产业与第二、第三产业有机结合在一起，对农产品进行深加工，增加农产品的附加值，促进第一产业由原来的粗放型增长方式向集约型增长方式进行转变；农业产业化道路以农产品为连接点，以经济效益作为目标，可以促进农业的自我调节，促进各种生产要素的优化组合，有利于区域农业布局的优化。通过三次产业的有机结合，可以吸收大量农业剩余劳动力。

农村剩余劳动力由农业转向林、牧、渔等产业，有利于农业内部生产结构的优化；由第一产业转向第二、第三产业，则有利于农村经济结构的优化。农村的剩余劳动力进城务工，一头连着经济发达的城市，另一头连着经济不发达的农村地区，从而带动农村和城市之间劳动力资源的流动以及生产结构布局的优化，把"三农"问题和工业化、现代化有机地结合在了一起，在城乡二元结构还没有突破的宏观背景之下，探索出了一条城乡发展的道路。改革开放的几十年时间，农村的剩余劳动力为我国的工业化和城市化的发展做出了巨大的贡献。没有转移的农民拥有更多的耕地可以耕种，有利于大面积、机械化农业的发展，这样可以提高农业的生产效率和农民的经济收益，也有利于完善农产品的流通市场，缓解农产品供需之间的矛盾，同时，农民经济收益的增加，在一定程度上也有利于我国全面建成小康社会目标的早日实现。

农业剩余劳动力在由农业转化成非农业的过程中，经过多方面的实践证明，转移到中小型企业是最好的途径，行政单位受制于人员编制的限制，不可能接受太多的剩余劳动力，同时，很少有农村剩余劳动力具备行政单位对岗位要求的素质，另外，随着我国经济社会的不断发展，行政单位人满为患，正在进行人员的精减，所以，行政单位对劳动力的转移，几乎没有什么潜力可以挖掘。大型的国有和私人企业也不是剩余劳动力转移的良好去处，企业存在的目的是获得最大的利润，要求每种资源都要人尽其才，物尽其用，农村剩余劳动力中虽不乏一些适合条件的人员，但数量有限，对于大批的剩余数量起不到关键性的作用。我国农业剩余劳动力数量巨大，但是普遍地受教育程度较低，整体的素质不是很高而且也不注重对自身人力资本的投资，因此对于行政机关及大型企业，适合农村剩余劳动力的工种数量微乎其微。中小企业一般规模较小，以劳动密集型为主，适宜农村剩余劳动力的大量转移，且最近几年中小企业数量激增，提供了数量众多的工作岗位，可以接受大量的农村剩余劳动力。

综上所述，农业剩余劳动力转移对黄淮海地区社会经济发展起着不可忽视的推动作用，一方面一旦非农业部门吸收了农业部门中大部分剩余劳动力，农业部门的生产效率就会迅速提高，促进农业的发展；另一方面农业劳动力的有效转移对于提高农地效率和城市化建设有着深远的积极意义。

6.5　完善土地产权制度

目前我国土地产权制度的不完善性主要体现在城镇土地产权和农村集体土地产权体系。

我国尚未真正形成符合我国市场经济要求的城镇土地产权市场，土地产权不仅不健全而且其行政管理制度也不完善，我国城市土地产权在进入市场流转时，其产权的种类和方式在制度和法律上都受到限制。城市土地因产权归属、价值、权能等界定不清等障碍，致使土地产权交易市场秩序混乱，严重影响土地价值的实现和利用。由于土地的固定性和有限性，土地只有根据市场的需要进行配置才能实现效用最大化。城镇土地产权是指以土地所有权为核心的土地财产权利的总和，包括土地所有权及与其相联系的和相对独立的各种权利，如占有权、使用权、经营权等，而且随着实践的需要不断拓展其产权形式。根据当前我国城市化和非农建设的需要，本书指出我国应积极借鉴发达国家市场经济的经验，结合我国实际情况，有目的、有步骤地建立符合中国特色和现阶段发展要求的城市土地产权体系，根据社会经济发展的需要将有限的土地发展权转移到最需要的地区，同时为了社会发展的公平性和稳定性，土地发展权流入的地区（接受区）应向流出地区（发送区）进行经济补偿。同时，要对各种土地发展权进行必要的规范，明确其权能的使用条件和范围，防止其权能混乱和越界行使。农地非农化土地发展权应当能按照依法、自愿和有偿的原则进入市场进行交易和流转，建立一个真正意义上的城市土地产权交易市场是解决这个问题的关键。土地产权交易市场同样遵守公平、公正、公开和依法、自愿、有偿以及诚实守信等市场交易规则，在地区间自由交换，尽量降低其产权流转的交易费用，其中明晰城市土地发展权权益的核心是明晰土地发展权的归属和利益分配的实现形式。

虽然我国目前行使的《中华人民共和国农村土地承包法》赋予了农民长期而有保障的土地承包经营权力，但近年来在实际操作中，农民的土地财产权利在土地承包、土地流转和土地征用等环节还是受到了不同程度的侵害，其根源在于现行的农地产权制度的一个重要缺陷是产权主体界定不清，其中土地征用是侵害农民权益和加速耕地迅速减少的重要因素。按照现行征地补偿和安置标准，总计为耕地征用前三年平均产值的 10 ~ 16 倍，最多不超过 30 倍。按我国现行的土地管理制度和土地管理法，集体所有土地只有被征收或征用后转化为国家所有，然后才能进入土地市场进行流转，实质上是政府对农地非农化配置土地的行政垄断权。农民在农村土地流转过程中一般只能得到土地补偿费、安置补助费以及地上附着物和青苗的补偿费，由于土地征用费用和城镇土地出让价格的巨额增值收益，因此许多政府从自身的利益出发不断进行农地非农化，加速耕地不断减少的进程。多项研究都表明，土地征用出让过程中，农民仅得出让成本价的 5% ~ 10%，村级集体得 25% ~ 30%，另 60% ~ 70% 为政府及各部门所得（李霄、于振山，2001）。据亚洲开发银行中国首席经济学家汤敏的计算，从 1978 年到现在我国农村共转让了 200 万公顷土地，按一亩地 20 万元价格计算就是 6 万亿元人民币，而一年的农业产值不过 1.5 万亿元，同时又产生了 3000 万名无地农民，由于补偿低，失地农民在未来都要成为地方政府的负担，甚至造成很多社会问题（白红女等，2008）。农村土地产权的不完备，导致了稀缺土地变成了廉价的公共产品，而廉价的征地补偿费又使大量失地农民失业、失去生产资料及收入来源和稳定居所。中国刚建立土地市场时间不久，土地征用中存在着众多问题，需要不断调整和健全法律体系，一方面应对征地补偿费用进行重新考量，及时调整和完善土地流转补偿的原则、内容标准和违约补偿机制；另一方面也要对相应的程序和监督机制进行完善，借助法律手段对土地征用、房屋拆迁的全过程进行监督。同时我国的农村土地制度改革应遵循保障农民的市场主体性地位的原则，保持现有农村土地承包关系长久不变，保障农民对承包土地的自主利用；清晰产权，建立完善合理的土地流转机制，保障土地流转市场健康稳定发展，促进土地的规模化经营。

尽管目前我国农村土地产权制度日趋完善，但还存在许多现实问题，如农村土地产权主体模糊、农村土地产权界定不明晰、农村土地产权关系不清、农村土地承包经营权权能残缺等问题，在这样的背景下，农民对承包地采取"种地而不养地"的耕地隐性撂荒，甚至是直接撂荒。因此现有农村土地产权需要进一步完善农村土地产权权能，一方面要提高集体土地所有者在土地所有权方面与国家具有平等的权利主体地位，完善农村土地所有权的各项权能，这样才能保证集体土地被征用时农民集体权益不会受到侵害；另一方面明确农地使用权、集体建设用地使用权以及农地承包经营权的各项权能，并详细明确农村土地所有权人与使用权人之间的权利义务关系，重构集体与农民之间的委托代理关系，赋予广大农民最真实的土地产权，使农民真正去关心自己财产的终极利益，充分调动农民全部的责任心去养地种地。同时，在明确农地产权的基础上，更要通过制度稳定产权，因为产权稳定和产权明确同等重要，如果个人对产权的稳定没有信心，那么农民也会因缺乏责任心而对耕地进行直接或间接撂荒。

农村土地制度的核心和基础是产权问题。我国农村土地产权制度的不健全主要表现为农民所享有的土地产权不健全，最主要的方面是对土地的处置和收益没有充分的权利，这种限制既不符合相关法律政策的要求，也不利于农地市场的健康发展。农民土地权利的缺失对农业生产的机械化、规模化经营产生严重的阻碍，不利于耕地资源的保护及合理的配置，目前我国农民拥有土地的经营权，还没有达到实现"耕者有其田"的程度，土地不能被长期地占有和使用，使农民在对土地进行投资的过程中充满顾虑，这种顾虑影响农业企业化和规模化的组织形式和生产方式的实现，同时还会导致农民对土地的粗放经营。农民土地财产权利的缺失还会影响到社会的收入分配问题，土地产权制度不健全使农民失去了用土地进行抵押和融资的功能，农民就失去了利用土地去获取生产资本的机会，阻碍了对土地的投资。土地产权的不健全还制约了第二、第三产业劳动力的供给，阻碍了城市化的步伐，现行的土地承包法规定，农民只要在大城市里面定居，就相当于放弃了原来的土地承包权，在我国这种对土地有着深厚情感的文化背景下，农民为了确保自己的土地承包权，宁愿放弃在城市定居的机会，这也间接造成农村劳动力过剩，而城市"用工荒"现象的出现，造成企业劳动力的价格持续攀升，生产成本逐步增加。

土地产权制度的完善对我国的城镇化发展水平、农业规模化水平、农业生产效率以及农村剩余劳动力等问题的解决都具有一定的积极意义。土地产权制度的完善可以促进城镇化的健康发展，当农村的建设用地进入有形的市场进行交易，农村的土地资源优势就会得到充分的利用，村镇的经济也会得到飞跃的发展；还可以促进农业生产的规模化、机械化的实现，增加土地的单位面积产值，提高土地的生产效率，增加农民的经济收益；进一步促使大量的农业人口从农业经营中解放出来，进入非农产业，为第二、第三产业的"用工荒"提供大量的可用劳动力资源；促进工业化的发展加快，农业的大规模、机械化生产，对机械制造业而言是个巨大的需求市场，可以缓解我国制造业产能过剩的问题。同时通过土地产权制度的完善，农村土地交易市场以及农产品交易市场也会得到不断的完善，促进土地的流转以及农民收益的增加。

土地产权制度的改革，应当坚持"产权明晰、用途管制、节约集约、严格管理"的16字方针为指导，让农民群众拥有完整的土地权力。在对土地产权进行改革的过程中，要保证发挥农民主体作用，支持农民创新创造，把选择权交给农民，保证农民对改革过程的参与权、监督权和表达权，让农民成为土地改革真正的受益者。通过改革，逐步构建归属清晰、权能完整、流转顺畅、保护严格的中国特色社会主义农村集体产权制度，保护和发展农民作为农村集体经济组织成员的合法权益，建立符合市场经济要求的集体经济运行新机制。

综上所述，中国的土地产权在社会经济不断发展的今天需要进一步完善，因此要借鉴国外土地产权制度的成功经验和中国社会现状不断发展拓展，根据市场需要合理配置土地数量和空间布局，实现区域土地效用最大化，减缓非农建设对耕地的侵害。

6.6　培育区域经济增长点

黄淮海地区具有独特的发展优势潜力，其地理位置优越，历史文化悠久，自然资源丰富，综合经济发展实力较强，无论是从自然环境还是经济发展水平上来看，黄淮海地区都具有发展都市群和发展增长极的有利条件。

高密集的都市群是一个庞大的社会经济体系，可以广泛进行专业化分工和协作，能产生巨大的集聚效应，虽然过分集聚或城市发展过大会产生交通拥挤等一些弊病，但是大都市建设的内部规划设计可以优化组合，使经济效益、社会效益和环境效益得以较好的统一。一般来说，第二、第三产业通常比第一产业具有更高的要素生产率，大城市通常比中小城市具有更高的要素生产率，由于区域都市增长极具有较强的集聚效应，区域非农建设的演化不断从中小城市向大城市转化，单一的城市向城市群和都市带发展，促使区域城市化和非农经济建设进入高级阶段。大多数情况下的经济增长都发端于增长极，然后辐射到都市群，最后区域形成网络状都市带和都市圈相结合的模式。从都市群发展过程看，经济中心总是首先集中在少数条件较好的区位，成斑点状分布。随着经济的发展，经济中心逐渐增加，点与点之间由于生产要素的交换需要使交通线等相互连接起来，对区域人口和产业具有强大的吸引力，吸引人口、产业向轴线两侧集聚，并产生新的增长点，逐渐发展成为大都市圈（朱怡等，2007）。当今世界每个地区的发展不可能是封闭孤立的，都需要与外界经济建立紧密联系，不断与外界进行人口、物资和信息交换，区域非农建设会沿着区域重要交通路线等公共设施形成都市带。

黄淮海地区已经开始进入工业化和城市化中后期发展阶段，是实施区域都市集聚发展战略的关键时期。合理调控可以促进区域经济健康协调发展，反之则有可能出现地区非农经济发展产业雷同、重复建设、浪费资源以及"大城市病"等问题。综合而言，我国许多地区经济发展落后的原因就在于缺乏发展极和发展极作用小，黄淮海地区大部分地区缺乏一个具有较强的竞争力和具有有效带动区域发展的核心增长极，特别是黄淮海地区内部地区。实践表明，许多地方政府大量投资并不必然实现增长极战略，利用压低地价和降低税收等优惠政策吸引资金进行建设，并不一定能使区域的建设按照市场经济规律和地区优势发展产业进行发展，甚至极有可能形成与周围地区经济相割裂的"孤岛经济"或"飞地经济"后果，反而降低了区域经济发展的凝聚力和土地利用效率。在一些城市产业发展成型和投资成熟的地区，各级政府在 1987 年至 2002 年间，以低价征进高价售出所获得的土地差价为 14204 亿元至 30991 亿元，远远高于 1952 ~ 1990 年由于工农业产品价格剪刀差而流入工业部门的 6990 亿元（彭俊，2004）。黄淮海地区单位建设用地经济产出率较低的 19 个地级市的建设用地占到区域该类用地的 40.77%，而生产总值仅占区域总量的 20.15%。

在区域经济协调发展的背景下，区域经济秩序是一个重要的问题。我国实行不平衡发展战略的实践表明区域经济的不平衡发展是一个符合我国当前发展水平的客观规律，在资源、资金、技术和劳动力有限的情况下，优先发展有较强增长势头的地区或产业，同时借鉴产业集群的区域分工模式，推动区域分工体系的建立和完善，以求得较好的投资效率和较快的增长速度。因此区域非农经济和城市化建设一定要有重点、有计划地进行，规划区域产业发展的重点，集聚发展力量增强增长极对区域经济发展的扩散和带动作用，提高经济发展竞争力，也只有这样集约高效利用非农建设空间，才能有效地保护耕地。

区域经济增长点的发展对区域经济的发展具有重大的推动作用，增长极所具有的"极化效应"和"扩散效应"，可以使增长极所在的区域在增长极整个生命周期中对周围的物资和人员产生巨大的影响力，促进区域内外部物资与人员的流通。具体到黄淮海地区而言，基于非均衡发展战略和各个地区的资源、交通等条件，黄淮海地区集中优势资源，在内部形成四个非农经济集聚区，分布在黄淮海地区四个资源和交通占据比较优势的区域，四个集聚区之间的协作发展，不仅促进黄淮海地区整体经济发展水平的提高，而且对集聚区域所在的省份的经济以及产业结构的调整也带来了显著的促进效果。以中原经济区的中心河南省和山东半岛经济区的中心山东省为例，自省域内部经济集聚区建立以来，河南省 2001 年的地区生产总值为 5533.01 亿元，第一、第二、第三产业产值的比重分别占当年地区生产总值的 22.31%、45.37% 和 32.32%，及至 2010 年，中原经济区经过一年的发展，当年的地区生产总值为 23092.36 亿元，是 2001 年的 4.17 倍，第一、第二、第三产业的产值比重分别为 14.11%、57.27% 和 28.61%。经过十年的发展，在集聚效应的影响下，其省内生产总值得到了迅速的增加，同时其产业布局也得到了一定的调整，从 2010 年各个产业产值所占地区生产总值的比重分析，依据西蒙－库兹涅茨的发展经济学理论，可以判断出河南省进入了工业化中期阶段，但距离全国平均水平还有一段距离，产业结构有进一步优化的空间。山东省 2001 年的地区生产总值为 9195.04 亿元，第一、第二、第三产业产值的比重分别占当年地区生产总值的 14.78%、49.55% 和 35.67%，及至 2010 年，山东半岛经济区经过一年的发展，当年的地区生产总值为 39169.92 亿元，是 2001 年的 4.26 倍，第一、第二、第三产业的产值比重分别为 9.16%、54.22% 和 36.62%。作为以海洋产业为发展主力的山东半岛经济集聚区，其省内生产总值发展迅猛，同期产业结构的完善程度也超过了全国的平均水平，对其他区域的经济发展起到了很好的示范作用。通过增长极的极化效应和扩散效应，中原经济区和山东半岛经济区的经济发展水平得到了飞速的发展，虽然距离京津冀经济区以及长三角和珠三角地区还存在一定的距离，但增长极对经济的促进作用，在各个集聚区内都得到了很好的实践检验。

基于非均衡增长战略而形成的增长极，对黄淮海地区的经济发展以及资源的合理配置做出了巨大的贡献，通过对农业和非农业经济建设的合理划分，集中区域内部的优势资源为增长极的发展提供支撑，促进了增长极的快速发展和成熟，同时通过农业和非农业建设的合理分工，对土地的利用方式做出了明确的规定，避免了耕地的不合理征用对农民的利益所造成的损失，有利于耕地资源的保护。增长极的土地产出效率高于农业生产，使单位面积土地的产出水平提高，增加了农地的利用效率。以中原经济区的核心城市郑州市为例，作为该区域的增长极，虽然尚处于增长极发展的极化效应阶段，但是仍给区域的经济发展带来巨大的推动力，郑州市在 2001～2010 年的地区生产总值增加了 3.88 倍，而同时间段全国生产总值增长了 3.76 倍，小于郑州市的增长速度。2006～2010 年全国社会商品零售总额增长率为 99.64%，而郑州的增长率为 104.09%，以上数据可以看出，增长极为区域的经济发展带来强劲的推动力。

6.7 户籍管理制度改革

我国各地目前的城市化主要来自本地区的"农转非",黄淮海地区要建立都市圈和都市带相结合的高水平城市化发展水平,必须吸收其他地区的"农转非"才能实现,因此户籍管理制度改革就显得十分重要。

户籍管理制度的存在曾对我国农村的经济和社会发展带来极大的阻碍。户籍制度阻碍了农业发展水平以及农村的经济发展,户籍制度使我国被认为分成城市和农村两个相互独立的部分,农村的发展就是为城市提供各种要素资源,为工业建设输血,农村的从属地位致使农村经济发展缓慢,农民生活水平很难提高。农村的人口增长率一直大于城市,而且近年来增长尤为迅速,但是户籍制度的存在使农民户口"农转非"非常困难,新增的大量人口,使农村固定的耕地面积被逐渐切割成越来越小的人均耕地面积,不利于农业的规模化经营和大型农业机械设备的使用,对农业效率的提高带来严重的负面影响。同时,人均耕地面积的减少,使土地的产出价值逐渐缩小,微薄的土地收入已不能激励农民进行土地种植,长此以往,将对我国的食物安全产生一定的负面影响,尤其是在我国的粮仓黄淮海地区。农业种植成本的增加,给农产品市场的健全完善带来一定的障碍,大量的耕地被抛荒,阻碍了种子、化肥和农药等生产要素的流动,不利于农村经济发展水平的提高。户籍制度同时造成我国城乡差距的加大,拥有城市户口的居民在各个方面都可以享受到国家的各种优厚补贴,针对农村居民而言,虽然国家对农业生产资料进行一定的补贴,但是相对于其价格上涨的幅度,这些补贴压根不足以弥补生产资料价格上涨所带来的损失,国家政策对于城市的倾斜,也在一定程度上造成城乡差距不可能短时间内缩小。2000年我国城市居民人均可支配收入与农村居民人均纯收入之比为2.79∶1,随着经济的发展,城乡差距逐渐拉大,到了2006年,这个数字已经演变为3.29∶1,日益加剧的城乡差距是我国经济发展的主要障碍,对社会的稳定也带来一定的威胁。户籍制度的存在限制了我国消费市场的健全完善,把农民限制在农村,阻碍了其购买力,以2006年我国城乡居民家庭平均每百户年底耐用消费品拥有量为例进行分析,城镇居民2006年每百户所拥有的洗衣机、电冰箱、空调、计算机和照相机数量分别为96.8台、91.8台、87.8个、47.2台和48个,同时期农村居民的数量为43.0台、22.5台、

7.3个、2.7台和4.3个，城镇分别是农村的2.25倍、4.08倍、12.03倍、17.48倍和11.16倍。巨大的差距一方面不利于农村居民生活水平的提高，另一方面也从根本上阻碍了消费市场的发展。农民工游离在城市，不具备城市居民所享有的各种福利待遇，即使在城市中生活，出于对未来预期的不确定性，其消费也很难体现城市化的特征。

户籍制度的问题制约和影响着农业剩余劳动力进入城市进行非农经济活动。新中国成立以来，我国实行城乡分离的二元户籍管理制度，在城市居住的为非农户口，在农村居住的即为农业户口。当前小城镇里的一部分劳动力，他们虽然已经进入城市从事非农经济活动，但是处于"既非市民，又非农民"的游离状态，他们有个共同的名字叫"农民工"。农民进城务工通常以临时工、合同工、建筑工的身份出现，从事集贸贩卖、手工服务业和家庭服务业等，据调查，北京市每年外地进京的建筑施工队都在30万人左右。这部分人一年完成的施工任务相当于全市总量的30%以上。广州市建筑业基本以外来民工建筑队为主，环卫部门民工占固定职工的50%左右。大多农民工进城务工干的是城市人不愿干的艰苦、笨重、危险的工作，但是他们得到的是最低的工资，同时他们难以获得与城镇居民同等的身份待遇，导致了他们来回奔波于家乡和务工城市之间，既不能完全安心在城中务工，无法实现农村剩余劳动力的有序快速转移，又不能放弃原有的土地承包权，从而导致粗放经营农业的现象层出不穷。

农业剩余劳动力进城务工扩大了城市的劳动力市场，缓解了城市经济建设劳动力不足的压力，创造出良好的经济效益和社会效益。他们和城市居民一样共同参与了祖国的城市化建设，但是他们没有享受到和城镇居民一样的劳动成果，许多在城镇工作多年的农民工在子女基础教育、公共卫生、医疗服务和就业等方面享受与城镇居民不相等的待遇。农民工的社会保障问题缺乏相应的法律保障，造成目前农民工不愿意放弃农业经营，像候鸟一样徘徊在城乡之间，一方面他们在非农忙时间进城务工，另一方面他们在农忙时间返乡进行农业劳动。这样的后果就是无法实现耕地的有效流转，种植能手不能获得大量的耕地进行规模经营，进城务工的农民又不愿放弃手中粗放经营生产的耕地，严重影响区域农业生产效率的提高。

户籍制度作为我国一项基本的人口管理制度，对其进行改革，必将在各个方面推动我国经济社会的健康发展。首先，户籍管理制度的改革可以促进社会发展更加公平，流动人口落户城镇，获得城市户口，将会享受到其城市户口所带来的各种政策福利，如医疗、教育、就业和养老等。户籍的改变可以使人民更好地分享社会经济发展所带来的成果，促使每个人拥有同等的发展机会和相同的社会保障。其次，户籍制度的改革可以促进我国的经济发展水平，大量农村居民由农转非，在城市定居生活，这样就使大量的劳动力从生产效率较低的第一产业转向了效率较高的第二、第三产业，有利于增加居民收入。拥有了较好的社会保障，在收入增加的同时，由于没有了后顾之忧，人们倾向于拿出更多的收入在市场上进行消费，同时，人口的流动必然促使所在区域的消费倾向于结构发生变化，会增加对市场上商品的需求量，促进当地经济水平的提高和经济结构的优化调整。再次，户籍制度的改革可以提高劳动力的效率，农村剩余劳动力转移到城市，一方面降低了其作为剩余劳动力所带来的机会成本的损失；另一方面从低效率的农业转移到高效率的工业、服务业，有利于促进自身生产能力的增加，提高自己的劳动效率。最后，户籍制度的改革有利于我国城镇化步伐的加快，流动人口由农民转为市民也可以改变我国城乡二元经济结构对社会建设的阻碍。

户籍制度是形成城乡二元结构的制度根源，也是农民工遭受歧视性待遇和阻碍城市化建设的重要因素。因此，今后的户籍管理要通过制度创新，实施综合配套改革，给予农民工市民待遇，保证农业劳动力在经济和社会权利上与城市劳动力平等，建立城乡统一的劳动力市场，促进农业劳动力在城乡间的自由流动。同时保障进城农民工在医疗、养老和教育等方面享受城市居民待遇，不断降低农民工的城市生活成本和心理成本，加速区域城市化建设。

第七章 研究结论与讨论

7.1 主要研究结论

（1）本书突破传统仅从农业结构和投入产出研究农地效率的视角，在着眼于整个社会化生产的发展中，认为区域农地非农化的空间布局是影响农业效率的重要因素，农业效率应该是区域空间效率、农业结构效率和农业自身产投效率的综合反映。

（2）农业空间效率研究区域农地非农化的空间配置状况对农地效率的影响。具体到黄淮海地区而言，目前该区域处于工业化中期阶段，根据国内外发展经验可知该区域处于产业集聚发展阶段，但是黄淮海地区行政单位的过度细化造成黄淮海地区非农建设用地的分散性，土地要素的分散性使区域生产要素难以按照区域最佳配置方式进行配置，造成土地利用的低效性。本书根据黄淮海地区各地非农经济发展的竞争力和主要交通要道，构建区域非农建设与农业产业和用地的集聚发展模式，由于农业生产的低效性和公共物品性质，本书引入土地开发权转让制度宏观调控区域用地和产业的分工，通过经济模型和案例分析发现，土地开发权转让制度不仅促进农地向农业竞争优势地区集聚，防止非农建设对农地的不利影响，有利于农地产出效率的增加，而且可以有效地提高非农建设用地的经济效率和承载功能，减少非农经济建设对农地的需求。

（3）农业结构效率是指大农业各产业之间的相互衔接增强农业产出利用效率对农地效率的影响。本书根据我国居民食品消费结构的变化对农业生产模式的影响以及居民的动物性食品消费的增加要求，认为我国的农业生产模式也要由过去的籽粒性生产模式向综合性生产模式转变。经分析黄淮海地区是我国作物秸秆资源丰富的地区，53 市的主要农作物秸秆能量数量非常大，2006 年黄淮海地区未被充分合理利用的主要农作物秸秆能量值分别相当于 2006 年全国粮食总能量值的 29.89%。按照能量"百分之十定律"和肉类食品能量换转率 9.21×10^9 J/t 折算，2006 年黄淮海地区 53 市未被充分利用的秸秆可以转化为肉类 2228.33 万吨，相当于中国 2006 年肉类产量的 27.68%。由此可见，黄淮海地区农业的综合利用潜力是十分巨大的，在一定时期内对于缓解我国粮食供需矛盾和提高农地利用效率等方面具有积极重要意义。

（4）本书利用超效率 DEA 计算的 2000 年至 2005 年黄淮海地区农业生产的超效率值小于 1，说明期间增加的农业投入没有得到相应的回报，区域农业生产要素投入处于过剩状态。随着我国一系列刺激农业生产的措施的实施，自 2003 年以来区域农业生产效率不断提高，至 2006 年达到有效状态，但是 2006 年黄淮海农业生产的超效率值仍未达到 1999 年的状态。

（5）本书利用通径分析模型研究黄淮海地区农业生产效率的主要影响因素，结果表明提高单位面积农业生产经济收入水平、加强农业剩余劳动力的转移、促进区域农业产业结构优化、提升城乡居民消费水平和加强工业对农业的反哺有利于黄淮海地区农业生产效率的提高。

7.2　主要创新点

（1）从区域空间农业和非农业用地和产业的空间优化布局方面探索空间结构的调整对农业生产效率的影响，同时借鉴国外土地开发权转让制度并利用经济模型分析区域地区间农地非农化土地开发权转让利益分配问题。农地利用生产综合效率的提高不仅要从产业结构方面调整，而且要从区域土地的空间利用和农产品利用方面进行调整，但是目前研究仅仅侧重农业资源利用效率评价，在区域土地空间利用和种植业副产品的综合利用对农业综合效率的影响方面研究不够。其中区域空间分工利用方面的研究不多，而且地区间的利益分配多集中在对农业资源价值的研究。由于农业生产经济的低效性，地方政府和农民都不愿意承担耕地保护的义务，各地为了其自身的利益纷纷吸引资金进行非农建设，这是我国经济集聚发展程度不够和土地供求矛盾紧张的一个十分重要的原因。当前的研究仅仅从耕地资源的生态价值和社会价值等外部性价值进行补偿，仍然不能改变农业经营经济的低效率性，因此地方政府在经济的诱导下，仍然会加速其自身非农化的发展速度，造成土地空间配置的分散性和低效性，经济难以集聚形成规模经营效应，因此农业也很难避免景观的破碎性和经营的低效性。本书打破行政界限的限制，根据点－轴开发理论构建黄淮海地区农业和非农产业集聚发展的战略模式，区域内部建立农业和非农业的分工与协作，避免恶性竞争，实现社会经济发展的共赢。

（2）利用能值理论分析我国居民食品消费结构对农业生产模式的影响，并根据能值分析和能量分析理论研究种植业秸秆对黄淮海地区畜牧业的支撑能力。对我国居民食品消费的研究目前多以重量和热量进行研究，但是两者都有一定的弊端。由于农业生产产品的多样性，相同重量的农产品所包含的热量不同，生产过程消耗的能量也是不同的，因此利用重量综合判断我国居民食品的消费结构变化是不精确的。因为相同能量的不同物质在生产过程中的消耗也是不同的，比如1J的猪肉和1J粮食的生产过程中的消耗，猪肉的比较大，因此利用能量进行研究我国居民食品消费的变化也是有一定弊端的。本书利用能值分析我国居民食品消费的变化，一方面可以统一具有种类多样性的农产品，另一面可以将所有的农产品统一到生产过程中的消耗，因此研究出我国居民食品消费变化就比较精准，可以准确判断我国居民食品消费的结构。农业秸秆资源的用途很多，但是当前我国秸秆处于低水平利用状态，影响农业生产的综合效率。因此综合考虑我国居民食品消费的变化要求，又根据我国农业资源人多地少的国情和作物秸秆浪费严重的事实，本书研究种植业秸秆合理发展实现农业资源综合利用模式，定量分析种植业主要作物未充分利用的秸秆对提高农业生产效率的影响。

（3）利用超效率DEA研究黄淮海地区农业生产相对效率，并利用通径分析方法探索其主要影响因素。利用超效率DEA研究区域农业生产相对效率，不但可以不需要预先设定边界函数形式，转换各种不同投入产出项的单位和赋予主观的权重就能处理多投入、多产出的问题，而且可以弥补数据包络模型（DEA）的弊端，可以对生产效率有效的结果进行大小比较。当前农业资源利用效率评价主要从农业生产系统整体出发，针对特定区域可选择具有代表性的指标和评价模型，通过一定数量指标的分析，能够找出制约区域农业资源高效利用的主要限制因素，从而为区域制定农业可持续发展战略服务。由于农业资源利用的因素众多，相互之间存在复杂的作用过程与机制，很难对每一因素对系统整体的影响程度做出准确判断，因此以往利用多元线性回归、灰色相关和相关系数等传统分析方法进行主要影响因素研究是存在不足的。但是通径分析方法可以将相关系数分解为直接作用系数和间接作用系数，因此本书利用通径分析方法研究农业生产效率的主要影响因素的直接作用，可以利用充分发挥主要影响因素的直接作用共同促进农业生产效率的提高。

7.3 不足及展望

本书研究在得到上述结论的同时，由于本人学术水平的限制也存在不足和亟待进一步深入研究的环节。

（1）由于数据的限制，本书在研究黄淮海地区集聚发展模式中其基础数据是以市为研究对象，虽然黄淮海地区地处广大的平原地区，区域气候条件和土地资源状况比较均一，因此基础数据的不足对研究结果影响不大，但是本书中缺乏自然地理方面对分区影响的研究，因此无论是从研究单位的选择方面来说还是从数据的精细性方面来说本书的研究显得比较粗。

（2）本书在研究居民食品消费对农业生产模式转变的影响时，研究分析已经包括了居民日常食品消费的核心部分，农业生产的主要目的也是满足居民的食品消费需求，虽然这不影响本书最后研究结论的得出，但是仅利用居民食品消费研究其农业生产模式转变是不全面的，一是没有包括居民食品消费的所有种类；二是没有包括除居民食品消费外，宠物食品消费，种子和工业用量等非人类的食品消费对粮食的需求。

（3）黄淮海地区地势平坦，耕地资源丰富，区域种植业发达，是我国最主要的粮食和肉类食品生产基地，区域草地缺乏，其动物饲料主要来源于种植业的农产品，而且区域动物性食品生产量很大，黄淮海地区仅占全国地域面积的 3.93%，但是生产了占全国 26.15% 和 33.29% 的粮食和肉类食品。区域农牧业比较发达，林业和渔业生产相对比较薄弱，因此本书在研究的时候仅选择了农业中的支柱行业——种植业和畜牧业进行分析。同时书中在进行核算秸秆能量时仅选择了种植业中主要作物类型的秸秆，虽然已经包括了种植业中作物物种类别的大部分，但是没有包括少数种植业作物物种和未被充分利用可用于饲料的林产品对农业生产的影响，因此现实实践中黄淮海地区的农业生产潜力比第四章计算结果要大些。

　　（4）影响区域农业生产效率的因素很多，包括自然、社会和经济等方方面面的因素，有些可以度量，但是另一些难以度量，一些甚至是不可度量的，如区域发展政策等，而且由于数据和研究时间的限制，第五章第二节部分仅选取 4 个影响因素进行分析，虽然模型比较理想，但是不够十分精确。

参考文献

［1］〔英〕大卫·李嘉图：《政治经济学及赋税原理》，新大力、王亚南译，商务印书馆，1984。

［2］〔瑞典〕俄林：《域际贸易与国际贸易》（中文版），王继祖等编译，商务印书馆，1986。

［3］〔英〕亚当·斯密：《国富论》（上），郭大力、王亚南译，商务印书馆，1974。

［4］〔英〕亚当·斯密：《国民财富的性质和原因的研究》（下卷），郭大力、王亚南译，商务印书馆，1974。

［5］安虎森：《空间接近与不确定性的降低——经济活动聚集与分散的一种解释（1）》，《南开经济研究》2001年第3期。

［6］白红女、金云山、文鹤锡：《延边地区农作物秸秆饲料开发利用现状的分析与对策》，《现代企业文化》2008年第17期。

［7］白雪瑞：《制约我国农业增长方式转变的因素分析》，《经济研究导刊》2007年第10期。

［8］边学芳、吴群、刘玮娜：《城市化与中国城市土地利用结构的相关分析》，《资源科学》2005年第3期。

［9］蔡亚庆、仇焕广、徐志刚：《中国各区域秸秆资源可能源化利用的潜力分析》，《自然资源学报》2011年第10期。

［10］曹志宏、陈志超、郝晋珉：《中国城乡居民食品消费变化趋势分析》，《长江流域资源与环境》2012年第10期。

［11］曹志宏、郝晋珉、梁流涛：《作物秸秆对中国居民食物安全的支撑能力》，《农业工程学报》2009年第4期。

［12］车维汉、杨荣：《技术效率、技术进步与中国农业全要素生产率的提高——基于国际比较的实证分析》，《财经研究》2010年第3期。

［13］陈会广、吕悦：《基于机会成本与Markov链的耕地保护补偿基金测

算——以江苏省徐州市为例》，《资源科学》2015 年第 1 期。

[14] 陈江龙、曲福田、陈雯：《农地非农化效率的空间差异及其对土地利用政策调整的启示》，《管理世界》2004 年第 8 期。

[15] 陈良：《生态经济：农业循环经济的理论基础》，《农村经济》2007 年第 9 期。

[16] 陈柳钦：《新的区域经济增长极：城市群》，《福建行政学院学报》2008 年第 4 期。

[17] 陈瑞莲、张紧跟：《试论区域经济发展中政府间关系的协调》，《中国行政管理》2002 年第 12 期。

[18] 陈森良、单晓娅：《经济增长质量及其评价指标体系》，《统计与决策》2002 年第 7 期。

[19] 陈善教：《我国耕地复种指数继续提高的瓶颈与对策》，《安徽农业科学》2007 年第 21 期。

[20] 陈兆波：《生物节水研究进展及发展方向》，《中国农业科学》2007 年第 7 期。

[21] 崔读昌：《中国粮食作物气候资源利用效率及其提高的途径》，《中国农业气象》2001 年第 2 期。

[22] 崔海潮：《集群经济是区域经济发展的新选择》，《延安大学学报》（社会科学版）2005 年第 5 期。

[23] 崔力源、陈立本：《论农地非农化生态补偿机制的构建》，《农村经济与科技》2009 年第 1 期。

[24] 戴蕾、王非：《产业集聚的动因：马克思主义经济学的视角》，《经济经纬》2010 年第 3 期。

[25] 丁成日：《美国土地开发权转让制度及其对中国耕地保护的启示》，《中国土地科学》2008 年第 3 期。

[26] 董千里：《高速公路点—轴型区域经济发展理论研究》，《西安公路交通大学学报》1998 年第 1 期。

[27] 杜伟、黄敏：《耕地保护经济补偿：基于耕地总量动态平衡的分析与建议》，《四川师范大学学报》（社会科学版）2013 年第 6 期。

[28] 方福前、张艳丽：《中国农业全要素生产率的变化及其影响因素分析——基于 1991—2008 年 Malmquist 指数方法》，《经济理论与经济管理》2010 年第 9 期。

［29］房兴堂、陈宏、赵雪峰等：《农作物秸秆饲料加工利用技术》，《中国资源综合利用》2007 年第 7 期。

［30］封志明、史登峰：《近 20 年来中国食物消费变化与膳食营养状况评价》，《资源科学》2006 年第 1 期。

［31］封志明、杨艳昭、宋玉等：《中国县域土地利用结构类型研究》，《自然资源学报》2003 年第 5 期。

［32］冯年华、叶玲：《区域可持续发展研究述评》，《南京社会科学》2003 年第 5 期。

［33］冯伟、张利群、何龙娟等：《基于循环农业的农作物秸秆资源化利用模式研究》，《安徽农业科学》2012 年第 2 期。

［34］冯源、吴景刚：《秸秆饲料加工利用技术的现状与前景》，《农机化研究》2006 年第 6 期。

［35］冯之浚等：《循环经济与浦东发展》，人民出版社，2005。

［36］奉婷、张凤荣、张小京、王静霞：《我国耕地保护补偿机制问题与建议》，《中国农业大学学报》2014 年第 5 期。

［37］高明星、闫占卿等：《秸秆资源开发技术及在舍饲中的作用研究》，《中国水土保持》2000 年第 5 期。

［38］高永革、郭庭双：《走秸秆养畜农牧结合的路子》，《中国农学通报》1998 年第 2 期。

［39］顾朝林：《经济全球化与中国城市发展》，商务印书馆，2000。

［40］郭慧敏、王武魁、冯仲科：《基于 GIS 与 RS 的退耕还林生态补偿金的确定》，《农业工程学报》2015 年第 15 期。

［41］郭庭双：《秸秆畜牧业》，上海科学技术出版社，1996。

［42］郭玮：《我国农业生产力布局的变化趋势及存在问题》，《调研世界》2000 年第 1 期。

［43］韩海彬、赵丽芬：《环境约束下中国农业全要素生产率增长及收敛分析》，《中国人口·资源与环境》2013 年第 3 期。

［44］韩增林、杨荫凯等：《交通经济带的基础理论及其生命周期模式研究》，《地理科学》2000 年第 4 期。

［45］韩增林、张小军、张红丽等：《我国主要高速公路经济带发展规律与对策探讨》，《辽宁师范大学学报》（自然科学版）2001 年第 4 期。

［46］何必：《掠夺性征用农地后患无穷》，《中国新闻周刊》2006 年 5 月

22 日。

[47] 何电源：《发展节粮型畜牧业是实行"两高一优"农业的重要环节》，《农业现代化研究》1997 年第 1 期。

[48] 何维达：《中国若干重要产业安全的评价与估算》，知识产权出版社，2008。

[49] 何岩：《东北区域农业综合开发试验示范研究》，《国家科技成果数据库》，2001。

[50] 贺京、李涵茂、方丽、胡啸、孔维才：《秸秆还田对中国农田土壤温室气体排放的影响》，《中国农学通报》2011 年第 20 期。

[51] 胡靖：《粮食非对称核算与机会成本补偿》，《中国农村观察》1998 年第 5 期。

[52] 胡文国、吴栋：《中国经济增长因素的理论与实证分析》，《清华大学学报》（哲学社会科学版）2004 年第 4 期。

[53] 胡序威、周一星、顾朝林等：《中国沿海城镇密集地区空间集聚与扩散研究》，科学出版社，2000。

[54] 胡耀高：《评"秸秆畜牧业论"》，《黄牛杂志》1993 年第 2 期。

[55] 黄宁生：《珠江三角洲耕地面积减少与经济增长的关系分析》，《地理学与国土研究》1998 年第 4 期。

[56] 吉昱华、蔡跃洲、杨克泉：《中国城市集聚效益实证分析》，《管理世界》2004 年第 3 期。

[57] 江激宇、李静、孟令杰：《中国农业生产率的增长趋势：1978～2002》，《南京农业大学学报》2005 年第 3 期。

[58] 蒋和平、苏基才：《1995～1999 年全国农业科技进步贡献率的测定与分析》，《农业技术经济》2001 年第 5 期。

[59] 蒋满元、唐玉斌：《论我国耕地资源的保护与利用》，《山东理工大学学报》（社会科学版）2007 年第 4 期。

[60] 金升藻、荣俊、李助南：《充分利用秸秆资源大力发展湖北农区节粮型畜牧业》，《湖北农学院学报》2000 年第 4 期。

[61] 金晓斌、周寅康、彭补拙：《全面小康建设的定量评价与足迹分析——以江苏省为例》，《中国人口·资源与环境》2004 年第 1 期。

[62] 蓝盛芳、钦佩、陆宏芳：《生态经济系统能值分析》，化学工业出版社，2002。

[63] 乐群、张国君、王铮:《中国各省甲烷排放量初步估算及空间分布》,《地理研究》2012 年第 9 期。

[64] 李谷成:《技术效率、技术进步与中国农业生产率增长》,《经济评论》2009 年第 1 期。

[65] 李静、孟令杰:《中国农业生产率的变动与分解分析: 1978 ~ 2004 年——基于非参数的 HMB 生产率指数的实证研究》,《数量经济技术经济研究》2006 年第 5 期。

[66] 李录堂、薛继亮:《中国农业生产率增长变化趋势研究: 1980 ~ 2006》,《上海财经大学学报》2008 年第 4 期。

[67] 李敏:《产业集群竞争力动力机制的探讨》,《决策与信息: 下旬》2010 年第 6 期。

[68] 李明秋、赵伟霞:《耕地资源的价值体系及其经济补偿机制研究》,《江西农业学报》2010 年第 9 期。

[69] 李世平、马文博、陈昱:《制度创新: 国内外耕地保护经济补偿研究综述》,《电子科技大学学报》(社会科学版) 2012 年第 5 期。

[70] 李霄、于振山:《秸秆的出路——浅谈无极县是如何解决农作物秸秆的问题》,《中国畜牧杂志》2001 年第 1 期。

[71] 李晓西主编《新世纪中国经济报告》,人民出版社,2006。

[72] 李效顺、曲福田、姜海等:《基于过度性损失计量与消减的中国耕地资源保护目标研究》,《中国土地科学》2008 年第 10 期。

[73] 李扬:《西部地区产业集聚水平测度的实证研究》,《南开经济研究》2009 年第 4 期。

[74] 李扬、伍贤旭、高鸣、李景保:《自然灾害对我国农业全要素生产率的影响》,《湖南师范大学自然科学学报》2012 年第 3 期。

[75] 李友好、施其洲:《郑汴洛交通走廊与经济带发展研究》,《河南科学》2005 年第 4 期。

[76] 李哲敏:《食物安全的内涵分析》,《中国食物与营养》2003 年第 8 期。

[77] 李周、于法稳:《西部地区农业生产效率的 DEA 分析》,《中国农村观察》2005 年第 6 期。

[78] 梁定有、崔月香:《加大秸秆综合加工利用力度推进现代畜牧业发展》,《山西农业》(畜牧兽医) 2008 年第 5 期。

[79] 梁东、汪朝阳:《产业集群定量测度方法轨迹分析》,《科技进步与对策》2006 年第 12 期。

[80] 梁琦:《产业集聚论》,商务印书馆,2004。

[81] 梁琦、黄利春:《马克思的地域分工理论、产业集聚与城乡协调发展战略》,《经济前沿》2009 年第 10 期。

[82] 林艳兴、罗宇凡:《世界"粮荒"中国"不慌"》,《经济参考报》2008 年 6 月 10 日。

[83] 林子塔:《发展农业循环经济实现农村可持续发展的对策研究》,《农业经济》2009 年第 6 期。

[84] 刘刚、沈镭:《中国生物质能源的定量评价及其地理分布》,《自然资源学报》2007 年第 1 期。

[85] 刘广明:《京津冀:区际生态补偿促进区域间协调》,《环境经济》2007 年第 12 期。

[86] 刘汉蓉:《区域合作创新,推动地区经济发展》,《经济师》2004 年第 10 期。

[87] 刘声:《中国有 1.2 亿农民工遭遇不道德"双重劳动标准"》,《中国青年报》2004 年 12 月 10 日。

[88] 刘湘南、黄方、王平:《GIS 空间分析原理与方法》,科学出版社,2005。

[89] 刘玉勋、李金、吕锡铮等:《DEA 分析方法在农业生产单位相对效率评价中的应用》,《黑龙江八一农垦大学学报》1994 年第 1 期。

[90] 刘战伟:《碳排放约束下河南省农业全要素生产率增长与分解》,《浙江农业学报》2014 年第 4 期。

[91] 卢良恕:《当前粮食安全问题的战略分析》,《作物杂志》2004 年第 3 期。

[92] 陆大道:《关于我国区域发展战略与方针的若干问题》,《经济地理》2009 年第 1 期。

[93] 陆建飞、宋奇、陈品:《区域农业结构非合意性趋同的成因、危害与长期性》,《农业现代化研究》2010 年第 1 期。

[94] 陆杰华、王烨:《人口要素对我国食物安全的影响现状与趋势分析》,《人口与经济》2006 年第 3 期。

[95] 陆玉麒:《论"点—轴系统"理论的科学内涵》,《地理科学》2002 年第 2 期。

［96］ 陆玉麒、董平：《中国主要产业轴线的空间定位与发展态势——兼论点—轴系统理论与双核结构模式的空间耦合》，《地理研究》2004 年第 4 期。

［97］ 马强：《开放经济条件下中国粮食安全观的创新》，《经济研究参考》2006 年第 79 期。

［98］ 马文博、李世平：《我国耕地保护经济补偿机制初探》，《乡镇经济》2008 年第 12 期。

［99］ 马志强：《论我国城市群的发展趋势及存在的问题》，《商业经济与管理》2003 年第 7 期。

［100］ 毛敏：《城市化进程中区域客运走廊的发展研究》，博士学位论文，西南交通大学，2005。

［101］ 梅旭荣、罗远培：《缺水与我国粮食生产：问题、潜力与对策》，《科技导报》2000 年第 6 期。

［102］ 苗齐：《中国种植业区域分工研究》，博士学位论文，南京农业大学，2003。

［103］ 牛海鹏、张安录、李明秋：《耕地利用效益体系与耕地保护的经济补偿机制重构》，《农业现代化研究》2009 年第 2 期。

［104］ 潘丹、应瑞瑶：《中国农业全要素生产率增长的时空变异：基于文献的再研究》，《经济地理》2012 年第 7 期。

［105］ 潘建伟：《北京市城乡居民食品消费行为比较分析》，《中国流通经济》2012 年第 4 期。

［106］ 潘允康：《论中国城市化进程中的大都市圈战略》，《河北学刊》2008 年第 5 期。

［107］ 裴玥：《无断粮之急，存缺粮之忧》，《国际商报》2005 年 3 月 9 日，第 1 版。

［108］ 彭代彦、吴翔：《中国农业技术效率与全要素生产率研究——基于农村劳动力结构变化的视角》，《经济学家》2013 年第 9 期。

［109］ 彭俊：《中国农业综合开发大有可为》，《人民日报》2004 年 7 月 3 日。

［110］ 祁林德：《国外城市群发展的规律及其启示》，《郑州航空工业管理学院学报》（社会科学版）2008 年第 3 期。

［111］ 渠俊峰、李钢、高小英：《我国耕地资源安全存在问题分析及战略

选择》，《农业环境与发展》2007 年第 1 期。

[112] 全炯振：《中国农业全要素生产率增长的实证分析：1978～2007 年——基于随机前沿分析（SFA）方法》，《中国农村经济》2009 年第 9 期。

[113] 任继周、林惠龙、侯向阳：《发展草地农业 确保中国食物安全》，《中国农业科学》2007 年第 3 期。

[114] 沈善瑞、陆宏芳、赵新锋等：《能值研究的几个前沿命题》，《热带亚热带植物学报》2004 年第 3 期。

[115] 盛毅、池瑞瑞、王长宇：《当前我国工业集中度及其变动趋势研究》，《郑州航空工业管理学院学报》2007 年第 5 期。

[116] 石森昌、林秀梅：《中国粮食生产模型与投入要素效益分析》，《吉林农业大学学报》2003 年第 3 期。

[117] 舒帮荣、徐梦洁、黄向球等：《江苏省耕地生态经济系统能值分析》，《农业现代化研究》2007 年第 6 期。

[118] 舒银燕：《西部地区农业全要素生产率增长及其影响因素分析》，《江苏农业科学》2014 年第 5 期。

[119] 宋瑞敏、刘文谦、汪彬雯：《河南省农业产业结构趋同研究》，《安徽农业科学》2012 年第 6 期。

[120] 苏航：《基于产业集聚理论的区域农业竞争力分析》，《农村经济》2010 年第 4 期。

[121] 苏柱华、陈胜学：《人力资本对农业全要素生产率、技术效率和技术进步的影响——基于广东省 1995～2010 年面板数据的分析》，《南方农业学报》2012 年第 8 期。

[122] 隋春花、蓝盛芳：《广州城市生态系统能值分析研究》，《重庆环境科学》2001 年第 5 期。

[123] 隋春花、张耀辉、蓝盛芳：《环境—经济系统能值（Emergy）评价：介绍 Odum 的能值理论》，《重庆环境科学》1999 年第 1 期。

[124] 谭荣、曲福田：《农地非农化的空间配置效率与农地损失》，《中国软科学》2006 年第 10 期。

[125] 唐根年、沈沁、管志伟：《中国东南沿海产业空间集聚适度与生产要素优化配置研究》，《地理科学》2010 年第 2 期。

[126] 陶开宇：《利用农作物秸秆发展畜牧业势在必行》，《黄牛杂志》

2000 年第 6 期。

[127] 汪海波、章瑞春：《中国农作物秸秆资源分布特点与开发策略》，《山东省农业管理干部学院学报》2007 年第 2 期。

[128] 汪旭晖、刘勇：《基于 DEA 模型的我国农业生产效率综合评价》，《河北经贸大学学报》2008 年第 1 期。

[129] 王冰、马勇：《地区经济结构优化升级的理论渊源与对策取向——兼论缩小区际差异》，《武汉大学学报》2002 年第 1 期。

[130] 王兵、杨华、朱宁：《中国各省份农业效率和全要素生产率增长——基于 SBM 方向性距离函数的实证分析》，《南方经济》2011 年第 10 期。

[131] 王传龙：《秸秆养牛是畜牧业结构调整的突破口》，《现代农业科技》2005 年第 12 期。

[132] 王放：《中国城市化与可持续发展》，科学出版社，2000。

[133] 王海燕：《论世界银行衡量可持续发展的最新指标体系》，《中国人口·资源与环境》1996 年第 1 期。

[134] 王宏顺：《完善促进产业集聚发展税收政策的几点建议》，《中国财政》2010 年第 10 期。

[135] 王荟：《中国未来 50 年城市化需社会总成本 15 万亿元》，《黑龙江经济报》2005 年 6 月 13 日。

[136] 王缉慈：《创新的空间——企业集群与区域发展》，北京大学出版社，2001。

[137] 王激清、张宝英、刘社平等：《我国作物秸秆综合利用现状及问题分析》，《江西农业学报》2008 年第 8 期。

[138] 王金祥、王卓：《基于超效率 DEA 模型的城市效率评价》，《西安电子科技大学学报》（社会科学版）2008 年第 1 期。

[139] 王建康、谷国锋：《土地要素对中国城市经济增长的贡献分析》，《中国人口·资源与环境》2015 年第 8 期。

[140] 王珏、宋文飞、韩先锋：《中国地区农业全要素生产率及其影响因素的空间计量分析——基于 1992~2007 年省域空间面板数据》，《中国农村经济》2010 年第 8 期。

[141] 王亚静、毕于运、高春雨：《中国秸秆资源可收集利用量及其适宜性评价》，《中国农业科学》2010 年第 9 期。

［142］王昱、丁四保、王荣成：《主体功能区划及其生态补偿机制的地理学依据》，《地域研究与开发》2009 年第 1 期。

［143］王振东：《河北省张承地区生态补偿机制探讨》，《社会科学论坛》2008 年第 1 期。

［144］王振东：《张家口、承德地区生态补偿机制探讨》，《河北学刊》2008 年第 6 期。

［145］吴德胜：《数据包络分析若干理论和方法研究》，博士学位论文，中国科学技术大学，2006。

［146］吴方卫：《中国农业的增长源泉分析》，《中国软科学》2000 年第 1 期。

［147］吴宏伟：《加强区域合作 促进区域协调发展》，《商场现代化》2008 年第 22 期。

［148］吴克宁、曹志宏、梁流涛等：《基于基尼系数的耕地质量差异程度分析——以广东省南方稻田耕地地力结果为例》，《资源科学》2007 年第 3 期。

［149］吴林海、郭娟：《我国城乡居民食品消费结构的演化轨迹与未来需求趋势》，《湖湘论坛》2010 年第 3 期。

［150］吴玉鸣、徐建华：《中国区域经济增长集聚的空间统计分析》，《地理科学》2004 年第 6 期。

［151］武伟、朴寅星等：《铁路经济带与点轴开发及其结构系统》，《地域研究与开发》1997 年第 2 期。

［152］向杰：《访中国科学院南京土壤研究所院士赵其国》，《科技日报》2004 年 7 月 8 日。

［153］肖渡等：《数据包络分析与极大似然估计》，《系统工程理论方法与应用》1996 年第 1 期。

［154］肖金成、袁朱：《中国将形成十大城市群》，《中国经济时报》2007 年 3 月 27 日，第 8 版。

［155］谢高地、齐文虎、章予舒等：《主要农业资源利用效率研究》，《资源科学》1998 年第 5 期。

［156］谢晓波：《地方政府竞争与区域经济协调发展》，博士学位论文，浙江大学，2006。

［157］熊吉峰、王雅鹏：《我国粮食产量影响因素的通径分析》，《信阳农

业高等专科学校学报》2005 年第 2 期。

[158] 徐斌:《中国城市化政策演变评析》,《南方建筑》2006 年第 7 期。

[159] 徐明岗、卢昌艾、张文菊等:《我国耕地质量状况与提升对策》,《中国农业资源与区划》2016 年第 7 期。

[160] 许恒周:《市场失灵与耕地非农化过程中耕地生态价值损失研究——以江苏省为例》,《中国生态农业学报》2010 年第 6 期。

[161] 许进杰:《我国居民食品消费模式变化对资源环境影响的效应分析》,《农业现代化研究》2009 年第 5 期。

[162] 薛志伟:《从五大方向挖掘用地潜力》,《经济日报》2005 年 6 月 20 日。

[163] 严茂超:《生态经济学新论——理论、方法与应用》,北京化学工业出版社,2002。

[164] 颜敏、杨竹莘:《区域经济差异综合评价指标体系构建及实证研究》,《黑龙江对外经贸》2007 年第 10 期。

[165] 杨丙山:《能值分析理论及应用》,硕士学位论文,东北师范大学,2006。

[166] 杨满清:《秸秆开发在畜牧业生产中的应用与推广》,《现代农业科技》2007 年第 18 期。

[167] 杨荫凯、张文尝等:《哈大交通经济带形成与演化的时空模式研究》,《经济地理》1999 年第 5 期。

[168] 叶兴庆:《关于促进城乡协调发展的几点思考》,《农业经济问题》2004 年第 1 期。

[169] 叶正:《中山市种植业生态系统能值分析》,博士学位论文,华南农业大学,2001。

[170] 尹昌斌、周颖:《循环农业发展的基本理论及展望》,《中国生态农业学报》2008 年第 6 期。

[171] 尹松平:《现代西方产业集聚理论探析》,《中南林业科技大学学报》(社会科学版)2010 年第 3 期。

[172] 于洪俊、宁越敏:《城市地理概论》,安徽科学技术出版社,1983。

[173] 于维洋等:《京津冀区域产业分工与合作研究》,《经济导刊》2007 年第 12 期。

[174] 袁美训、黄茹华、张锡森:《浅论耕地非农化对土地保护的影响》,

《科协论坛》（下半月）2009 年第 11 期。

[175] 袁晓玲、张宝山、张小妮：《基于超效率 DEA 的城市效率演变特征》，《城市发展研究》2008 年第 6 期。

[176] 袁志发、周静芋：《多元统计分析》，科学出版社，2002。

[177] 苑全治、郝晋珉、张玲俐、王博祺、龙鑫：《基于外部性理论的区域耕地保护补偿机制研究——以山东省潍坊市为例》，《自然资源学报》2010 年第 4 期。

[178] 曾美芬：《农业剩余劳动力转移制约因素及其化解》，《安庆师范学院学报》（社会科学版）2008 年第 7 期。

[179] 曾妍：《城市土地集约化的利用与实现》，《国土资源》2017 年第 5 期。

[180] 张国伍主编《交通运输系统分析》，西南交通大学出版社，1991。

[181] 张基凯、吴群、黄秀欣：《耕地非农化对经济增长贡献的区域差异研究——基于山东省 17 个地级市面板数据的分析》，《资源科学》2010 年第 5 期。

[182] 张建华、洪银兴：《都市圈内的城乡一体化》，《经济学家》2007 年第 5 期。

[183] 张建华、洪银兴：《都市圈内发展现代农业研究——以中原城市群为例》，《中州学刊》2008 年第 3 期。

[184] 张晋科、张凤荣、张迪、吴初国、安萍莉：《2004 年中国耕地的粮食生产能力研究》，《资源科学》2006 年第 3 期。

[185] 张晶、封志明、杨艳昭：《洛伦兹曲线及其在中国耕地、粮食、人口时空演变格局研究中的应用》，《干旱区资源与环境》2007 年第 11 期。

[186] 张磊、鞠美庭、刘沁哲等：《天津市居民家庭消费的能值生态足迹动态测度与分析》，《安全与环境学报》2011 年第 1 期。

[187] 张培栋、杨艳丽、李光全等：《中国农作物秸秆能源化潜力估算》，《可再生能源》2007 年第 6 期。

[188] 张琦、金继红、张坤等：《日本和韩国土地利用与经济发展关系实证分析及启示》，《资源科学》2007 年第 2 期。

[189] 张树梅：《空间统计分析在云南区域经济增长集聚中的应用》，《中国商贸》2010 年第 6 期。

[190] 张文尝：《交通经济带》，科学出版社，2002。

[191] 张晓松：《国土资源部调查显示我国人均耕地面积减至 1.4 亩》，ht-tp://www.agri.gov.cn/gndt/t20060412_591290.htm。

[192] 张效军：《耕地保护区域补偿机制研究》，博士学位论文，南京农业大学，2006。

[193] 张效军、欧名豪、高艳梅：《耕地保护区域补偿机制研究》，《中国软科学》2007 年第 12 期。

[194] 张效军、欧名豪、高艳梅：《耕地保护区域补偿机制之价值标准探讨》，《中国人口·资源与环境》2008 年第 5 期。

[195] 张效军、欧名豪、李景刚等：《对构建耕地保护区域补偿机制的设想》，《农业现代化研究》2006 年第 2 期。

[196] 赵淑玲、曹康：《产业集群与城市化关系问题研究》，《河南社会科学》2005 年第 2 期。

[197] 赵益新、欧阳熙、陈智华等：《动物品种优序决策的多层次模糊数学综合评判》，《四川师范大学学报》（自然科学版）2003 年第 6 期。

[198] 赵芝俊、张社梅：《近 20 年中国农业技术进步贡献率的变动趋势》，《中国农村经济》2006 年第 3 期。

[199] 郑新奇、闫弘文、徐宗波：《基于 GIS 的无棣县耕地优化配置》，《国土资源遥感》2001 年第 2 期。

[200] 钟成林、胡雪萍：《中国城市建设用地利用效率、配置效率及其影响因素》，《广东财经大学学报》2015 年第 4 期。

[201] 钟永一：《从"点集聚"迈向"面集聚"》，《江苏经济》2003 年第 5 期。

[202] 周端明：《技术进步、技术效率与中国农业生产率增长——基于 DEA 的实证分析》，《数量经济技术经济研究》2009 年第 12 期。

[203] 周连第、胡艳霞、严茂超等：《生态经济系统能值分析——以北京密云县为例》，《地理科学进展》2006 年第 5 期。

[204] 周茂权：《点轴开发理论的渊源与发展》，《经济地理》1992 年第 2 期。

[205] 周一星：《城市地理学》，商务印书馆，1995。

[206] 周一星、杨焕彩：《山东半岛城市群发展战略研究》，中国建筑工业

出版社, 2004。

[207] 周英峰、杨进欣:《2015 年我国秸秆资源综合利用率有望超过 80%》,《东方城乡报》2008 年 6 月 24 日, 第 17 版。

[208] 朱喜、史清华、盖庆恩:《要素配置扭曲与农业全要素生产率》,《经济研究》2011 年第 5 期。

[209] 朱晓峰:《食物安全与经济发展》,《学术界》2002 年第 1 期。

[210] 朱新华、曲福田:《不同粮食分区间的耕地保护外部性补偿机制研究》,《中国人口·资源与环境》2008 年第 5 期。

[211] 朱怡、杨新海:《借鉴英国经验完善中国土地产权流转》,《国际城市规划》2007 年第 2 期。

[212] 朱苑秋:《我国大都市圈创新要素整合》, 硕士学位论文, 上海交通大学, 2007。

[213] 朱再清、陈昉源:《湖北省粮食生产模型与投入要素效益比较分析》,《湖北农业科学》2006 年第 5 期。

[214] Afandizadeh Zargari, Shahriar, Optimization of Integrated Multimodal Urban Trans Portation Corridors (Ph. D. diss, University of Ottaua, 1996).

[215] Angela Vasileska, Gordana Rechkoska, "Global and Regional Food Consumption Patterns and Trends," *Procedia-Social and Behavioral Sciences* 44 (2012).

[216] Anna Ekman et al., "Possibilities for Sustainable Biorefineries Based on Agricultural Residues-A Case study of Potential Straw-based Ethanol Production in Sweden," *Applied Energy* 102 (2) (2013).

[217] Arik Levinson, "Why Oppose TDRs?: Transferable Development Rights Can Increase Overall Development," *Regional Science and Urban Economics* 27 (3) (1997).

[218] Bowker, J. M., Didychuk, D. D., "Estimation of the Nonmarket Benefit of Agricultural Land Retention in Eastern Canada," *Agricultural and Resource Economics Review* 23 (2) (1994).

[219] Chen, Y., Yu, J., Khan, S., "Spatial Sensitivity Analysis of Multi-criteria Weights in GIS-based Land Suitability Evaluation," *Environmental Modelling & Software* 25 (12) (2010).

[220] Cholakis, "The Regeneration of an Urbran Corridor: Enriching the Ex-

perience of a Highway Strip at the City's Edge," (1999).

[221] Clement, F., Amezaga, J. M., "Afforestation and Forestry Land Allo-cation in Northern Vietnam: Analysing the Gap be-tween Policy Inten-tions and Outcomes," *Land Use Policy* 26 (2) (2009).

[222] Cooper, W. W., Deng, H. H., Huang, Z. M. et al., "A One-model Approach to Congestion in Data Envelopment Analysis," *Soeio-Economic Planning Sciences* 36 (4) (2002).

[223] Eiji Yamamura, Inyong Shin, "Dynamics of Agglomeration Economies and Regional Industrial Structure: The Case of the Assembly Industry of the Greater Tokyo Region, 1960 – 2000," *Structural Change and Eco-nomic Dynamics* 18 (2007).

[224] Fleischer, A., Tsur, Y., *The Amenity Value of Agricultural Landscape and Rural-Urban Land Allocation* (European Regional Science Associa-tion, 2005).

[225] Fujita, M., Thisse, J. F., "Economics of Agglomeration," *Journal of the Japanese and International Economies* 10 (1996).

[226] Fujita, M., Krugman, P., Venables, A., *The Spatial Economy: Cit-ies, Regions and International Trade* (Cambridge, Mass: MIT Press, 1999).

[227] Gerbens-Leenes, P. W., S. Nonhebel, "Consumption Patterns and Their Effects on Land Required for Food," *Ecological Economics* 42 (2002).

[228] Gopinath, M., Kennedy, P. L., "Agricultural Trade and Productivity Growth: A State-level Analysis," *American Journal of Agricultural E-conomies* 82 (5) (2000).

[229] Gottmann, J., "Megalopolis or the Urbanization of the Northeastern Seaboard," *Economic Geography* 33 (1957).

[230] Hediger, W., Lehmann, B., "Multifunctional Agriculture and the Preservation of Environmental Benefits," *Schweizerische Zeitischrift für Volkswirtschaft Und Statistik* 143 (4) (2007).

[231] Irwin, E. G., "The Effects of Open Space on Residential Property Val-ues," *Land Economics* 78 (4) (2002).

[232] Jeffrey, H., Dorfman, Barry, J., "Searching for Farmland Preserva-

tion Markets: Evidence from the Southeastern US," *Land Use Policy* 26 (1) (2009).

[233] Jim Lane, *Meat vs Fuel: Grain Use in the U. S. and China* (New York: Biofuels Digest, 2008).

[234] Joe Zhu, "Super-efficiency and DEA Sensitivity Analysis," *European Journal of Operational Research* 129 (2) (2001).

[235] Jung, H. G., Allen, M. S., "Characteristics of Plant Cell Walls Afecting Intack and Digestibility of Forages by Ruminants," *J. Anim. Sci* 73 (1995).

[236] Jung and Deetz, "Cell Wall Lignification and Degradability," *Forage Cell Wall Structure and Digestibility* (1993).

[237] Kaoru Tone, "A Slacks-Based Measure of Super-Efficiency In Data Envelopment annlysis," *European Journal of Operational Research* 143 (1) (2002).

[238] Kolleen J. Rask, "Norman Rask Economic Development and Food Production-consumption Balance: A Growing Global Challenge," *Food Policy* 36 (2) (2011).

[239] Krugman, P., "Increasing Returns and Economic Geography," *Journal of Political Economy* (99) 1991.

[240] Leonie, B., Janssen-Jansen, "Space for Space, a Transferable Development Rights Initiative for Changing the Dutch Landscape," *Landscape and Urban Planning* 87 (15) (2008).

[241] Libby, L., Irwin, E. G., "Rural Amentities and Farmland Values," (2011 – 03 – 15) http://www. agecon. ag. ohio-state. edu/Programs/Swank/pdfs/rural_amentities_and_farmland_values. pdf. 2002.

[242] Liu, Z., Zhuang, J., "Determinants of Technical Efficiency in Post. Collective Chinese Agriculture: Evidence from Farm-level Data," *Comparative Economics* 28 (2000).

[243] Lohmar, Bryan, Gale, Fred, "Who Will China Feed?" *Amber Waves* 6 (3) 2008.

[244] Mahan, B. L., Polasky, S., Adams, R. M., "Valuing Urban Wetlands: A Property Price Approach," *Land Economics* 76 (1) (2000).

［245］ Marshall, A. , *Principles of Economics: Unabridged Eighth Edition* (Cosimo, Inc. , 2009).

［246］ Martin Gauder, S. Graeff-Hnninger, W. Claupein, "Identifying the Regional S traw Potential for Energetic Use on the Basis of Statistical Information," *Biomass and Bioenergy* 35 (5) 2011.

［247］ Mitra Kami Delivand, Mirko Barz, Shabbir H. Gheewala, "Logistics Cost Analysis of Rice Straw for Biomass Power Generation in Thailand," *Energy* 36 (3) (2011).

［248］ Nhu Quynh Diep, Shinji Fujimoto, Tomoaki Minowa et al. , "Estimation of the Potential of Rice Straw for Ethanol Production and the Optimum Facility Size for Different Regions in Vietnam," *Applied Energy* 93 (5) (2012).

［249］ Perroux, F. , "Note sur la Notion de Pole de Croissanee," *Economique Appliquee* 2 (1955).

［250］ Peter Bogetoft and Jens Leth Hougaard, "Super Efficiency Evaluations Based on Potential Slack," *European Journal of Operational Research* 152 (1) (2004).

［251］ P. Hazell, L. Haddad, *Agricultural Research and Poverty Reduction* (Intl Food Policy Res Inst, 2001).

［252］ Pierce, J. P. , "Resource and Economic Considerations in the Allocation of Agricultural Land in Peri-urban Areas: A Canadian Perspective," *Landscape Planning* 10 (4) (1983).

［253］ Pierre M. Picard, Dao-Zhi Zeng, "Agricultural Sector and Industrial Agglomeration," *Journal of Development Economics* 77 (2005).

［254］ P. W. Gerbens-Leenes, S. Nonhebel, M. S. Krol, "Food Consumption Patterns and Economic Growth. Increasing Affluence and the Use of Natural Resources," *Appetite* 55 (3) (2010).

［255］ P. W. Gerbens-Leenes, S. Nonhebel, W. P. M. F. Ivens, "A Method to Determine Land Requirements Relating to Food Consumption Patterns," *Agriculture, Ecosystems and Environment* 90 (2002).

［256］ Renard, "Property Rights and the 'Transfer of Development Rights': Questions of Efficiency And Equity," *Town Plan* 78 (1) (2007).

［257］ Riveira, I. S. , Maseda, R. C. , Barr, D. M. , "GIS-based Planning Support System for Rural Land-use Allocation," *Computers and Electronics in Agriculture* 63 （2） （2008）.

［258］ S. A. Tassou, Y. Ge, A. Hadawey et al. , "Energy Consumption and Conservation in Food Retailing," *Applied Thermal Engineering* 31 （2） （2011）.

［259］ Simona Iammarino, Philip McCann, "The Structure and Evolution of Industrial Clusters: Transactions, Technology and Knowledge Spillovers," *Research Policy* 35 （7） （2006）.

［260］ S. N. Aljarad, "Disaggregate Mode Choice Modeling of Intercity Non-business Travelers In the Saudi Arabia-Bahrain Corridor," *Transportation Research Part A* 1 （30） （1996）.

［261］ Stefan Wirsenius, Christian Azar, Goran Berndes, "How Much land is Needed for Global Food Production under Scenarios of Dietary Changes and Livestock Productivity Increases in 2030?", *Agricultural Systems* 103 （9） （2010）.

［262］ Uwe, A. , Schneider, Petr Havlík, Erwin Schmid et al. , "Impacts of Population Growth, Economic Development, and Technical Change on Global Food Production and Consumption," *Agricultural Systems* 104 （2） （2011）.

［263］ Weber, A. , *Theory of the Location of Industries* （Chicago: University of Chicago Press, 1909）.

［264］ Z. G. Weinberg, G. Ashbell, Y. C. , "Stabilization of Returned Dairy Products by Ensiling with Straw and Molasses for Animal Feeding," *Journal of Dairy Science* 86 （4） （2003）.

图书在版编目（CIP）数据

农地生产效率研究：以黄淮海地区为例／曹志宏著
. -- 北京：社会科学文献出版社，2017.11
ISBN 978 - 7 - 5201 - 1566 - 7

Ⅰ.①农…　Ⅱ.①曹…　Ⅲ.①农业生产 – 生产效率 –
研究 – 中国　Ⅳ.①F323

中国版本图书馆 CIP 数据核字（2017）第 250282 号

农地生产效率研究
——以黄淮海地区为例

著　　者／曹志宏

出 版 人／谢寿光
项目统筹／陈凤玲
责任编辑／关少华　王红平

出　　版／社会科学文献出版社·经济与管理分社（010）59367226
　　　　　　地址：北京市北三环中路甲 29 号院华龙大厦　邮编：100029
　　　　　　网址：www. ssap. com. cn
发　　行／市场营销中心（010）59367081　59367018
印　　装／三河市尚艺印装有限公司

规　　格／开　本：787mm × 1092mm　1/16
　　　　　　印　张：13　字　数：216 千字
版　　次／2017 年 11 月第 1 版　2017 年 11 月第 1 次印刷
书　　号／ISBN 978 - 7 - 5201 - 1566 - 7
定　　价／68.00 元

本书如有印装质量问题，请与读者服务中心（010 – 59367028）联系